新版

写作
复习全书

主编：杨岳

副主编：语逻李楠
编委会：万学海文考试研究中心

中国政法大学出版社
2024·北京

声　明　1. 版权所有，侵权必究。
　　　　2. 如有缺页、倒装问题，由出版社负责退换。

图书在版编目（CIP）数据

写作复习全书/杨岳主编.—北京：中国政法大学出版社，2024.5
 ISBN 978-7-5764-1471-4

Ⅰ.①写… Ⅱ.①杨… Ⅲ.①汉语－写作－研究生－入学考试－自学参考资料 Ⅳ.①H15

中国国家版本馆 CIP 数据核字(2024)第 096379 号

出 版 者	中国政法大学出版社
地　　址	北京市海淀区西土城路 25 号
邮寄地址	北京 100088 信箱 8034 分箱　邮编 100088
网　　址	http://www.cuplpress.com（网络实名：中国政法大学出版社）
电　　话	010-58908285(总编室) 58908433（编辑部）58908334(邮购部)
承　　印	河北鹏远艺兴科技有限公司
开　　本	787mm×1092mm　1/16
印　　张	10.75
字　　数	163 千字
版　　次	2024 年 5 月第 1 版
印　　次	2024 年 5 月第 1 次印刷
定　　价	36.80 元

丛 书 序

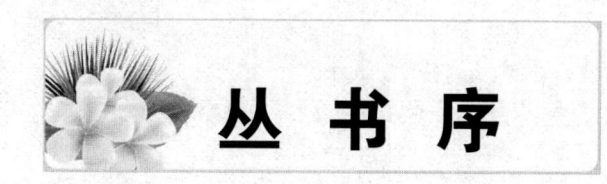

本丛书为参加管理类综合能力考试、经济类综合能力考试的考生设计,是报考管理类、经济类专业学位硕士考生的必备应试教材。本套丛书由经管类综合能力考试命题研究中心成员、资深命题专家和辅导教师联合编写,包括逻辑写作系列丛书和经管类数学系列丛书。

本丛书具有如下特点:

一、严格根据专业学位硕士考试大纲和真题命题规律编写

本套丛书完全根据《管理类专业学位(199科目)综合能力考试大纲》《经济类专业学位(396科目)综合能力测试考试大纲》进行编写,并对经管类综合能力考试的历年真题进行深度分类解析,形成完整、有效、易理解的应试书籍。丛书通过"知识点——经典例题——巩固习题——真题——模拟题"的方式,帮助考生充分理解和掌握所有考点,并能准确判断高频考点,以获得高分。

二、权威而富于教学经验的经管类综合能力考试命题研究中心老师编写

本套丛书的作者是经管类综合能力考试命题研究中心的权威资深辅导老师。逻辑写作丛书系列的主编杨岳老师、数学丛书系列的主编徐婕老师等参加了各大媒体组织的自2012届开始的经管类专硕研究生入学考试的"大纲解析"和"真题解析"工作。他们从2007年开始便致力于研究生入学考试的应试辅导,具有丰富的经管类综合能力考试辅导经验,既有对大纲的精准解析能力,又能对命题规律和真题进行深度把握,结合多年辅导经验编写的本套丛书,能快速地帮助考生达到经管类综合能力考试的应试要求。

三、提供基于零基础的、精细完整的经管类综合能力考试应试解决方案

对于参加经管类综合能力考试的考生而言,逻辑、写作一般都是零基础,数学基础一般较差。本丛书充分考虑绝大多数考生的现实情况,提供了基于零基础的、包含考研各个阶段的精细完整的应试解决方案,帮助考生实现高分目标。

本系列丛书包括《逻辑复习全书》(基础篇)/(提高篇)、《写作复习全书》、《管理类综合能力数学复习全书》、《经济类综合能力数学复习全书》、《管理类综合能力历年真题》、《经济类综合能力历年真题》、《管理类综合能力最后成功五套题》和《经济类综合能力最后成功五套题》九本书。

我们最大的目标,是希望考生通过自己的努力和我们众多经管类联考命题研究中心专家、教师们的帮助,在经管类专硕考研中脱颖而出、金榜题名!

丛书编委会

前　言

基于多年参加 199 管理类综合能力考试、396 经济类综合能力考试"大纲解析""真题解析"的工作经验和多年对考生进行经管类联考应试辅导的总结，我对考生在逻辑、写作学习中的难点、困惑和解决方案，有了越来越深的理解。帮助学生们避开陷阱、考出高分，是写作本书最直接的动力，同时逻辑写作系列的这六本书也是对自己十五年工作的一个总结和交代。

本书为报考管理类专业硕士（会计硕士 MPAcc、工商管理硕士 MBA 等）、经济类专业硕士（金融硕士、国际商务硕士等），需要参加 199 管理类综合能力考试和 396 经济类综合能力考试的考生编写使用，也可作为辅导老师的授课参考教材。

本书分为两个部分。第一部分，论证有效性分析；第二部分，论说文。

第一部分共六章，基于考生学习的起点，按照论证有效性分析的"大纲解析——解题技巧——写作步骤——写作模板——真题高频逻辑漏洞——全真模拟"的思路来编写，目的是使考生从零开始构建完整的知识框架，并形成较强的论证有效性分析写作能力。

第二部分共六章，基于考生学习的起点，按照论说文的"大纲解析——审题技巧——关键词提炼技巧——写作步骤——写作示例——主题预测——写作素材"的思路来编写，目的是使考生从零开始构建完整的知识框架，并形成较强的论说文写作能力。

下面对本书的标签进行说明：

"章的各级标题"构建论证有效性分析和论说文的理论体系。

【例】为帮助考生理解知识点或方法技巧的例子，不一定是标准的考题形式。

【深度解析】提供已给某材料的深度精确分析。

【提醒】具有普适性的解题方法、技巧。

【写作模板】用于应试的格式化写作模板。

【考场原文】考生在考场完成的作文。

【老师修改后】老师在考场原文的基础上，进行调整、修改后的作文。

【范文】针对某一材料，质量较高的应试作文。

【反例】针对某一材料，质量较低的应试作文。

【点评】针对某应试作文，阅卷老师进行的分析讲解。

【建议话题】基于某文字材料建议的论说文写作话题。

考生在使用本书过程中如有疑问，可以通过"哔哩哔哩"@杨岳逻辑，或者是通过登录新浪微博@杨岳老师进行交流。

杨　岳

目　录

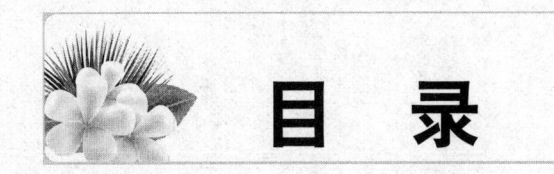

第一部分　论证有效性分析

第一章　论证有效性分析大纲解析 …………………………………………………… 3
第二章　论证有效性分析解题技巧 …………………………………………………… 7
第三章　论证有效性分析写作步骤 …………………………………………………… 16
第四章　论证有效性分析写作模板 …………………………………………………… 20
第五章　历年真题高频逻辑漏洞 ……………………………………………………… 27
第六章　论证有效性分析全真模拟 …………………………………………………… 50

第二部分　论说文

第一章　论说文大纲解析 ……………………………………………………………… 71
第二章　论说文审题技巧 ……………………………………………………………… 77
第三章　论说文关键词的提炼技巧 …………………………………………………… 83
第四章　论说文写作步骤 ……………………………………………………………… 85
第五章　论说文写作示例 ……………………………………………………………… 103
第六章　论说文主题预测 ……………………………………………………………… 127
第七章　论说文写作素材 ……………………………………………………………… 132

附录　考试大纲说明 …………………………………………………………………… 157

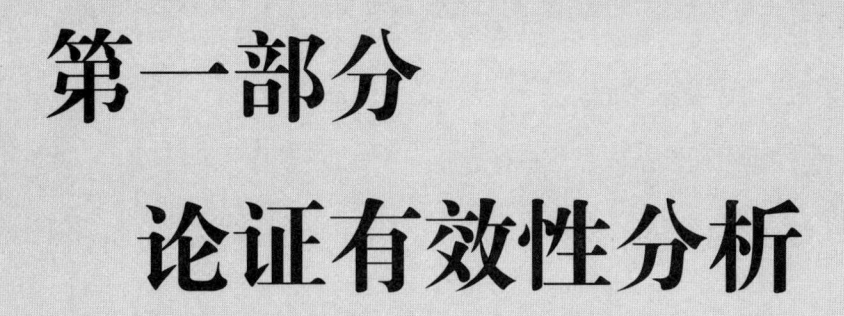

第一部分
论证有效性分析

第一章　论证有效性分析大纲解析

一、大纲表述

论证有效性分析试题的题干为一段有缺陷的论证,要求考生分析其中存在的问题,选择若干要点,评论该论证的有效性。

本类试题的分析要点是:论证中的概念是否明确,判断是否准确,推理是否严密,论证是否充分等。

文章要求分析得当,理由充分,结构严谨,语言得体。

——管理类综合能力考试大纲

论证有效性分析试题的题干为一段有缺陷的论证,要求考生分析其中存在的缺陷与漏洞,选择若干要点,围绕论证中的缺陷或漏洞,分析和评述论证的有效性。

论证有效性分析的一般要点是:概念特别是核心概念的界定和使用是否准确并前后一致,有无明显的逻辑错误,论证的论据是否支持结论,论据成立的条件是否充分等。

文章根据分析评论的内容、论证程度、文章结构及语言表达给分。要求内容合理、论证有力、结构严谨、条理清楚、语言流畅。

——经济类综合能力考试大纲

二、大纲解读

(一)不要以"立论"或"驳论"的方式写

论证有效性分析试题的题干给出了材料的论点,并进行了一系列论证分析。有些考生基于材料论点,重新写了一篇相同或类似论点的论说文,这是"立论文"的写法;有些考生则认为材料的论点是有问题的,自己提出了相反或不同的论点,基于此重新写了一篇论说文,这是"驳论文"的写法。

大纲表述,"论证有效性分析试题的题干为一段有缺陷的论证,要求考生分析其中存在的问题,选择若干要点,评论该论证的有效性"。所以论证有效性分析试题的作文,目的不是要求考生就某一讨论(话题、论点)提出自己的立场和论述,而是要求对题干本身的推理和论证的"有效性"进行相应分析,更具体地说,是分析题干材料"论证无效"的部分。

所以,论证有效性分析试题的作文,不能写成"立论文"或"驳论文"。

(二)寻找"论证的缺陷部分"而不是找"论证的有效部分"

大纲已经明确表述,"论证有效性分析试题的题干为一段有缺陷的论证,要求考生分析其中存在的问题"。基于此,考生需要着眼于材料论证的有缺陷、有问题之处,而不用关注论证的有效部分。

【例1】 下述内容节选自2008年1月联考论证有效性分析的材料。请找出材料论证的缺陷之处。

下面是一段关于中医的辩论。请分析甲乙双方的论辩在概念、论证方法、论据及结论等方面的有效性。

甲：有人以中医不能被西方人普遍接受为理由，否定中医的科学性，我不赞同。西方人不能普遍接受中医是因为他们不理解中国的传统文化。

乙：世界上有不同的文化，但科学标准是相同的。科学研究的对象是普适的自然规律，因此，科学没有国界，科学的发展不受民族或文化因素的影响。将中医的科学地位不被西方科学界认可归咎于西方人不了解中国文化，是荒唐的。

【深度解析】

甲的论点：中医是科学的。

甲的论据：西方人不能普遍接受中医是因为他们不理解中国的传统文化。

乙的论点：将中医的科学地位不被西方科学界认可归咎于西方人不了解中国文化，是荒唐的。

乙的论据：因为科学的标准是相同的，而文化的标准是不同的。

甲将"西方人不能普遍接受中医"归因于"他们不理解中国的传统文化"，所以甲认为"文化标准"是判断中医科学与否的标准；而乙则指出，"文化标准"是变化的，而"科学标准"是相同的、客观的，所以甲的论述存在"标准不当"的谬误。

上述给出的题干，甲的论证有缺陷，而乙的论证是有效的，所以分析的着眼点在于甲。

（三）区分背景材料与论证本身

大纲表述，"论证有效性分析试题的题干为一段有缺陷的论证，要求考生分析其中存在的问题"。基于此，考生需要着眼于材料的缺陷之处。

论证有效性分析的题干可以分成两部分。一部分是背景材料，用来提供论证的背景，这部分没有逻辑错误；第二部分是论证本身，是一段完整的逻辑分析。第二部分肯定包含论证错误，这是考生阅读、分析的重点。

材料的缺陷之处，一般在题干的"论证本身"，而不在"背景材料"。

【例2】 如下是2004年1月联考论证有效性分析的材料。请找出材料的背景材料和论证本身。

目前，国内约有1 000家专业公关公司。去年，规模最大的十家本土公关公司的年营业收入平均增长30%，而规模最大的十家外资公关公司的年营业收入平均增长15%；本土公关公司的利润率平均为20%，外资公司为15%。十大本土公关公司的平均雇员人数是十大外资公关公司的10%。可见，本土公关公司利润水平高、收益能力强、员工的工作效率高，具有明显的优势。

中国公关协会最近的调查显示，去年，中国公关市场营业额比前年增长25%，达到了25亿元；而日本约为5亿美元，人均公关费用是中国的10多倍。由此推算，在不远的将来，若中国的人均公关费用达到日本的水平，中国公关市场的营业额将从25亿元增长到300亿元，平均每家公关公司就有3 000万左右的营业收入。这意味着一大批本土公关公司将胜过外资公司，成为世界级的公关公司。

【深度解析】 背景材料：目前，国内约有1 000家专业公关公司。去年，规模最大的十家本土公关公司的年营业收入平均增长30%,而规模最大的十家外资公关公司的年营业收入平均增长15%;本土公关公司的利润率平均为20%,外资公司为15%。十大本土公关公司的平均雇员人数是十大外资公关公司的10%。

中国公关协会最近的调查显示,去年,中国公关市场营业额比前年增长25%,达到了25亿元;而日本约为5亿美元,人均公关费用是中国的10多倍。

论证本身:本土公关公司利润水平高、收益能力强、员工的工作效率高,具有明显的优势。

由此推算,在不远的将来,若中国的人均公关费用达到日本的水平,中国公关市场的营业额将从25亿元增长到300亿元,平均每家公关公司就有3 000万左右的营业收入。这意味着一大批本土公关公司将胜过外资公司,成为世界级的公关公司。

(四)论证有效性分析的写作结构

论证包含三要素:论点(论证什么)、论据(用什么论证)和论证形式(怎样用论据论证论点),其中论点是核心。

论证三要素之中,论点是核心,整个论证都围绕论点来展开。基于此,对论证有效性分析试题的题干的每个逻辑错误的分析,归根结底都是指向对材料总论点的质疑。所以考生的论证有效性分析试题的作文,需要对论证的三个要素都做出回应,忽视对任何一个论证构成要素的回应,都不是完整的论证有效性分析。

一手抓题干论据,一手抓题干论点,在尽量肯定和接受原文原始事实论据和前提的基础上,通过分析题干推理过程中所存在的逻辑问题,指出题干的论点并不能通过上述推理必然得出,因此论点很可能是不成立的。

根据上述分析,论证有效性分析试题的作文,一般按照"总—分—总"的结构完成。其中首段、尾段表达对材料总论点的质疑,中间的各个自然段,每一段针对题干论证所存在的某个逻辑问题进行引用(找出题干论证中的逻辑问题)、评价(评价逻辑问题的错误实质)和分析(中肯简要地阐述某个问题何以成为问题)。

三、论证有效性分析评分标准

文章根据评论内容、文章结构和语言表达综合评分,满分30分。

(一)根据分析和评论的内容给分,占16分

指出题干所给论证中存在的若干漏洞,并加以适当的评价和分析。

(二)根据文章结构和语言表达给分,也占14分

分四类卷给分,具体如下:

一类卷	12~14分	分析论证有力,结构严谨,条理清晰,语言精练流畅。
二类卷	8~11分	分析论证较有力,结构较严谨,条理较清楚,语句较通顺,有少量语病。
三类卷	4~7分	结构不够完整,语言欠连贯,有较多语病,分析与评论缺乏说服力。

四类卷　　0～3分　　　　　明显偏离题意,内容空洞,条理不清,语句严重不通。

(三)加分、减分项

每3个错别字扣1分,重复的不计,至多扣2分。
书面不整洁,标点不正确,酌情扣1～2分。
不符合字数要求,酌情扣分。

第二章 论证有效性分析解题技巧

一、准确地判断题干的论点、论据、论证结构

(一)明确目标

论证三要素之中,论点是核心,整个论证都围绕论点来展开。所以论证有效性分析试题的作文的首段、尾段需要表达对材料总论点的质疑。如果论证有效性分析试题的作文撇开题干论点,而仅仅攻击题干论据和论证过程,那么这种做法是为了找逻辑错误而找逻辑错误,忽视了论点是整个论证的核心。如果论证有效性分析试题的作文没有进入题干的逻辑空间,撇开题干论据和论证过程,而仅仅攻击题干论点,那么这是驳论文的写法。所以,准确地判断题干的论点、论据和论证结构,是完成论证有效性分析试题的作文的前提条件。

(二)常见论证结构

论证有效性分析的材料,有论点(记之为"Y")和论据(记之为"X")。第一步是找出论点。找到论点后,剩下的就是论据。然后找出从论据到论点的论证方式。

1. 简单结构

简单结构是指一个论据支持一个论点,记之如下:

X—Y

2. 并行结构

并行结构是指两个或以上的论据,分别独立地支持同一个论点,记之如下:

X_1—Y

X_2—Y

3. 发散结构

发散结构是指一个论据,支持两个不同的论点,记之如下:

X—Y_1

X—Y_2

4. 组合结构

组合结构是指两个或以上的论据,共同支持同一个论点,记之如下:

X_1、X_2—Y

5. 混合结构

混合结构是指上述两种或以上的论证类型构成的论证结构。论证有效性分析的真题题干常见的论证结构基本上都是混合结构。

【例1】 如下是2005年10月联考论证有效性分析试题的题干。请分析题干的论证结构。

某管理咨询公司最近公布了一份洋快餐行业发展情况的分析报告,对洋快餐在中国的发展趋势给出了相当乐观的预判。

该报告指出,过去5年中,洋快餐在大城市中的网点数每年以40%的惊人速度增长,而在中国广大的中小城市和乡镇还有广阔的市场成长空间;照此速度发展下去,估计未来10年,洋快餐在中国饮食行业的市场占有率将超过20%,成为中国百姓饮食的重要选择。

饮食行业的某些人士认为,从营养角度看,长期食用洋快餐对人体健康不利,洋快餐的快速增长会因此受到制约。但该报告指出,洋快餐在中国受到广大消费者,特别是少年儿童消费群体的喜爱。显然,那些认为洋快餐不利于健康的观点是站不住脚的。该公司去年在100家洋快餐店内进行的大量问卷调查结果显示,超过90%的中国消费者认为食用洋快餐对于个人的营养均衡有所帮助。而已经喜爱上洋快餐的未成年人在未来成为更有消费能力的成年群体之后,洋快餐的市场需求会大幅度上升。

洋快餐长期稳定的产品组合以及产品和服务的标准化,迎合了消费者希望获得无差异食品和服务的需要,这也是洋快餐快速发展的重要优势。

该报告预测,如果中国式快餐在未来没有较大幅度的发展,洋快餐一定会成为中国饮食行业的霸主。

【深度解析】

总论点:洋快餐在中国的发展趋势乐观,若中国式快餐在未来没有较大幅度的发展,洋快餐一定会成为中国饮食行业的霸主。

分论点1:未来10年,洋快餐在中国饮食行业的市场占有率将超过20%。

分论据1:过去5年中,洋快餐在大城市中的网点数每年以40%的惊人速度增长,并在中国广大的中小城市和乡镇还有广阔的市场成长空间;(洋快餐可以)照此速度发展下去。

分论点2:认为洋快餐不利于健康的观点是站不住脚的。

分论据2:洋快餐在中国受到广大消费者,特别是少年儿童消费群体的喜爱。该公司(指"某管理咨询公司")去年在100家洋快餐店内进行的大量问卷调查结果显示,超过90%的中国消费者认为食用洋快餐对于个人的营养均衡有所帮助。

分论点3:洋快餐的市场需求会大幅度上升。

分论据3:已经喜爱上洋快餐的未成年人,未来将成为更有消费能力的成年群体。

分论点4:洋快餐快速发展有其重要优势。

分论据4:洋快餐长期稳定的产品组合以及产品和服务的标准化,迎合了消费者希望获得无差异食品和服务的需要。

【例2】 如下是2007年1月联考论证有效性分析的材料。请分析材料的论证结构。

每年的诺贝尔奖,特别是诺贝尔经济学奖公布后,都会在中国引起很大反响。诺贝尔经济学奖的得主是当之无愧的真正的经济学家。他们的研究成果都经过了实践的检验,为人类社会发展,特别是经济发展做出了杰出的贡献。每当看到诺贝尔经济学奖被西方人包揽,很多国人在羡慕之余,更期盼中国人有朝一日能够得到这一奖项。

然而,我们不得不面对的现状却是,中国的经济学还远远没有走到经济科学的门口,中国真正意义上的经济学家最多不超过5个。

真正的经济学家需要坚持理性的精神。马克思·韦伯说:现代化的核心精神就是理性化,没有理性主义就不可能有现代化。中国的经济学要向现代科学方向发展,必须把理性主义作为基本的框架。而中国经济学界太热闹了,什么人都可以说自己是个经济学家,什么问题他们都敢谈。有的经济学家今天评股市,明天讲汇率,争论不休,莫衷一是。有的经济学家热衷于担任一些大型公司的董事,或在电视上频频上镜,怎么可能做严肃的经济学研究?

经济学和物理学、数学一样,所讨论的都是非常专业化的问题。只有远离现实的诱惑,潜心于书斋,认真钻研学问,才可能成为真正意义上的经济学家,中国经济学家离这个境界太远了。在中国的经济学家中,你能找到为不同产业代言的人,西方从事经济学研究最优秀的人不是这样的,这样的人在西方只能受投资银行的雇佣,从事产业经济学的研究。一个真正的经济学家,首先要把经济学当作一门科学来对待,必须保证学术研究的独立性和严肃性,必须保持与"官场"和"商场"的距离,否则不可能在经济学领域做出独立的研究成果。

说"中国真正意义上的经济学家最多不超过5个",听起来刻薄,但只要去看一看国际上经济学界那些最重要的学术刊物,有多少文章是来自中国国内的经济学家,就会知道这还是比较客观和宽容的一种评价。

【深度解析】 总论点:中国真正意义上的经济学家最多不超过5个。

分论点1:中国具有理性精神的经济学家非常少。

分论据1:真正的经济学家都要坚持理性的精神。中国的经济界太热闹了,什么人都可以说自己是个经济学家,什么话题他们都敢谈。有的经济学家今天评股市,明天讲汇率,争论不休,莫衷一是。有的经济学家热衷于担任一些大型公司的董事,或者在电视上频频上镜——这些都不符合理性精神。

分论点2:中国非常专业化的经济学家非常少。

分论据2:经济学所讨论的问题都是非常专业化的问题。只有远离现实的诱惑,潜心于书斋,认真钻研学问,才可能成为真正意义上的经济学家。中国的经济学家中,你能找到为不同产业代言的人。成为真正的经济学家,首先要把经济学当成一门科学来对待,必须保持学术研究的独立性和严肃性,必须保持与"官场"和"商场"的距离,否则不可能在经济学领域做出独立的研究成果。

分论据3(直接支持总论点):国际上经济学界那些最重要的学术刊物,没有几篇文章来自中国国内的经济学家。

二、准确定位和清晰表述题干论证的逻辑错误

大纲要求考生针对有缺陷的论证,分析其中存在的问题,选择若干要点,评论该论证的有效性。所以,"找到"即准确定位逻辑漏洞是基础,而清晰表述逻辑漏洞是关键。

【例1】 下述内容节选自2004年1月联考论证有效性分析的材料。请找出材料画线部分论证的漏洞。

目前,国内约有1 000家专业公关公司。去年,规模最大的十家本土公关公司的年营业收入平均增长30%,而规模最大的十家外资公关公司的年营业收入平均增长15%;本土公关公司的利润率平均为20%,外资公司为15%。十大本土公关公司的平均雇员人数是十大外资公关公司的10%。可见,<u>本土公关公司利润水平高、收益能力强、员工的工作效率高,具有明显的优势</u>。

【深度解析】 材料由"前十大本土公关公司的利润率为20%,而相应的外资公关公司为15%"得出"本土公关公司利润水平高"的结论,这是不足信的。

材料通过"前十大本土公关公司的利润率为20%,而相应地外资公关公司为15%"不当地得出"本土公关公司利润水平高"的结论。

【例2】 下述内容节选自2010年10月联考论证有效性分析的材料。请找出材料画线部

分论证的漏洞。

科学家在一个孤岛上的猴群中做了一个实验,将一种新口味的糖让猴群中地位最低的猴子品尝,等它认可后再让猴群其他成员品尝;花了20天左右,整个猴群才接受了这种糖。将另一种新口味的糖让猴群中地位最高的猴王品尝,等它认可后再让猴群其他成员品尝;两天之内,整个猴群就都接受了该种糖。看来,猴群中存在着权威,而权威对于新鲜事物的态度直接影响群体接受新鲜事物的进程。

【深度解析】 材料通过"猴群吃糖"的实验,得出了"猴群中存在着权威,而权威对于新鲜事物的态度直接影响群体接受新鲜事物的进程"的结论,这是欠妥当的。

材料由"地位最低的猴子在猴群中推广一种口味的糖花了20天左右,而猴王推广另一种口味的糖花了两天"的试验,得出"猴群中存在着权威,而权威对于新鲜事物的态度直接影响群体接受新鲜事物的进程"的结论是欠妥当的。

材料由"地位最低的猴子在猴群中推广一种口味的糖花了20天左右,而猴王推广另一种口味的糖花两天"的试验,不当地得出"猴群中存在着权威,而权威对于新鲜事物的态度直接影响群体接受新鲜事物的进程"的结论。

【例3】 下述内容节选自2008年10月联考论证有效性分析的材料。请找出材料论证的漏洞。

有人提出,应当把"孝"作为选拔官员的一项标准,理由是,一个没有孝心、连自己父母都不孝顺的人,怎么能忠诚地为国家和社会尽职尽责呢?我不赞同这种观点。现在已经是21世纪了,我们的思想意识怎么能停留在封建时代呢?

【深度解析】 材料认为,如果把"孝"作为选拔官员的一项标准,那么就意味着思想意识停留在封建时代,这是欠妥当的。

【例4】 下述内容节选自2005年1月联考论证有效性分析的材料。请找出材料画线部分论证的漏洞。

没有天生的外科医生,也没有天生的会计师,它们都是专业化的工作,都需要经过正规的培训。而这种培训最开始是在教室里进行的。当然,学生们必须具备使用手术刀或是操作键盘的能力,但是他们首先得接受专门的教育。领导者则不一样,天生的领导者是存在的。事实上,任何一个社会中的领导者都只能是天生的,领导和管理本身就是生活,而不是某个人能够从教室中学习来的技术。教育可以帮助一个具有领导经验和生活经验的人提升到更高的层次。但是,即使一个人具备管理天赋和领导潜质,教育也不能将经验灌入其头脑中。换句话说,试图向一个未曾从事过管理工作的人传授管理学,不啻于向一个从未见过其他人类的人传授哲学。组织是一个复杂的有机体,对它的管理是一种困难的、微妙的工作,需要的是各种各样只能在身临其境时才能得到的体验。总之,MBA教育试图把管理传授给一个毫无实际经验的人是种浪费,更糟糕的是,它是对管理的一种贬低。

【深度解析】 材料论述"试图向一个未曾从事过管理工作的人传授管理学,不啻于向一个从未见过其他人类的人传授哲学",该论述过程有待商榷。

材料得出"MBA教育试图把管理传授给一个毫无实际经验的人是种浪费"的结论,这是有待商榷的。

三、中肯简要地分析和评价逻辑错误

论证有效性分析试题的作文中的各个自然段,每一段针对一个材料论证逻辑问题进行引用(找出题干论证中的逻辑问题)、分析(中肯简要地阐述某个问题何以成为问题)和评价(评价逻辑问题的错误实质)。

具体如何评价、分析,见后续章节。

四、寻找题干逻辑漏洞的路径

(一)概念的界定和使用是否清楚、准确并前后一致?

【例1】 下述内容节选自2004年1月联考论证有效性分析的材料。请找出材料论证的缺陷之处。

目前,国内约有1 000家专业公关公司。去年,规模最大的十家本土公关公司的年营业收入平均增长30%,而规模最大的十家外资公关公司的年营业收入平均增长15%;本土公关公司的利润率平均为20%,外资公司为15%。十大本土公关公司的平均雇员人数是十大外资公关公司的10%。可见,本土公关公司利润水平高、收益能力强、员工的工作效率高,具有明显的优势。

【深度解析】 材料由"去年规模最大的十家本土公关公司的年营业收入平均增长30%,而相应的外资公关公司为15%",得出"本土公关公司收益能力强"的结论,这是欠妥当的。"营业收入平均增长率"是一个相对数,"收益能力"是一个绝对数,在缺乏"前年营业收入"这个基数的情况下,不能从"营业收入平均增长率"高得出"收益能力"强的必然性结论。此处论述存在"混淆概念"的嫌疑。故上述结论的得出不具有必然性。

材料由"本土公关公司的利润率为20%,而相应的外资公关公司为15%",得出"本土公关公司利润水平高"的结论,这是不足信的。"利润率"是一个相对数概念,"利润水平"是一个绝对数概念,在缺乏"前年总利润"这个基数的情况下,不能从"利润率"高得出"利润水平"高的必然性结论。此处论述存在"混淆概念"的嫌疑。故上述结论不足信。

材料由"十大本土公关公司的平均雇员人数是十大外资公关公司的10%",得出"本土公关公司员工的工作效率高"的结论,这是欠妥当的。本土公关公司的平均雇员人数是十大外资公关公司的10%,只能说明本土公关公司的平均雇员人数少,公司规模相对更小,不必然得出其工作效率高。"工作效率"由"工作总量、工作时长、雇员人数"来决定,故与"雇员人数"二者不可混为一谈。此处存在"混淆概念"的嫌疑,故其结论不足信。

(二)论据是否真实?

【例2】 下述内容节选自2004年10月联考论证有效性分析的材料。请找出材料论证的缺陷之处。

企业经营首先要考虑的是如何战胜竞争对手,因为顾客不是选择你,就是选择你的竞争者,所以只要在满足顾客需求方面比竞争者快一点,你就能够脱颖而出,战胜对手。

【深度解析】 材料论述从"因为顾客不是选择你,就是选择你的竞争者,所以只要在满足顾客需求方面比竞争者快一点,你就能够脱颖而出,战胜对手",得出"企业经营首先要考虑的是如何战胜竞争对手"的结论,这是欠妥当的。如果"你"和"你的竞争者"都无法真正满足顾客的需要,那么顾客很有可能谁都不选。所以"你"和"你的竞争者"并不构成顾客选择的全部。此处论述有"非黑即白"的嫌疑。同时,企业要想脱颖而出,战胜对手,除了"快"这个条件以外,很可能还需要"多、好、省"等其他条件的配合。此处论述存在"条件关系谬误"的嫌疑。故上述结论不足信。

(三)如果难以证实论据虚假,那么其真实性是否可以从某种角度或程度加以质疑?

【例3】 下述内容节选自 2006 年 10 月联考论证有效性分析的材料。请找出材料论证的缺陷之处。

媒体上频频出现的企业丑闻也让我们有足够的理由怀疑是否该给大公司高管们支付那么高的报酬。

【深度解析】 姑且不论出现丑闻的企业是否都是大公司,即便如此,也很可能只占大公司中的小比例,故材料得出有关所有大公司高管的结论,有以偏概全之嫌。同时,企业丑闻的出现,除了高管造成以外,有可能是竞争对手抹黑等原因造成的,此处有"另有他因(归因不当)"之嫌。故材料论述"媒体上频频出现的企业丑闻也让我们有足够的理由怀疑是否该给大公司高管们支付那么高的报酬"是不足信的。

(四)虽然论据真实,但是论据是否足以支持对应的总论点或分论点?

【例4】 下述内容节选自 2004 年 1 月联考论证有效性分析的材料。请找出材料论证的缺陷之处。

中国公关协会最近的调查显示,去年,中国公关市场营业额比前年增长 25%,达到了 25 亿元;而日本约为 5 亿美元,人均公关费用是中国的 10 多倍。由此推算,在不远的将来,若中国的人均公关费用达到日本的水平,中国公关市场的营业额将从 25 亿元增长到 300 亿元。

【深度解析】 材料由"日本的人均公关费用是中国的 10 多倍",得出"若中国的人均公关费用达到日本的水平,中国公关市场的营业额将从 25 亿元增长到 300 亿元"的结论,这是欠妥当的。中国与日本的经济水平、城市化程度、消费能力等方面是有差异的,而公关行业与这些因素是密切相关的,故二者之间不可进行简单类比。此处存在"类比不当"的嫌疑。所以上述结论的得出不具有必然性。

(五)从论据到论点的论证过程是否有隐藏的假设?如果有,隐藏假设是否必然成立?

【例5】 下述内容节选自 2008 年 10 月联考论证有效性分析的材料。请找出材料论证的缺陷之处。

有人提出,应当把"孝"作为选拔官员的一项标准,理由是,一个没有孝心、连自己父母都不孝顺的人,怎么能忠诚地为国家和社会尽职尽责呢?我不赞同这种观点。俗话说"人无完人",如果在选拔官员中拘泥于小节而不注意大局,就会把许多胸怀鸿鹄之志的精英拒之门外,而让那些守望燕雀小巢的庸才占据领导岗位。

【深度解析】 材料论述"如果在选拔官员中拘泥于小节而不注意大局，就会把许多胸怀鸿鹄之志的精英拒之门外，而让那些守望燕雀小巢的庸才占据领导岗位"，这是有待商榷的。材料不当地假设了"许多精英"是不孝的，而"那些庸才"是孝的，然而"精英"与"孝"并不必然对立，"庸才"也不一定就"孝"。此处有"不当假设"之嫌，故上述论述不具有必然性。

(六) 从论据到论点的论证方法，是否有逻辑漏洞？

【例6】 下述内容节选自2008年10月联考论证有效性分析的材料。请找出材料论证的缺陷之处。

有人提出，应当把"孝"作为选拔官员的一项标准，理由是，一个没有孝心、连自己父母都不孝顺的人，怎么能忠诚地为国家和社会尽职尽责呢？我不赞同这种观点。反观《二十四孝》里的那些孝子，有哪个成就了名垂青史的功业？

【深度解析】 材料的论点是，不赞同把"孝"作为选拔官员的一项标准，即"孝"不是选拔官员的必要条件。《二十四孝》里孝子没有成就名垂青史的功业，由此可知"孝"不是成就功业的充分条件，这只能说明"孝"不是选拔官员的充分条件。所以材料《二十四孝》的论据，对于其论点起不到支持的作用，此处论述存在"条件关系谬误"之嫌。

(七) 论证对所证明的结论是否做了不恰当的引申和推广？

【例7】 下述是2010年10月联考论证有效性分析的材料。请找出材料论证对所证明的结论做出了不恰当的引申和推广之处。

科学家在一个孤岛上的猴群中做了一个实验，将一种新口味的糖让猴群中地位最低的猴子品尝，等它认可后再让猴群其他成员品尝；花了20天左右，整个猴群才接受了这种糖。将另一种新口味的糖让猴群中地位最高的猴王品尝，等它认可后再让猴群其他成员品尝。两天之内，整个猴群就都接受了该种糖。看来，猴群中存在着权威，而权威对于新鲜事物的态度直接影响群体接受新鲜事物的进程。

市场营销也是如此，如果希望推动人们接受某种新商品，应当首先影响引领时尚的文体明星。如果位于时尚高端的消费者对于某种新商品不接受，该商品一定会遭遇失败。这个实验对于企业组织的变革也有指导意义。如果希望变革能够迅速取得成功，应该自上而下展开，这样做遭遇的阻力较小，容易得到组织成员的支持。当然，猴群乐于接受糖这种好吃的东西；如果给猴王品尝苦涩的黄连，即使猴王希望其他猴子接受，猴群也不会干。因此，如果组织变革使某些组织成员吃尽苦头，组织领导者再努力也只能以失败而告终。

【深度解析】 材料从"猴群吃糖"的科学实验出发，得出"如果组织变革使某些组织成员吃尽苦头，组织领导者再努力也只能以失败而告终"的结论，这是欠妥当的。"猴群吃糖"实验反映的是生物的本能，而企业组织变革受到企业、员工、顾客、市场等一系列复杂因素的影响，故二者之间不可以进行简单类比。此处有"类比不当"之嫌，故其结论不足信。

(八) 是否存在被忽视了的更有力的论据？对该论证做何种修改可增强其说服力？

【例8】 下述是2003年1月联考论证有效性分析的材料。请找出下面画线部分论证的缺陷之处。

把几只蜜蜂和苍蝇放进一只平放的玻璃瓶里,使瓶底对着光亮处,瓶口对着暗处。结果,有目标地朝着光亮拼命扑腾的蜜蜂最终衰竭而死,而无目的地乱窜的苍蝇竟都溜出细口瓶颈逃生。是什么葬送了蜜蜂?是它对既定方向的执着,还是它对趋光习性这一规则的遵循?

当今企业面临的最大挑战是经营环境的模糊性与不确定性。在高科技企业中,哪怕只预测几个月后的技术趋势都是件浪费时间的徒劳之举。就像蜜蜂或苍蝇一样,企业经常面临一个像玻璃瓶那样的不可思议的环境。蜜蜂实验告诉我们,<u>在充满不确定性的经营环境中,企业需要的不是朝着既定方向的执着努力,而是在随机试错的过程中寻求生路,不是对规则的遵循,而是对规则的突破</u>。在一个经常变化的世界里,混乱的行动比有序的衰亡好得多。

【深度解析】 姑且不论材料由固定环境的蜜蜂苍蝇实验出发,得出有关不确定性经营环境下企业经营决策的结论是欠妥当的,尽管苍蝇所代表的采取随机试错策略的企业取得了成功,但由此推出所有企业都应如此,明显有以偏概全之嫌。同时,不确定性环境要求企业不能机械地遵循规则,被材料偷换为不需要遵循任何规则,则存在"混淆概念"之嫌。故材料得出"不确定性经营环境中企业应随机试错,应突破规则"是不足信的。

五、论证有效性分析作文常见问题

(一)写成立论文、驳论文

有些考生基于材料论点,重新写了一篇相同或类似论点的论说文,这是"立论文"的写法。有些考生则认为材料的论点是有问题的,自己提出了相反或不同的论点,基于此重新写了一篇论说文,这是"驳论文"的写法。

大纲表述,"论证有效性分析试题的材料为一段有缺陷的论证,要求考生分析其中存在的问题,选择若干要点,评论该论证的有效性"。大纲要求考生针对材料本身的推理和论证存在的漏洞进行"有效性分析"。

论证有效性分析试题的作文,不能写成"立论文"或"驳论文"的形式。

(二)写成点评原文写作技巧的评论性作文

有些考生只是关注材料的语法、结构、修辞等写作技巧,而没有指出和分析材料在推理论证过程中存在的逻辑漏洞,这样的写法也不符合大纲的要求。

论证有效性分析试题的作文,不能写成点评原文写作技巧的评论性作文。

(三)写成支持性的"有效性分析"作文

大纲要求考生针对材料本身的推理和论证存在的漏洞进行"有效性分析",而有的考生则对材料的观点、结论和推理论证过程采取了肯定和支持的态度,采取了支持性的回应方式,而不是着重指出和分析材料推理过程中的错误。

论证有效性分析试题的作文,不能写成支持性的"有效性分析"作文。

(四)错误判断材料的论点、论据、论证结构

如果错误判断材料的论点、论据、论证结构,或弄错材料推理过程中的中间性推论,会导致自己的有效性分析文不对题。

(五)不分主次,没有抓住关键性问题

大纲表述,"论证有效性分析试题的材料为一段有缺陷的论证,要求考生分析其中存在的问题,选择若干要点,评论该论证的有效性"。有的考生不分主次,只是抓住了材料鸡毛蒜皮的逻辑错误,这样的文章无法得到高分。

论证有效性分析试题的作文,必须抓住材料主要的、关键性的逻辑漏洞。

(六)逻辑错误的数量

论证有效性分析要求我们指出和分析材料推理过程中客观存在的四个左右的逻辑错误。有的考生只分析了一两个问题,指出的逻辑错误的数量不够,说明寻找错误的能力不高,将被扣分。

(七)表述了逻辑漏洞,但没有进行分析

针对材料的主要漏洞,考生需要在找到问题之后,评价逻辑问题的错误实质,并中肯简要地阐述这个问题何以成为问题。如果只是罗列问题而缺乏分析,将被扣分。

(八)逻辑术语使用不当

准确使用逻辑术语,有利于精确到位地评价逻辑问题的错误实质。尽管术语评价不是阅卷中的必要要求,但是如果能进行准确表述,对于文章的论述效果是有帮助的。当然,如果术语使用不当,造成分析和术语不匹配的情况,将被扣分。

(九)语言表达太绝对

如果论证有效性分析试题的作文的语言表达太过绝对,则作文本身的"有效性"便很有可能被质疑。过于绝对的、武断的语言容易出现漏洞,导致文章难以令人信服,将被扣分。

第三章 论证有效性分析写作步骤

【示例】下述是2011年10月联考论证有效性分析试题的材料。分析下列论证中存在的缺陷与漏洞，选择若干要点，对该论证的有效性分析和评述，600字左右。

我国的个人所得税从1980年开始征收，当时起征点为800元人民币。最近几年起征点为2000元，个人所得税总额逐年上升，已经超过2000亿元。随着居民基本生活开支的上涨，国家决定从2011年9月将个税起征点提高到3500元，顺应了大多数人的意愿。

从个人短期利益上来看，提高起征点确实能减少一部分中低收入者的税收，看似有利于普通老百姓。但是，如果冷静地进行分析，其结果却正好相反。

中国实行税收累进率制度，也就是说工资越高所缴纳的税率也越高。请设想，如果将2000元的个税起征点提高到10000元，虽然极少数月工资超过30000元的人可能缴更多的税，但是绝大多数人的个税会减少，只是减少的数额不同。原来工资低于2000元的，1分钱的好处也没有得到；拿2000元工资的人只是减轻了几十元的税；而拿8000元工资的人则减轻了几百元的税收。收入越高，减少的越多，贫富差距自然会被进一步拉大。

同时，由于税收起征点上调，国家收到的税收大幅度减少，政府就更没有能力为中低收入者提供医疗、保险、教育等公共服务，结果还是对穷人不利。

所以说，建议提高个税起征点的人，或者是听到提高起征点就高兴的人，在捅破这层窗户纸以后，他们也不得不承认这一客观真理：提高个税起征点有利于富人，不利于一般老百姓。

如果不局限在经济层面讨论问题，转到从社会与政治角度考虑，问题就更清楚了。原来以2000元为起征点，有50%以上为非纳税人，如果提高到3500元，中国的纳税人就只剩下20%了。80%的国民不纳税，必定会引起政治权利的失衡。降低起征点，扩大纳税人的比例，不仅可以缩小贫富差距，还可以培养全民的公民意识。纳税者只有承担了纳税义务，才能享受纳税者的权利。如果没有纳税，人们对国家就会失去主人翁的责任感，就不可能有强烈的公民意识，也就会失去或放弃监督政府部门的权利。所以，为了培养全国民众的公民意识，缩小贫富差距，建设和谐社会，我们应该适当地降低个税起征点。

一、确定总论点

我国应适当降低个税起征点。

二、分析论证结构

分论点1：提高个税起征点有利于富人，不利于普通老百姓。
分论据1：收入越高，减少的越多，贫富差距自然会被进一步拉大了。
分论据2：国家收到的税收大幅度减少，政府就更没有能力为中低收入者提供公共服务。
分论点2：80%的国民不纳税，必定会引起政治权利的失衡。
分论据1：纳税者只有承担了纳税义务，才能享受纳税者的权利。

分论据2：如果没有纳税，人们就不可能有强烈的公民意识，也就会失去或放弃监督政府部门的权利。
　　总论点：为了培养全国民众的公民意识，缩小贫富差距，建设和谐社会，我们应该适当地降低个税起征点。

三、列出主要逻辑问题的分析框架

　　问题1：
　　"收入越高，减少的越多"这一结论的得出，采用的是不完全归纳法。材料也承认对于月工资超过30 000元的人而言，个人所得税起征点提高后，他们所缴纳的个人所得税不但没有减少，反而可能会增加。所以，"收入越高，减少的越多"这一结论的得出是不具有必然性的。材料此处的论述出现了"自相矛盾"的错误。

　　问题2：
　　"由于税收起征点上调，国家收到的税收大幅度减少"的结论得出不当。中国的税种包括消费税、营业税、关税等，个人所得税只是国家税收中的一种。所以税收起征点上调后，国家收到的税收并不一定大幅度减少。此处将"税"和"个人所得税"混为一谈，出现了"混淆概念"的逻辑漏洞。

　　问题3：
　　"如果没有纳税，人们对国家就会失去主人翁的责任感，就不可能有强烈的公民意识，也就会失去或放弃监督政府部门的权利"这一论述欠妥当。培养全民的公民意识，属于教育文化领域的任务，征税很难达到这个目的。更何况，就算纳税可以培养公民意识，也未必非要缴纳个人所得税才能达到这个目的。纳税，不等于就是缴纳个人所得税。例如，人们在消费过程中已经缴纳了消费税，那么按照材料中论述者的逻辑，就没有必要再缴纳个人所得税来享受纳税者的权利了。纳税与否和对国家的主人翁责任感的强弱之间是否有必然联系，尚需进一步论证。监督政府是宪法赋予公民的权利，与纳税与否没有必然关联。此处论述有"强拉因果"的嫌疑。

　　问题4：
　　"为了培养全国民众的公民意识，缩小贫富差距，建设和谐社会，我们应该适当地降低个税起征点"的结论很难必然推出。培养民众的公民意识是文化教育部门的工作，不应该通过缴纳个税的办法来解决。要想达成缩小贫富差距的目标，光是依靠降低个税起征点是远远不够的，还需要通过大力促进经济发展等其他条件的配合。同理，要想实现和谐社会，除了材料所提供的降低个税起征点的方法外，还需要经济、政治、文化、医疗、教育等多方面条件的配合。

四、完成写作

（一）标题

　　漏写标题，一般扣2分。如果一篇文章没有标题，就好像一个人没有脑袋。标题关乎阅卷老师对应试作文的第一印象，如果漏写标题，最终的影响甚至超过2分，提醒考生应引起足够重视。
　　标题的写作方法请注意如下几点：

1. **最好选择对材料总论点进行质疑的标题**

《应该降低个税起征点吗?》

2. **不要写成论点型标题**

真题阅卷中,阅一篇作文老师只有2分钟左右的时间。如果使用论点型标题,如《不应降低个税起征点》,可能会让老师误以为考生写了一篇立论文或驳论文。标题求稳、求准,不宜标新立异。在考试中,考生的正文是有效性分析,但由于使用了论点型标题,出现丢分的情况,这是可能的。

3. **不宜针对某一个漏洞进行命题**

尽管正文针对材料出现的四个主要逻辑漏洞进行了有效性分析,但由于只针对某一个漏洞进行命题,如《个人所得税等于所有税种吗?》,则会导致标题无法覆盖全文,造成偏差,出现丢分。

4. **普适性标题**

《似是而非的论证》《有失偏颇的论证》《草率的结论》等。

(二)首段

论证有效性分析试题的作文,一般按照"总—分—总"的结构完成。其中首段、尾段表达对材料总论点的质疑。前文《论证有效性分析解题技巧》中,强调"准确地判断材料的论点、论据、论证结构",这是我们完成论证有效性分析作文的基础。

材料通过一系列有漏洞的推理,得出:为了培养全国民众的公民意识,缩小贫富差距,建设和谐社会,我们应该适当地降低个税起征点。这样的推理看似有理,其实是难以必然成立的。

(三)中间段

论证有效性分析试题的作文的中间段,每一段针对一个材料论证的逻辑问题,按照"引"——"析"——"评"的思路完成。

"引"就是进行引用,即找出材料论证中的逻辑问题;"析"就是分析,即中肯简要的阐述某个问题何以成为问题;"评"就是评价,即评价材料逻辑问题的错误实质。

首先,材料一方面说当个税起征点提高后,"收入越高,减少的越多";而另一方面,材料又说,对于月工资超过30 000元的人而言,个人所得税起征点提高后,他们所缴纳的个人所得税不但没有减少,反而可能会增加。这两个方面构成冲突,故此处论述有"自相矛盾"的嫌疑。

其次,材料论述"由于税收起征点上调,国家收到的税收大幅度减少",这是欠妥当的。中国的税种包括消费税、营业税、关税等,个人所得税只是国家税种的一种,所以个税起征点上调后,国家收到的税收并不一定大幅度减少。此处有"混淆概念"之嫌。

再次,材料论述,"如果没有纳税,人们对国家就会失去主人翁责任感,就不可能有强烈公民意识,也就会失去或放弃监督政府部门的权利",这是欠妥当的。"是否纳税"和"是否有主人翁责任感、有无强烈的公民意识"之间无必然联系。同理,监督政府是宪法赋予公民的权利,与是否纳税无关。此处有"强拉因果"之嫌。

最后,材料得出"为了培养全国民众的公民意识,缩小贫富差距,建设和谐社会,我们应该适当降低个税起征点",这是欠妥当的。培养民众的公民意识是教育等部门的工作,不应该通过缴纳个税的办法来解决。要达成缩小贫富差距的目标,仅靠降低个税起征点是不够的,还需通过大力促进经济发展等其他条件配合。同理,要实现和谐社会,很可能还需经济、文化等多方条件的配合。

(四)尾段

综上所述,由于材料在推理论证的过程中存在着诸如此类的逻辑问题,所以,材料论证的有效性以及由此得出的结论"我国应适当降低个税起征点"是值得商榷的。

第四章 论证有效性分析写作模板

一篇完整的论证有效性分析作文,一般包括标题、首段、中间段、尾段四个部分。下面是给考生建议的整体文章结构。

段落	字数	内容	说明
第1段	60	开头	总结论证结构,表明怀疑立场
第2段	120	漏洞1	引出问题,简要分析、评价
第3段	120	漏洞2	引出问题,简要分析、评价
第4段	120	漏洞3	引出问题,简要分析、评价
第5段	120	漏洞4	引出问题,简要分析、评价
第6段	60	结尾	总结全文,再次表示怀疑立场

一、标题

(一)内容性命题法

表示对材料结论的质疑:《……吗?》

(二)普遍性命题法

《似是而非的论证》《且慢草率下结论》《有失偏颇的论证》《不可行的可行性分析》《草率的决策》《美丽的空中楼阁》

二、首段

【首段的模板】

模板一
材料通过一系列论证得出结论,认为……然而,其论证还有待研究。

模板二
材料通过草率的分析,便得出……的结论。其论证是不足信的,存在以下问题。

模板三
材料通过一系列分析,试图论证……但是,其论证在论证方法、推理过程中都存在不妥之处,分析如下。

模板四
材料通过……得出……的结论。然而,其论证过程(结论)是值得商榷的。

模板五

材料得出结论,认为……,之所以得出这样的结论是因为……然而其论证存在着以下几个方面的缺陷。

模板六

材料通过一系列问题的推理推出结论:……这样的推理看似有理,其实是难以必然成立的。

三、中间段

中间段一般为四个自然段。每一自然段一般都按照"引——析——评"的思路写,每段120字左右。

(一)引

"引"是"引用",分为原文直接引用和间接引用两种,直接还是间接取决于字数控制。

1. 尽量原文引用,以避免偏差。

2. 间接引用也可以使用引号,以提醒阅卷者注意。

【"引"的模板】

模板一

材料通过"……"不当地得出了"……"的结论。

模板二

材料由"……",得出"……"的结论,这是有待商榷的。

模板三

材料得出"……"的结论,这是有待商榷的。

模板四

材料论述"……",该论述过程有待商榷。

【说明】 "有待商榷"可以换成:有失偏颇、还需完善、有待证明、不太恰当、不很确切、不太严谨、欠妥当、有点轻率、有些武断、难以让人信服。

(二)析

"析"是"分析",分析该处错误的原因。需要针对从论据到论点的论证过程中的逻辑漏洞来进行分析。

1. 尽可能把其主要逻辑漏洞分析到位,避免分析不全面

【例1】 下面是2005年1月联考论证有效性分析的材料。请找出材料画线部分论证的漏洞。

没有天生的外科医生,也没有天生的会计师,它们都是专业化的工作,需要经过正规的培训。而这种培训最开始是在教室里进行的。当然,学生们必须具备使用手术刀或是操作键盘的能力,但是他们首先得接受专门的教育。领导者则不一样,天生的领导者是存在的。事实上,任何一个社会中的领导者都只能是天生的。领导和管理本身就是生活,而不是某个人能够从教室中学习来的技术。教育可以帮助一个具有领导经验和生活经验的人提高到更高的层次。但是,即使一个人具备管理天赋和领导潜质,教育也不能将经验灌入其头脑中。换句话说,试图向一个未曾从事过管理工作的人传授管理学,不啻于向一个从未见过其他人类的人传授哲学。组织是一个复杂的有机体,对它的管理是一种困难的、微妙的工作,需要的是各种各样只能在身临其境时才能得到的体验。总之,MBA教育试图把管理传授给一个毫无实际经验的人是种浪费,更糟糕的是,它是对管理的一种贬低。

【深度解析】 材料由天生的领导者是存在的,推出所有的领导者都是天生的,这个是不必然的,犯了以偏概全的错误。(×)

材料断言"天生的领导者是存在的",此结论有待商榷。确实有些领导者,如改革开放之初的一些农民企业家,容易被误解为"天生的领导者"。然而,尽管他们没有接受过专业的管理学教育,在开办企业、取得成功之前也没有领导经验,但是他们却在创业之前直接或间接地通过其他人或事,积累了间接的领导经验,所以,"天生的领导者是存在的"这一结论的得出是欠妥当的。况且,即便"天生的领导者是存在的",也不能推出"任何一个社会中的领导者都只能是天生的",这样的论证存在以偏概全的嫌疑。(√)

2. 不要脱离材料的论证逻辑而根据自己的想法进行分析

【例2】 下面是2004年10月联考论证有效性分析试题的材料。请找出材料画线部分论证的漏洞。

有两个人在山间打猎,遇到一只凶猛的老虎。其中一个人扔下行囊,撒腿就跑,另一人朝他喊:"跑有什么用,你跑得过老虎吗?"头一个人边跑边说:"我不需要跑赢老虎,我只要跑赢你就够了!"

这个故事告诉我们,企业经营首先要考虑的是如何战胜竞争对手,因为顾客不是选择你,就是选择你的竞争者,所以只要在满足顾客需求方面比竞争者快一点,你就能够脱颖而出,战胜对手。想要跑得比老虎快,是企业战略幼稚的表现,追求过高的竞争目标会白白浪费企业的大量资源。

【深度解析】 如果企业在满足顾客需求上,比竞争者快一点,却依然达不到消费者的要求,则依旧不能脱颖而出。(×)

材料认为只要企业比竞争者"快",就能够脱颖而出;然而,企业能否在竞争中取胜,除了"快"这一个因素,还与"多""好""省"等因素有关,此处论述有"另有他因(归因不当)"的嫌疑。(√)

3. 着眼于材料论证的总体逻辑是分析出漏洞的重要途径

【例3】 下面是2009年10月联考论证有效性分析的材料。请找出材料画线部分论证的漏洞。

民主集中制是一种决策机制。在这种机制中,民主和集中是缺一不可的两个基本点。民主不外乎就是体现多数人的意志。问题在于什么是集中。对此有两种解读,一种认为"集中"就是集中正确的意见;另一种认为"集中"就是集中多数人的意见。第一种解读看似有理,实际上是一种误解。

大家都知道,五四运动有两面旗帜,一面是科学,一面是民主。人们也许没有想到,这两面旗帜体现的是两种根本对立的原则。科学强调真理原则,谁对听谁的;民主强调多数原则,谁占多数听谁的。所谓"集中正确的意见",就是强调真理原则。这样解读"集中"就会把民主集中制置于自相矛盾的境地。让我们想象一种情景:多数人的意见是错误的,少数人的意见正确。如果将"集中"解读为"集中正确的意见",则不按多数人的意见办就不"民主",按多数人的意见办就不"集中"。

毛泽东有一句：:"真理有时掌握在少数人手里"。把集中解释为集中正确意见,就为少数人说了算提供了依据。如果这样,民主岂不形同虚设？

什么是正确的,要靠实践检验,而判断一项决策是否正确,只能在决策实施之后的实践中检验,不可能在决策过程中完成。不知道什么是正确的,如何"集中正确意见"来做决策？既然在决策中集中正确的意见是不可能的,民主集中制的"集中"当然就应该是集中多数人的意见。

【深度解析】 材料由"集中"有两种解读,一种认为"集中"就是集中正确的意见,另一种认为"集中"就是集中多数人的意见出发,然后分析对"集中"的第一种解读是错误的,最后得出结论:"集中"就是集中多数人的意见。该论证过程是欠妥当的。假设事实上对"集中"的所有解读,一共就只有两种,才可以通过排除一种来肯定另一种,然而材料无法证实这一点,所以此处的论述有"非黑即白"的嫌疑。

【提醒】论证有效性分析写作中,尽可能避免使用绝对化的词语。需要的话,尽量使用如下词语：未必、不一定、可能、很可能、完全有可能、可能不、并不必然、不足以。

(三) 评

"评"是"评价",评价论证缺陷之处错误的实质,可以使用术语写出错误的实质,一语中的。尽管术语评价不是阅卷中的必要要求,但是如果能进行准确表述,对于文章的论述效果是有帮助的。当然,如果术语使用不当,造成分析和术语不匹配的情况,将被扣分。提醒考生,如果对于术语评价不会或不确定,则不要用术语,避免自曝其短。

四、尾段

【尾段模板】
模板一
综上所述,由于材料在推理论证的过程中存在着诸如此类的逻辑问题,所以,材料论证的有效性以及由此得出的……结论是值得商榷的。

模板二
综上所述,材料没有提供更充分的证据用来证明……,要加强其论证,还需要提供更为有力的论据。其观点对于……是不利的。

五、结构词

(一) 中间段的每段开头使用

首先……
其次……
再次……
最后……

(二)段落内使用

而且、还有、况且、即便如此、更何况、更重要的是、很可能真实情况是、比如、如果实际情况是这样等。

六、不恰当的表达方式

我认为……
我不这么认为……
这是不正确的/错误的/不对的……
这是荒谬的/幼稚的/可笑的/滑稽的……

七、模板使用说明

(一)重视模板

考试一共只有30分钟用来进行论证有效性分析写作。考生可以先以40分钟作为训练目标,逐步压缩时间,直至30分钟。

读材料	3分钟	整体把握材料的论证结构
标出分析点	3分钟	逐段逐句,找出分析点
写开头	1分钟	总结材料论证并质疑
写中间段落	20分钟	依次分析原材料论证缺陷
写结尾	1分钟	总结论证的缺陷,并对完善论证的途径提出建议
检查	2分钟	查漏补缺、改错别字

(二)灵活运用模板

在尽可能熟练运用本部分"写作模板"的情况下,考生可以进一步总结出属于自己的论证有效性分析写作模板。

(三)动笔多写

背诵模板无用,动笔多写多练,才能运用自如。

八、论证有效性分析写作高分秘籍

(一)明确目标

不必对材料的立场本身表示赞同或反对,而应着眼支持论证者观点的论证思路,你的目的是:找出给定材料的论证结构和主要逻辑漏洞。

(二)客观冷静

不应对材料所涉及的话题发表自己的看法,不要另外提出新的见解和建议,始终保持冷静的笔触,不表达个人情感。

(三)逻辑分析

不必关注材料中的陈述是否精确或真实,而应关注结论和推理是否能有效地从这些陈述中推导而出,即考生分析的重点和关键在于从前提到结论的逻辑漏洞。

(四)把握结构

把握材料的论证结构,密切关注材料的结构词。结构词是判断表明上下文的逻辑联系的重要依据。区分哪些是论点(总论点、分论点),哪些是论据以及论据和论点之间的对应关系。

同时提醒考生,注意材料论证过程中是否有隐含假设,以及隐含假设的成立是否有必然性。

(五)适当举例

在对材料论述的逻辑漏洞进行分析的过程中,可适当地使用举例的方式来支持自己的分析,注意举例要针对材料论述的论据,而不是直接针对论点举例。

【例1】 分析下列论证中存在的缺陷和漏洞,选择若干要点,对该论证的有效性进行分析和评述。600字左右。

作为财务总监,我反对公司进入保健品行业。《新都报》已经报道有关专家的预测,我国的保健品市场的增长将放缓。2002年,我国的保健品市场增长率为23%,2003年则为20.8%,由此可见保健品市场的规模在缩小。根据京、沪两地20~30岁人群的500个样本调查显示,更多的人选择的是健身房健身而不是买保健品。再如地龙液公司的补血产品不过2年就退出了保健品市场,可见这类产品的生命周期很短,进入这个行业对企业而言发展潜力有限。再有人们对保健品的抱怨越来越多,大家认为保健品的治疗功效十分有限。所以我认为,进入保健品市场风险很大,不宜投资。

1. 标题
2. 开头
3. 中间段落

首先,

其次,

再次,

最后，

4. 结尾

【深度解析】

1. 标题

《进入保健品市场的风险很大吗？》

《保健品行业不宜投资吗？》

《似是而非的论证》

《且慢草率下结论》

2. 开头

上述企业财务总监通过对保健品现有市场状况以及未来保健品行业前景的分析，认为进入保健品市场风险很大，不宜投资，该论断是值得商榷的。

3. 中间段落

首先，材料由"2002年，我国的保健品市场增长率为23%，2003年则为20.8%"，得出"保健品市场的规模在缩小"的结论，这是欠妥当的。"市场增长率"是一个相对数，"市场规模"是一个绝对数，只要"市场增长率"是正数，"市场规模"就在增大。所以市场增长率的下降并不意味着整体市场规模的缩小。此处有"混淆概念"的逻辑漏洞。

其次，材料根据"京、沪两地20~30岁人群的500个样本调查"，得出"进入保健品行业对企业而言发展潜力有限"的结论，这是有待商榷的。该市场调查存在以下问题：从北京、上海推广到全国，以偏概全；在保健品的消费者中，中老年人群应该是主力，20~30岁人群的样本不具有代表性；共调查500个人，样本量不足。所以上述调查不足以代表整个保健品市场消费者特征，所得出的结论也不具有必然性。

再次，材料由"地龙液公司的补血产品不过2年就退出了保健品市场"不当地得出保健品的"生命周期很短，进入这个行业对企业而言发展潜力有限"的结论，一个公司的一种产品不足以代表整个行业的发展状况，所以由此得出的结论是不足信的。此处有"以偏概论"的嫌疑。

最后，材料以"人们对保健品的抱怨越来越多，大家认为保健品的治疗功效十分有限"作为论据，用以支撑"进入保健品市场风险很大，不宜投资"的论点，这是欠妥当的。保健品是用于"保健"而不是用来"治疗"的，企业完全可以通过对消费者进行教育、对市场进行培育等方式，来解决消费者关于保健品的抱怨问题。

4. 结尾

综上所述，由于材料中财务总监在推理论证的过程中存在以上逻辑问题，所以，材料论证的有效性以及由此得出的"进入保健品市场风险很大，不宜投资"的结论是值得商榷的。其建议根据不足且缺乏整体的战略意识，可能对公司的发展是不利的。

第五章　历年真题高频逻辑漏洞

有的考生是由于无法找到材料论证的逻辑漏洞而导致丢分,然而更多考生却在找到漏洞之后,无法对漏洞进行简洁、有效的"引""析""评"造成的丢分。本章通过对论证有效性分析的历年真题进行深度解析,为考生总结了真题的十四类高频逻辑漏洞。

同时,很多考生在考场中出现了字数过多,没有满足"字数 600 左右"的考试要求而丢分。请考生仔细体会本章"深度解析"和"范文展示"的异同,以便更好地解决这个问题。

一、混淆概念、概念界定不清

【写作模板】　材料由……,得出……的结论,这是欠妥当的。A 是指……,B 是指……,A 和 B 是两个不同的概念,二者不可混为一谈。此处存在"混淆概念"的嫌疑。故上述结论的得出不具有必然的合理性。

【例 1】　下述内容节选自 2004 年 1 月联考论证有效性分析的材料。请找出材料论证的漏洞。

目前,国内约有 1 000 家专业公关公司。去年,规模最大的十家本土公关公司的年营业收入平均增长 30%,而规模最大的十家外资公关公司的年营业收入平均增长 15%。可见,本土公关公司收益能力强,具有明显的优势。

【深度解析】　材料由"去年,规模最大的十家本土公关公司的年营业收入平均增长 30%,而规模最大的十家外资公关公司的年营业收入平均增长 15%",得出"本土公关公司收益能力强"的结论是欠妥当的。其论证过程混淆了"营业收入平均增长率"和"收益能力"这两个概念,存在"混淆概念"的嫌疑。"营业收入平均增长率"是一个相对数,"收益能力"是一个绝对数。在缺乏"前年营业收入"这个基数的情况下,不能从"营业收入平均增长率高"得出"收益能力强"的必然性结论。所以上述"本土公关公司收益能力强"的结论的得出不具有必然性。

【范文展示】　材料由"去年前十大本土公关公司年营业收入增长率为 30%,而相应的外资公司为 15%",得出"本土公关公司收益能力强"的结论,这是欠妥当的。"营业收入增长率"是相对数,"收益能力"是绝对数,在缺乏前年营业收入做基数情况下,不必然得出上述结论。此处有"混淆概念"之嫌。

【例 2】　下述内容节选自 2005 年 10 月联考论证有效性分析的材料。请找出材料论证的漏洞。

该报告预测,如果中国式快餐在未来没有较大幅度的发展,洋快餐一定会成为中国饮食行业的霸主。

【深度解析】　材料论述"如果中国式快餐在未来没有较大幅度的发展,洋快餐一定会成为中国饮食行业的霸主",这是有待进一步论证的。此处存在"混淆概念"的嫌疑。"快餐"和"饮食行业"是两个不同的概念,"饮食行业"包括"高档餐厅""自助餐""快餐"等细分行业。即使中国式快餐在未来没有较大幅度的发展,也只能推出洋快餐将成为中国快餐行业霸主的结论。所以"洋快餐一定会成为中国饮食行业的霸主"的结论的得出不具有必然性。

【范文展示】 材料论述"如果中国式快餐在未来没有较大幅度的发展,洋快餐一定会成为中国饮食行业的霸主",这是有待商榷的。"饮食行业"包括"高档餐厅"、"快餐"等细分行业,"快餐业"和"饮食行业"是两个不同的概念,二者不可混为一谈。此处存在混淆概念的嫌疑。故上述论证不足信。

【例3】 下述内容节选自2006年1月联考论证有效性分析的材料。请找出材料论证的漏洞。

中国将承担A350飞机5%的设计和制造工作。这意味着未来空中客车公司每销售100架A350飞机,就将有5架由中国制造。

【深度解析】 材料由"中国将承担A350飞机5%的设计和制造工作",得出"这意味着未来空中客车公司每销售100架A350飞机,就将有5架由中国制造"的结论是欠妥当的。材料中"A350飞机5%的设计和制造工作",这里的"5%"概念界定不清,到底是飞机部件数量的5%,还是飞机价值的5%等,无法识别。同时,"100架飞机的5%"和"5架完整飞机"是两个不同的概念,前者只是飞机的一个部分,而且是极少的一个部分,后者是完整的飞机。所以"未来空中客车公司每销售100架A350飞机,就将有5架由中国制造"这一结论的得出不具有必然性。

【范文展示】 材料由"中国将承担A350飞机5%的设计和制造工作"得出"未来空中客车公司每销售100架A350飞机,将有5架由中国制造"的结论是欠妥当的。"5%"概念界定不清,无法判断是飞机的部件数量还是飞机价值。同时,"100架飞机的5%"和"5架完整飞机"是两个不同的概念。故上述结论的得出不具有必然性。

【例4】 下述内容节选自2006年10月联考论证有效性分析的材料。请找出材料论证中有关"混淆概念"的漏洞。

美国是世界上经济最发达的国家,曝光的企业丑闻数量却比发展中国家多得多,这充分说明经济的发展不一定带来道德的进步。

【深度解析】 材料由"美国是世界上经济最发达的国家,曝光的企业丑闻数量却比发展中国家多得多"得出"这充分说明经济的发展不一定带来道德的进步"的结论是欠妥当的。美国只是发达国家中的一个国家,用美国代表发达国家与发展中国家进行对比,有"以偏概全"之嫌。曝光的丑闻多,实际的丑闻不一定多。此处混淆了"曝光的丑闻数量"和"事实上的丑闻数量"这两个概念,曝光丑闻数量的多寡,很有可能与新闻媒体的开放程度等其他因素有关。况且,即便事实上的丑闻数量多,也不意味着道德不进步,二者之间并不见得有必然联系,此处论述有"强拉因果"的嫌疑。所以上述结论显然是不足信的。

【范文展示】 材料由"美国曝光的企业丑闻数量却比发展中国家多得多",得出"经济的发展不一定带来道德的进步"的结论,这是欠妥当的。"曝光的丑闻数量"和"事实上的丑闻数量"是两个不同的概念,二者不可混为一谈。此处有"混淆概念"的嫌疑。故其结论不足信。

【例5】 下述内容节选自2007年1月联考论证有效性分析试题的题干。请找出题干论证的漏洞。

经济学和物理学、数学一样,所讨论的都是非常专业化的问题。……一个真正的经济学家,首先要把经济学当作一门科学来对待,必须保证学术研究的独立性和严肃性,必须保持与"官场"和"商场"的距离,否则,不可能在经济学领域做出独立的研究成果。

【深度解析】 材料论述一个真正的经济学家必须保持与"官场"和"商场"的距离,否则不可能在经济学领域做出独立的研究成果,这是欠妥当的。材料在没有明确定义概念的情况下进行推导,其结论是有待进一步论证的。关键看如何定义"官场"和"商场"。如果"官场"代表政府制定经济政策的场所,"商场"代表验证经济理论的场所,真正的经济学家不但不能保持距离,而且还要参与其中,以便发展和验证其理论。所以真正的经济学家"必须保持与'官场'和'商场'的距离"的结论是不必然的。

【范文展示】 材料论述真正的经济学家必须保持与"官场"和"商场"的距离,这是欠妥当的。如果"官场"代表政府制定经济政策的场所,"商场"代表验证经济理论的场所,真正的经济学家非但不能保持距离,反而应该参与其中,以便发展和验证理论。此处存在"概念界定不清"的嫌疑。所以上述结论是不必然的。

【例6】 下述内容节选自2010年1月联考论证有效性分析的材料。请找出材料画线部分论证的漏洞。

全球化抹去了各国的疆界,使世界从立体变成了平面,也就是说,世界各国之间的社会发展差距正在日益缩小。……"世界是平的"这一观点,是基于近几十年信息传播技术迅猛发展的状况而提出的。互联网的普及、软件的创新使海量信息迅速扩散到世界各地。由于世界是平的,穷国可以和富国一样在同一个平台上接受同样的最新信息。这样就大大促进了穷国的经济发展,从而改善了它们的国际地位。

【深度解析】 材料从"由于世界是平的,穷国可以和富国一样在同一平台上接受同样的最新信息",得出"这样就大大促进了穷国的经济发展,从而改善了它们的国际地位"的结论是欠妥当的。此处有"混淆概念"的嫌疑。从"世界是平的"并不足以推出穷国、富国"在同一平台上"接受信息,况且,即便"穷国可以和富国一样在同一平台上接受同样的最新信息",由于各自的经济基础、技术水平各不相同,即便接受同样的信息,二者使用信息的能力也不相同。因此,结论"这样就大大促进了穷国的经济发展,从而改善了它们的国际地位"的得出不具有必然性。

【范文展示】 材料从"世界是平的,穷、富国可在同一平台接受同样的最新信息",得出"这大大促进了穷国经济发展,改善其国际地位"的结论,这是不足信的。且不论穷、富国并未"在同一平台"上,即便如此,由于穷、富国的经济基础、技术水平的不同,其使用信息的能力也有差异。此处有"混淆概念"之嫌。

【例7】 下述内容节选自2011年10月联考论证有效性分析的材料。请找出材料论证的漏洞。

所以说,建议提高个税起征点的人,或者是听到提高起征点就高兴的人,在捅破这层窗户纸以后,他们也不得不承认这一客观真理:提高个税起征点有利于富人,不利于一般老百姓。

如果不局限在经济层面讨论问题,转到从社会与政治角度考虑,问题就更清楚了。原来以2 000元为起征点,有50%以上为非纳税人,如果提高到3 500元,中国的纳税人就只剩下20%了。

【深度解析】 材料论述"原来以2 000元为起征点,有50%以上为非纳税人,如果提高到3 500元,中国的纳税人就只剩下20%了",这是欠妥当的。这一论述过程有"混淆概念"的漏洞。中国的税种包括个人所得税、企业营业税、消费税、存款利息税等。不缴纳个人所得税,并不意味着一定不是纳税人。上述论证混淆了"税"和"个人所得税",将"个人所得税的纳税人"等同于"纳税人",故其得出的如果个税起征点"提高到3 500元,中国的纳税人就只剩下20%"的结论也是不足信的。

【范文展示】 材料论述"原来以2 000元为起征点,有50%以上为非纳税人,如果提高到3 500元,中国的纳税人就只剩下20%了",这是欠妥当的。中国的税种包括个人所得税、消费税等。不缴纳个人所得税,并不意味着未纳其他税。此处论证混淆了"税"和"个人所得税",有"混淆概念"之嫌。故上述论述不足信。

【例8】 下述内容节选自2012年10月联考论证有效性分析的材料。请找出材料论证的漏洞。

某县县长在任职四年后的述职大会上说:"'不偷懒、不贪钱、不贪色、不整人',今天,可以坦然地说,我兑现了四年前在人大会上的承诺。"接着,他总结了四年工作的主要成绩与存在的问题。报告持续了一个多小时。

几天后,关于"四不"的承诺在网上传开,引起多人热烈讨论,赞赏和质疑的观点互不相让。主要的质疑有以下几种。

质疑之一:"不偷懒、不贪钱、不贪色、不整人"是普通公务员都要坚持的职业底线,何以成为官员的公开承诺?如果那样,"不偷、不抢、喝酒不开车、开车不闯红灯"都应该属于承诺之列了?

【深度解析】 "质疑之一"认为,"不偷懒、不贪钱、不贪色、不整人"是普通公务员都要坚持的职业底线,不应该成为官员的公开承诺,正如人们不必承诺"不偷、不抢、喝酒不开车、开车不闯红灯"一样。"质疑之一"的论述将"公民基本道德"和"职业道德"混为一谈,有"混淆概念"的嫌疑。"不偷懒、不贪钱、不贪色、不整人"是公务员这一特定职业的职业道德的一部分,特定职业的职业道德并不要求每个社会成员都遵守。而"不偷、不抢、喝酒不开车、开车不闯红灯"是每一个社会成员必须遵守的公民基本道德,二者有着本质上的区别。所以"质疑之一"的论述是不足信的。

【范文展示】 "质疑之一"认为,官员不应公开承诺"不偷懒"等"四不",正如人们不必承诺"不偷"等"四不"。此处有"混淆概念"的嫌疑。"不偷懒"等"四不"属于公务员的职业道德,并不要求每个社会成员遵守;而"不偷"等"四不"是所有公民必须遵守的基本道德。此处有"混淆概论"之嫌。所以"质疑之一"的观点不足信。

二、类比不当

【写作模板】 材料由A……,得出B……的结论,这是欠妥当的。A和B在甲、乙等方面不同。此处存在"类比不当"的嫌疑。故结论的得出不具有必然性。

【例1】 下述内容节选自2003年1月联考论证有效性分析的材料。请找出材料论证有关"类比不当"的漏洞。

把几只蜜蜂和苍蝇放进一只平放的玻璃瓶里,使瓶底对着光亮处,瓶口对着暗处。结果,有目标地朝着光亮拼命扑腾的蜜蜂最终衰竭而死,而无目的地乱窜的苍蝇竟都溜出细口瓶颈逃生。是什么葬送了蜜蜂?是它对既定方向的执着,还是它对趋光习性这一规则的遵循?

当今企业面临的最大挑战是经营环境的模糊性与不确定性……蜜蜂实验告诉我们,在充满不确定性的经营环境中,企业需要的不是朝着既定方向的执着努力,而是在随机试错的过程中寻求生路,不是对规则的遵循,而是对规则的突破。

【深度解析】 材料由"蜜蜂和苍蝇"的生物行为实验,分析得出是因为蜜蜂对于趋光习性这一规则的遵循导致了其死亡,得到了"在充满不确定性的经营环境中,企业需要的不是对规则的遵循,而是对规则的突破"的结论是欠妥当的。这一论述有"类比不当"的漏洞。材料构建的是"蜜蜂和苍蝇"在特定环境下的一个生物行为实验,不能简单地将生物行为类推到企业行为,更不能把生物行为实验的结果一般化为企业应对不确定性的普遍性原则。所以结论"在充满不确定性的经营环境中,企业需要的不是对规则的遵循,而是对规则的突破"的得出是不足信的。

【范文展示】 材料由"蜜蜂和苍蝇"的生物行为实验,得出"在充满不确定性的经营环境中,企业需要的不是对规则的遵循,而是对规则的突破",这是欠妥当的。实验反映的是生物本能,而企业行为受到本企业、竞争企业、宏观经济形势等因素影响,二者之间不可进行简单类比。此处有"类比不当"之嫌。故上述结论不足信。

【例2】 下述内容节选自2004年1月联考论证有效性分析的材料。请找出材料论证有关"类比不当"的漏洞。

中国公关协会最近的调查显示,去年,中国公关市场营业额比前年增长25%,达到了25亿元;而日本约为5亿美元,人均公关费用是中国的10多倍。由此推算,在不远的将来,若中国的人均公关费用达到日本的水平,中国公关市场的营业额将从25亿元增长到300亿元。

【深度解析】 材料由"去年中国公关市场营业额达到25亿元,而日本人均公关费用是中国的10多倍",得出"由此推算,在不远的将来,若中国的人均公关费用达到日本的水平,中国公关市场的营业额将从25亿元增长到300亿元"的结论是欠妥当的。此处有"类比不当"的嫌疑。中国与日本的经济发展水平、人口结构、城市化程度有相当大的差异,而这些因素对公关行业是有着重要影响的。将日本的人均公关费用推广到中国,不具有必然的合理性,由此推出的"中国公关市场的营业额将增长到300亿元"的结论也是不必然的。

【范文展示】 材料论述"若中国人均公关费用达到日本的水平,中国公关市场营业额将达300亿",这是欠妥当的。中国与日本的经济发展水平、城市化程度等有较大差异,这些因素对公关行业有重要影响。将日本的人均公关费用类推到中国不具当然的合理性。上述论述有"类比不当"的嫌疑,故其结论还有待商榷。

【例3】 下述内容节选自2004年10月联考论证有效性分析的材料。请找出材料论证有关"类比不当"的漏洞。

有两个人在山间打猎,遇到一只凶猛的老虎。其中一个人扔下行囊,撒腿就跑,另一人朝他喊:"跑有什么用,你跑得过老虎吗?"头一个人边跑边说:"我不需要跑赢老虎,我只要跑赢你就够了!"

这个故事告诉我们,企业经营首先要考虑的是如何战胜竞争对手,因为顾客不是选择你,就是选择你的竞争者,所以……

【深度解析】 材料由"虎追逐人"的故事,得出"企业经营首先要考虑的是如何战胜竞争对手"的结论是欠妥当的。从故事设置的情境,简单地类推到企业的经营决策,明显存在"类比不当"的漏洞。故事仅将两个人视为竞争者,而忽略了老虎本身也是人的竞争对手这样一个事实。中国企业如果只是满足于战胜本土竞争对手,那么,即使你是中国企业冠军,也有可能被老虎——国外的更强大的企业"吃掉"。所以上述论证是不足信的。

【范文展示】 材料由"虎追逐人"的故事,得出有关企业经营决策和战略的结论,这是欠妥当的。虎追逐人反映的是生物的本能,而企业的经营决策和战略目标,则受到本企业、竞争企业、消费者、宏观经济形势等一系列因素的影响,故二者之间不可进行简单类比。此处论述有"类比不当"之嫌。

【例4】 下述内容节选自2005年1月联考论证有效性分析的材料。请找出材料论证的漏洞。

换句话说,试图向一个未曾从事过管理工作的人传授管理学,不啻于向一个从未见过其他人类的人传授哲学。

【深度解析】 材料论述"试图向一个未曾从事过管理工作的人传授管理学,不啻于向一个从未见过其他人类的人传授哲学",该论述过程有待商榷。由于哲学研究的是人与人的关系、人与组织的关系等内容,故从未见过人类的人是不可能学好哲学的。而从未从事过管理工作的人,却很可能拥有管理自己的时间、管理自己的人际关系等广义上的管理经验,所以依然有可能学好管理学。故"向一个未曾从事过管理工作的人传授管理学"与"向一个从未见过其他人类的人传授哲学"之间不能进行简单类比。此处论述有"类比不当"之嫌。

【范文展示】 材料论述"试图向一个未曾从事过管理工作的人传授管理学,不啻于向一个从未见过其他人类的人传授哲学",这是不足信的。未曾从事过管理工作的人,却很可能拥有管理自己的时间和人际关系等广义上的管理经验,所以很可能学好管理学。材料论述的二者之间不能进行简单类比。此处有"类比不当"之嫌。

【例5】 下述内容节选自2005年10月联考论证有效性分析的材料。请找出材料论证的漏洞。

该报告指出,过去5年中,洋快餐在大城市中的网点数每年以40%的惊人速度增长,而在中国广大的中小城市和乡镇还有广阔的市场成长空间;照此速度发展下去,估计未来10年,洋快餐在中国饮食行业的市场占有率将超过20%,成为中国百姓饮食的重要选择。

【深度解析】 材料由"过去5年中,洋快餐在大城市中的网点数每年以40%的惊人速度增长",得出"中国广大的中小城市和乡镇照此速度发展下去,估计未来10年,洋快餐在中国饮食行业的市场占有率将超过20%"的结论是有待商榷的。"网点数"是一个绝对数,"市场占有率"是一个相对数,上述论证将二者混为一谈,有"混淆概念"的漏洞。过去5年洋快餐在大城市中的网点数的增长速度,在未来10年能否继续保持,还有待更多论据。同时,大城市和中小城市、乡镇的消费能力、口味偏好有一定差异,用洋快餐在大城市中的发展速度推断其在中国广大的中小城市和乡镇的发展速度显然是欠妥当的,有"类比不当"的嫌疑。所以上述"估计未来10年,洋快餐在中国饮食行业的市场占有率将超过20%"的结论的得出是不足信的。

【范文展示】 姑且不论洋快餐过去的高增速未来能否保持,即使能,材料将洋快餐大城市高增速推广到中小城市和乡镇有类比不当之嫌。同时,材料从绝对数概念"网点数"出发,得出相对数概念"市场占有率"的结论,有混淆概念之嫌。故"估计未来10年,洋快餐在中国饮食行业的市场占有率将超过20%"不足信。

【例6】 下述内容节选自2007年10月联考论证有效性分析的材料。请找出材料论证的漏洞。

因此,在企业管理的字典里,"终身制"和"铁饭碗"应该是褒义词。不少国家包括美国不是有终身教授吗?既然允许有捧着"铁饭碗"的教授,为什么不允许有捧着"铁饭碗"的工人呢?

【深度解析】 材料由"不少国家包括美国有终身教授","既然允许有捧着'铁饭碗'的教授"出发,得出"应该允许有捧着'铁饭碗'的工人"的结论是有待商榷的。"终身制"和"铁饭碗"两个概念各有其不同的历史背景和具体含义,上述论证中忽视了这些概念之间的差异,有"混淆概念"的嫌疑。同时,教授和工人的工作方式、工作时间、工作性质有着较大区别,将"铁饭碗"教授与"铁饭碗"工人简单类比是不恰当的,这一论述过程存在"类比不当"的漏洞。故上述结论"应该允许有捧着'铁饭碗'的工人"的得出是有待进一步论证的。

【范文展示】 材料将"终身制"和"铁饭碗"混为一谈,有"混淆概念"的嫌疑。同时,教授和工人的工作方式、工作时间、工作性质有着较大区别,故材料根据有"铁饭碗"教授类推出应有"铁饭碗"工人,存在"类比不当"之嫌。材料结论"应该允许有捧着'铁饭碗'的工人"不足信。

【例7】 下述内容节选自2012年1月联考论证有效性分析的材料。请找出材料论证的漏洞。

众所周知,爱因斯坦提出相对论颠覆了人类对于宇宙和自然的常识性观念,不管是狭义相对论还是广义相对论,都揭示了宇宙间事物运动中普遍存在的相对性。既然宇宙万物的运动都是相对的,那么我们观察问题时也应该采用相对的方法,如变换视角等。

【深度解析】 材料由"爱因斯坦的相对论,揭示了宇宙间事物运动中普遍存在的相对性,宇宙万物的运动都是相对的",得出"我们观察问题时也应该采用相对的方法,如变换视角等",这是欠妥当的。爱因斯坦的相对论有其适用范围,是解决光子电子等粒子或是地球运动等的一个物理学理论。"宇宙万物的运动都是相对的"这一判断中,"相对的"也是一个物理学概念。"观察问题要用相对的方法"中的"相对的方法",指的是一种主观的思维方式方法。故材料将"宇宙万物的运动"和"观察问题的方法"进行类比,有"类比不当"之嫌。所以材料由"宇宙间万物的运动都是相对的"得出"观察问题时也应该采用相对的方法",这不必然成立。

【范文展示】 材料由"相对论揭示宇宙万物的运动都是相对的",得出"我们观察问题时也应该采用相对的方法",这是欠妥当的。"宇宙万物的运动都是相对的"中"相对的"是物理学概念,而"观察问题要用相对的方法"是一种主观的思维方式方法。材料论述的二者不可进行简单类比,有"类比不当"之嫌。

三、条件关系谬误

【写作模板】 材料说:如果 A,那么 B

材料由……,得出……的结论,这是有待商榷的。要得到 B 结果,除了 A 这个条件以外,很可能还需要甲、乙等其他条件的配合。此处存在"条件关系谬误"的嫌疑。故其结论的得出是不必然的。

材料说:只有 A,才 B

材料由……,得出……的结论,这是有待商榷的。要得到 B 结果,除了 A 这个途径以外,很可能还可以通过甲、乙等其他途径来实现。此处存在"条件关系谬误"的嫌疑。故其结论的得出是不必然的。

【例1】 下述内容节选自 2006 年 1 月联考论证有效性分析的材料。请找出材料画线部分论证的漏洞。

由此看出在经济全球化的时代,<u>参与国际合作将带来双赢的结果,也是提高我国技术水平和产业国际竞争力的必由之路</u>。

【深度解析】 材料论述"参与国际合作"是"经济全球化的时代提高我国技术水平和产业国际竞争力的必由之路",这是有待商榷的。此处存在"条件关系谬误"的嫌疑。材料将"参与国际合作"理解成"提高我国技术水平和产业国际竞争力"的必要条件。提高我国技术水平和产业国际竞争力,具有多种途径可供选择,如自主研发、参与国际合作等,所以"参与国际合作"只是其中一条可供选择的道路,而不一定是"必由之路"。例如我国"嫦娥三号"探测器就没有选择大规模的国际合作而主要采取独立自主研发的方式,但仍然实现了很高的技术水平和产业国际竞争力。材料未能正确分析其相互关系,所以上述结论的得出是不必然的。

【范文展示】 材料论述"参与国际合作是提高我国技术水平和产业国际竞争力的必由之路",这是有待商榷的。要实现"提高我国技术水平和产业国际竞争力"的目标,除了参与国际合作以外,还可以通过自主研发等其他方式实现。此处存在"条件关系谬误"的嫌疑。故上述结论的得出是不必然的。

【例2】 下述内容节选自2007年10月联考论证有效性分析的材料。请找出材料画线部分论证的漏洞。

在现代社会，企业劳动者个人都面临着不断变化的市场环境。而变化的环境必然导致机会主义行为。在各行各业，控制机会主义行为的唯一途径，就是在企业内部培养员工对公司的忠诚感。而培养忠诚感，需要建立员工和企业之间的长期雇佣关系，要给员工提供"铁饭碗"，使员工形成长远预期。

【深度解析】 材料论述"在各行各业，控制机会主义行为的唯一途径，就是在企业内部培养员工对公司的忠诚感"，这是有待商榷的。此处存在"条件关系谬误"的嫌疑。材料将"在企业内部培养员工对公司的忠诚感"理解为"控制机会主义行为"的唯一途径，除此之外别无他法。事实上，"控制机会主义行为"的途径有很多，如加强职业道德培训、加大奖惩力度等，上述论证错误地理解了其相互关系，所以结论的得出也不具有必然的合理性。

【范文展示】 材料论述"在各行各业，控制机会主义行为的唯一途径，就是在企业内部培养员工对公司的忠诚感"，这是有待商榷的。企业要想控制机会主义行为，除了通过"在企业内部培养员工对公司的忠诚感"的途径之外，很可能还可以通过加大奖惩力度等途径来实现。此处存在"条件关系谬误"的嫌疑。故上述论述不足信。

【例3】 下述内容节选自2008年10月联考论证有效性分析的材料。请找出材料论证的漏洞。

有人提出，应当把"孝"作为选拔官员的一项标准，理由是，一个没有孝心、连自己父母都不孝顺的人，怎么能忠诚地为国家和社会尽职尽责呢？我不赞同这种观点……反观《二十四孝》里的那些孝子，有哪个成就了名垂青史的功业？

【深度解析】 材料的论点是，不赞同把"孝"作为选拔官员的一项标准，即"孝"不是选拔官员的必要条件。材料中"《二十四孝》里的孝子"是论据。《二十四孝》里孝子没有成就名垂青史的功业，由此可知"孝"不是成就功业的充分条件，这只能说明"孝"不是选拔官员的充分条件。这一论述存在"条件关系谬误"，所以材料有关《二十四孝》的论据，对于材料论点起不到支持的作用。

【范文展示】 材料的论点是，不赞同把"孝"作为选拔官员的一项标准，即"孝"不是选拔官员的必要条件。《二十四孝》里孝子没有成就名垂青史的功业，由此可知"孝"不是成就功业的充分条件，这只能说明"孝"不是选拔官员的充分条件。所以材料《二十四孝》的论据，对于其论点起不到支撑的作用。此处论述存在"条件关系谬误"之嫌。

【例4】 下述内容节选自2012年10月联考论证有效性分析的材料。请找出材料论证的漏洞。

某县县长在任职四年后的述职大会上说："'不偷懒、不贪钱、不贪色、不整人'，今天，可以坦然地说，我兑现了四年前在人大会上的承诺。"接着，他总结了四年工作的主要成绩与存在的问题。报告持续了一个多小时。

几天后，关于"四不"的承诺在网上传开，引起多人热烈讨论，赞赏和质疑的观点互不相让。主要的质疑有以下几种。

……

质疑之四：县长的总结是抓了芝麻、丢了西瓜。他说的"四不"全是小节，没有高度。一个县的领导应该有大局观、时代感、战略眼光、工作魄力，仅仅做到"四不"是难以担当县长大任的。

【深度解析】 县长承诺的"不偷懒、不贪钱、不贪色、不整人"是当好一个领导的必要条件。"质疑之四"说:"一个县的领导应该有大局观、时代感、战略眼光、工作魄力,仅仅做到'四不'是难以担当县长大任的",这说明的是"四不"不是当好县长的充分条件。事实上,如果没有"四不"这个必要条件,是肯定成不了好领导的。"质疑之四"认为"四不"全是小节,没有高度,这一论述存在"条件关系谬误"。

【范文展示】 质疑之四由仅做到"四不"难以担当县长大任,得出"四不"全是小节没有高度,这是不足信的。仅做到"四不"难以担当县长大任,仅说明要成为好县长很可能还需促进地方经济发展等条件配合。然而"四不"很可能必不可少,没做到"四不"肯定成不了好县长。这有"条件关系谬误"之嫌。

四、另有他因(归因不当)

材料:因为 A,所以 B。

【写作模板】 材料由……,得出……的结论,这是有待商榷的。要达到 B 结果,除了上述的 A 原因以外,还可能与甲、乙等其他原因有关。此处存在"另有他因(归因不当)"的嫌疑。所以上述结论的得出是不必然的。

【例1】 下述内容节选自 2004 年 10 月联考论证有效性分析的材料。请找出材料画线部分论证的漏洞。

这个故事告诉我们,企业经营首先要考虑的是如何战胜竞争对手,因为顾客不是选择你,就是选择你的竞争者,所以只要在满足顾客需求方面比竞争者快一点,你就能够脱颖而出,战胜对手。

【深度解析】 材料论述了"只要在满足顾客需求方面比竞争者快一点,你就能够脱颖而出,战胜对手",这是欠妥当的。此处论述存在"归因不当"的嫌疑。顾客进行决策时,速度"快"只是顾客所考虑的一个方面。除了"快"这个因素以外,顾客在"你"和"你的竞争者"之间进行决策时,"多""好""省",很有可能都是顾客所需要比较的因素。所以上述论述"只要在满足顾客需求方面比竞争者快一点,你就能够脱颖而出,战胜对手"不具有必然的合理性。

【范文展示】 材料论述了"只要在满足顾客需求方面比竞争者快一点,你就能够脱颖而出,战胜对手",这是欠妥当的。企业要想在竞争中脱颖而出、战胜对手,除了"快"这个因素以外,很可能还与"多、好、省"等其他因素有关。此处有"另有他因(归因不当)"的嫌疑。所以上述论述不具有必然的合理性。

【例2】 下述内容节选自 2006 年 1 月联考论证有效性分析的材料。请找出材料画线部分论证的漏洞。

中国将承担 A350 飞机 5%的设计和制造工作。这意味着未来空中客车公司每销售 100 架 A350 飞机,就将有 5 架由中国制造。这表明中国经过多年艰苦的努力,民用飞机研发与制造能力得到了系统的提升,获得了国际同行的认可;这也标志着中国已经可以在航空器设计与制造领域参与全球竞争并占有一席之地。

【深度解析】 材料论述"中国将承担 A350 飞机 5%的设计和制造工作,这表明中国经过多年艰苦的努力,民用飞机研发与制造能力得到了系统的提升,获得了国际同行的认可",这是欠妥当的。中国参与"A350 飞机 5%的设计和制造工作",很可能参与的只是少部分部件的制造,并不必然意味着中国民用飞机研发与制造能力得到了"系统的"提升。中国参加"A350 飞机

5%的设计和制造工作",可能是因为空客公司为了更好地获得中国市场等其他原因,而不一定是因为对中国飞机设计和制造能力的认可。所以这一论述过程存在"另有他因(归因不当)"的可能性。

【范文展示】 材料论述"中国将承担 A350 飞机 5%的设计和制造工作,表明民用飞机研发与制造能力得到系统的提升,获得国际同行的认可",这是欠妥当的。"5%"的设计和制造工作,无法必然推出"系统的"提升。同时,中国参加设计制造工作,可能是空客公司出于中国市场等其他原因的考虑。此论述过程存在"另有他因(归因不当)"的可能。

【例3】 下述内容节选自 2006 年 10 月联考论证有效性分析的材料。请找出材料画线部分论证的漏洞。

<u>媒体上频频出现的企业丑闻也让我们有足够的理由怀疑是否该给大公司高管们支付那么高的报酬</u>。企业高管拿高薪是因为他们的决策对企业的生存与发展至关重要,然而,当公司业绩下滑甚至亏损时,他们却不必支付罚金。正是这种无效的激励机制使得公司高管们朝着错误的方向越滑越远。

【深度解析】 材料由"媒体上频频出现的企业丑闻"得出"我们有足够的理由怀疑是否该给大公司高管们支付那么高的报酬"的结论是欠妥当的。媒体上频频出现丑闻的公司,并不一定都是大公司,此处存在"混淆概念"的嫌疑。即使都是大公司,也可能出现丑闻的大公司,只占所有大公司中一个很小的比例,此处很可能有"以偏概全"的漏洞。况且,丑闻出现的原因,除了"公司高管"以外,很有可能与"产品质量""夸大广告宣传"等其他因素有关,此处有"另有他因(归因不当)"的可能性。综上所述,"我们有足够的理由怀疑是否该给大公司高管们支付那么高的报酬"的结论的得出不具有必然性。

【范文展示】 姑且不论出现丑闻的企业是否都是大公司,即使是,也可能只占所有大公司的小比例,材料得出所有大公司高管的结论有"以偏概全"之嫌。同时丑闻的出现,除了公司高管外,可能是竞争对手抹黑等原因造成,这有"另有他因(归因不当)"的嫌疑。故材料由"媒体频出企业丑闻"得出"有足够理由怀疑是否该给大公司高管们支付高报酬"的结论,是不足信的。

【例4】 下述内容节选自 2010 年 1 月联考论证有效性分析的材料。请找出材料论证的漏洞。

事实也是如此。所谓"金砖四国"国际声望的上升,无不得益于它们的经济成就,无不得益于互联网技术的发展。

……

同样也可以预言,由于中国信息技术发展迅猛,中国和世界一样,也会从立体变为平面,中国东西部之间的经济鸿沟将被填平,中国西部的崛起指日可待。

【深度解析】 材料论述"'金砖四国'国际声望的上升,无不得益于它们的经济成就,无不得益于互联网技术的发展",这是欠妥当的。这一论述存在"另有他因(归因不当)"的嫌疑。"金砖四国"国际声望的上升,除了"其经济成就和互联网技术的发展"这个原因以外,很可能与政府的正确领导、较好的全球经济环境、人民奋发努力等其他因素是密切相关的。由此可知,材料说"金砖四国"国际声望的上升得益于其经济成就和互联网技术的发展,是不足信的。

材料论述"可以预言,由于中国信息技术发展迅猛,中国和世界一样,也会从立体变为平面,中国东西部之间的经济鸿沟将被填平,中国西部的崛起指日可待",这是有待商榷的。要填平中国东西部之间的经济鸿沟,实现中国西部的崛起,"信息技术"只是其中的一个因素,除此以外,各地区的原有经济基础、人才数量与质量、地方政府的领导等其他因素也是至关重要的,很可能只有各方面因素互相配合,才能实现中国东西部的协调发展和西部崛起。上述论述存在"归因不当"的嫌疑,由此得出的结论也不具有必然性。

【范文展示】 材料论述"'金砖四国'国际声望的上升,无不得益于它们的经济成就和互联网技术的发展",这是欠妥当的。"金砖四国"国际声望的上升,除了"其经济成就和互联网技术的发展"以外,还可能有政府的正确领导、较好的全球环境等其他原因。此处有"另有他因(归因不当)"的嫌疑。故上述论述不足信。

材料论述"由于中国信息技术发展迅猛,中国东西部之间的经济鸿沟将被填平,中国西部的崛起指日可待",这是有待商榷的。要填平中国东西部的经济鸿沟、实现西部崛起,除了"信息技术"以外,人才数量与质量、地方政府的领导等其他因素也很重要。此处有"另有他因(归因不当)"的嫌疑。故上述论述不足信。

【例5】 下述内容节选自2010年10月联考论证有效性分析的材料。请找出材料论证的漏洞。

科学家在一个孤岛上的猴群中做了一个实验,将一种新口味的糖让猴群中地位最低的猴子品尝,等它认可后再让猴群其他成员品尝;花了20天左右,整个猴群才接受了这种糖。将另一种新口味的糖让猴群中地位最高的猴王品尝,等它认可后再让猴群其他成员品尝。两天之内,整个猴群就都接受了该种糖。看来,猴群中存在着权威,而权威对于新鲜事物的态度直接影响群体接受新鲜事物的进程。

【深度解析】 材料由"地位最低的猴子在猴群中推广一种口味的糖花了20天左右,而猴王推广另一种口味的糖花了两天"的试验,得出"猴群中存在着权威,而权威对于新鲜事物的态度直接影响群体接受新鲜事物的进程"的结论是欠妥当的。这一论述过程存在"另有他因(归因不当)"的漏洞。决定猴群接受新口味糖时间长短的因素至少有两个:一是猴子的地位的高低,二是糖的口味的差异。猴王品尝后认可的糖被猴群更快接受的原因,除了"权威高",还有一个可能的原因是两种糖的口味差异。所以上述结论"猴群中存在着权威,而权威对于新鲜事物的态度直接影响群体接受新鲜事物的进程"的得出是不必然的。

【范文展示】 材料由猴群试验,得出"猴群中存在着权威,而权威对于新鲜事物的态度直接影响群体接受新鲜事物的进程"的结论是欠妥当的。猴王品尝后认可的糖被猴群更快地接受,除了其"权威高",可能是由于糖的口味差异等原因造成的。此处有"另有他因(归因不当)"的嫌疑。所以上述结论的得出是不必然的。

五、另有他果

材料:因为A,所以B

【写作模板】 材料由……,得出……的结论,这是有待商榷的。从A出发,除了B这个结果,(基于……,)还可能得到甲、乙等其他结果。此处存在"另有他果"的嫌疑。所以上述结论的得出是不必然的。

【例1】 下述内容节选自2006年1月联考论证有效性分析的材料。请找出材料画线部分论证的漏洞。

由此看出<u>在经济全球化的时代,参与国际合作将带来双赢的结果,也是提高我国技术水平和产业国际竞争力的必由之路</u>。

【深度解析】 材料论述"在经济全球化的时代,参与国际合作将带来双赢的结果",这是欠妥当的。由于各国原有经济基础、技术水平、产业结构不同,参与国际合作有可能造成穷国愈穷、富国愈富的结果,而不必然是"带来双赢"。例如,某些非洲发展中国家采取国际合作的方式,与西方发达国家开发本国矿业,由于技术落后等原因,本国在国际合作中位于价值链低端,且易带来经济结构性失衡等不良后果,反而给本国经济的发展埋下隐患。所以在经济全球化的时代"参与国际合作会带来双赢的结果"的结论是不足信的。

【范文展示】 材料论述"在经济全球化的时代,参与国际合作将带来双赢的结果",这是欠妥当的。此处存在"另有他果"的嫌疑。由于各国原有经济基础、技术水平、产业结构不同,参与国际合作有可能造成穷国愈穷、富国愈富的结果,而不必然是"带来双赢"。此处存在"另有他果"的嫌疑。所以上述论述是不足信的。

【例2】 下述内容节选自2007年10月联考论证有效性分析的材料。请找出材料论证的漏洞。

在现代社会,企业劳动者个人都面临着不断变化的市场环境。而变化的环境必然导致机会主义行为。

【深度解析】 材料论述"在现代社会,企业劳动者个人都面临着不断变化的市场环境。而变化的环境必然导致机会主义行为",这是欠妥当的。这一论述存在"另有他果"的嫌疑。材料认为变化的市场环境一定会导致机会主义行为,然而很可能某些劳动者有较高的职业操守和自律精神,他们面对变化的市场环境,依然会按照应有的规范、守则工作,而没有产生机会主义行为。所以上述"变化的环境必然导致机会主义行为"的结论是不足信的。

【范文展示】 材料论述,"现代社会企业劳动者都面临不断变化的市场环境,而这必然导致机会主义行为",这是欠妥当的。很可能某些劳动者有较高的职业操守和自律精神,他们面对变化的市场环境依然按照应有的规范、守则行事,而没有产生机会主义行为。此处存在"另有他果"的嫌疑。所以上述论述是不足信的。

【例3】 下述内容节选自2010年1月联考论证有效性分析的材料。请找出材料画线部分论证的漏洞。

美国学者弗里德曼的《世界是平的》一书认为,全球化对当代人类社会的思想、经济、政治和文化等领域产生了深刻影响。<u>全球化抹去了各国的疆界,使世界从立体变成了平面,也就是说,世界各国之间的社会发展差距正在日益缩小。</u>

……

<u>可以预言,由于信息技术的迅猛发展,世界的经济格局与政治格局将会发生巨大的变化,世界最不发达的国家和最发达的国家之间再也不会让人有天壤之别的感觉,非洲大陆将会成为另一个北美。</u>

【深度解析】 材料由"全球化抹去了各国的疆界,使世界从立体变成了平面",推出"世界各国之间的社会发展差距正在日益缩小"的结论是不必然的。这一论述过程存在"另有他果"的可能性。在全球化的过程中,由于各个国家的经济基础、技术水平、产业结构、国际分工各不相同,不必然所有国家都是全球化的受益者,有可能造成穷国愈穷、富国愈富的结果,在此种情况下,世界各国之间的社会发展差距不但没有缩小,反而会扩大。所以,上述结论的得出是不具有必然性的。

材料论述"由于信息技术的迅猛发展,世界的经济格局与政治格局将会发生巨大的变化,世界最不发达的国家和最发达的国家之间再也不会让人有天壤之别的感觉,非洲大陆将会成为另一个北美",这是欠妥当的。世界的经济格局与政治格局将会发生巨大的变化,循此前提,可知该"变化"应该有好坏两个方向,由于各国国情各不相同,也有可能出现发达国家更加发达,欠发达国家更加落后的情况。所以该论述过程存在"另有他果"的可能性。因此不必然推出"世界最不发达的国家和最发达的国家之间再也不会让人有天壤之别的感觉,非洲大陆将会成为另一个北美"的结论。

【范文展示】 材料论述"全球化使世界各国之间的社会发展差距正在日益缩小",这是有待商榷的。全球化过程中,由于各国的经济基础、技术水平、国际分工等方面有差异,有可能造成穷国愈穷、富国愈富的结果。此处有"另有他果"的可能。所以,上述论述不具有必然的合理性。

材料论述"由于信息技术迅猛发展,世界最不发达和最发达的国家间不会有天壤之别,非洲将成为另一个北美",这是欠妥当的。由于各国经济基础、技术水平等有较大差异,更可能出现发达国家抓住了信息技术发展的机会而更加发达,而欠发达国家由于无力把握而更加落后。这有"另有他果"之嫌,故上述论述不足信。

【例4】 下述内容节选自2010年10月联考论证有效性分析的材料。请找出材料论证的漏洞。

市场营销也是如此,如果希望推动人们接受某种新商品,应当首先影响引领时尚的文体明星。如果位于时尚高端的消费者对于某种新商品不接受,该商品一定会遭遇失败。

……

因此,如果组织变革使某些组织成员吃尽苦头,组织领导者再努力也只能以失败告终。

【深度解析】 材料论述"如果希望推动人们接受某种新商品,应当首先影响引领时尚的文体明星。如果位于时尚高端的消费者对于某种新商品不接受,该商品一定会遭遇失败",这一论述过于绝对,欠妥当。此处存在"另有他果"的漏洞。文体明星确实对推动某些新商品有帮助,但还要看是何种商品、何种用途等。"时尚高端的消费者"只是"所有消费者"中的一部分,时尚高端的消费者不接受的新商品,也未必此商品在整体市场一定遭遇失败。所以上述论证是不足信的。

材料论述"如果组织变革使某些组织成员吃尽苦头,组织领导者再努力也只能以失败而告终",这是欠妥当的。此处存在"另有他果"的嫌疑。如果组织变革对企业和所有组织成员的长期的、总体的利益是有益的,那么即使组织变革给某些组织成员的利益造成了短期的、暂时性的负面影响,但还是会得到大多数组织成员甚至所有人的支持,从而获得成功。所以上述论证是不足信的。

【范文展示】 材料论述"如果时尚高端消费者对于某种新商品不接受,该商品一定会遭遇失败",这是欠妥当的。即使时尚高端消费者对于某种新商品不接受,该商品依然有可能在中低端消费者中大受欢迎,从而获得整体市场的成功。此处论述有"另有他果"之嫌。故上述论证不足信。

材料论述"如果组织变革使某些组织成员吃尽苦头,组织领导者再努力也只能以失败而告终",这是欠妥当的。如果组织领导者能帮助吃苦的组织成员认识到,短期、暂时的吃苦是为了以后获得长期、更大的收益,则组织变革依然很可能取得成功。此处有"另有他果"的嫌疑。所以上述论证是不足信的。

六、强拉因果

【写作模板】 材料由……,得出……的结论,这是有待商榷的。材料认为……,其实A、B

二者并不相关。要证明二者之间的关系,材料还需要提供更为充分的论据。此处存在"强拉因果"的嫌疑。所以上述结论的得出是不必然的。

【例1】 下述内容节选自2006年10月联考论证有效性分析的材料。请找出材料论证的漏洞。

美国是世界上经济最发达的国家,曝光的企业丑闻数量却比发展中国家多得多,这充分说明经济的发展不一定带来道德的进步。

【深度解析】 材料由"美国是世界上经济最发达的国家,曝光的企业丑闻数量却比发展中国家多得多"得出"这充分说明经济的发展不一定带来道德的进步"的结论是欠妥当的。美国只是发达国家中的一个国家,用美国代表发达国家与发展中国家进行对比,有"以偏概全"之嫌。曝光的丑闻多,不一定实际的丑闻多。此处混淆了"曝光的丑闻数量"和"事实上的丑闻数量"是两个不同的概念,曝光丑闻数量的多寡,很有可能与新闻媒体的开放程度等其他因素有关。况且,即使事实上的丑闻数量多,也不意味着道德不进步,二者之间并不见得有必然联系,此处论述有"强拉因果"的嫌疑。所以上述结论显然是不足信的。

【范文展示】 材料用美国代表发达国家与发展中国家进行对比,有以偏概全之嫌。曝光的丑闻多,不一定实际发生的丑闻多,此处混淆了概念。况且,即便实际发生的丑闻数量多,也不意味着道德不进步,二者之间无必然联系,此处有强拉因果之嫌。故结论"经济的发展不一定带来道德的进步"是不足信的。

【例2】 下述内容节选自2006年10月联考论证有效性分析的材料。请找出材料画线部分的漏洞。

如果因为丑闻迭出而导致社会道德风气的败坏,那么我们完全有理由怀疑企业这种组织的存在对于整个社会的意义。<u>当公司的高管们坐着商务飞机在全球遨游时,股东们根本无从知晓管理层是否在滥用自己的权力。</u>

【深度解析】 材料从"公司的高管们坐着商务飞机在全球遨游",得出"股东们根本无从知晓管理层是否在滥用自己的权力"的结论是欠妥当的。此处有"强拉因果"的嫌疑。这一论述看似有理,其实二者之间并不相关。"高管行使管理权"和"股东无法行使监督权"之间没有必然联系,材料论述中将这两个事件以某种方式联结,暗示其相关关系,这是牵强附会。材料要加强论证,还需要提供更为充分、合理的因果关系。所以上述结论的得出是不具有必然性的。

【范文展示】 材料从"公司的高管们坐着商务飞机在全球遨游",得出"股东们根本无从知晓管理层是否在滥用自己的权力"的结论是欠妥当的。"高管行使管理权"和"股东无法行使监督权"无必然联系,材料将二者以某种方式联结,暗示其相关关系,属牵强附会。此处有"强拉因果"的嫌疑。上述结论不具必然性。

七、标准不当

【写作模板】 材料把A作为B的标准,这是不足信的。很可能……,A可能不适合作为B的标准。此处存在"标准不当"的嫌疑。所以上述结论的得出是不必然的。

【例1】 下述内容节选自2007年1月联考论证有效性分析的材料。请找出材料画线部分论证的漏洞。

经济学和物理学、数学一样,所讨论的都是非常专业化的问题。只有远离现实的诱惑,潜心于书斋,认真钻研学问,才可能成为真正意义上的经济学家,中国经济学家离这个境界太远了。在中国的经济学家中,你能找到为不同产业代言的人,西方从事经济学研究最优秀的人不是这样的,这样的人在西方只能受投资银行的雇佣,从事产业经济学的研究。一个真正的经济学家,首先要把经济学当作一门科学来对待,必须保证学术研究的独立性和严肃性,必须保持与"官场"和"商场"的距离,否则,不可能在经济学领域做出独立的研究成果。

【深度解析】 材料论述"在中国的经济学家中,你能找到为不同产业代言的人,西方从事经济学研究最优秀的人不是这样的,这样的人在西方只能受投资银行的雇佣,从事产业经济学的研究",这是欠妥当的。这一论述过程存在"标准不当"的嫌疑。材料将"只接受投资银行的雇佣、从事产业经济学的研究"当作"从事经济学研究最优秀的人"的标准,然而很有可能接受投资银行以外单位的雇佣、从事产业经济学以外领域的研究的经济学家,也能坚持专业化的精神,位居最优秀的经济学家之列。所以上述论述不具有必然的合理性。

【范文展示】 材料将"只接受投资银行的雇佣、从事产业经济学的研究"当作"从事经济学研究最优秀的人"的标准,这是不足信的。很可能接受投资银行以外单位雇佣、从事产业经济学以外领域研究的经济学家,也能坚持理性和专业化的精神而位居最优经济学家之列。这有"标准不当"之嫌,故其论述不足信。

【例2】 下述内容节选自2007年1月联考论证有效性分析的材料。请找出材料论证的漏洞。

说"中国真正意义上的经济学家最多不超过5个",听起来刻薄,但只要去看一看国际上经济学界那些最重要的学术刊物,有多少文章是来自中国国内的经济学家,就会知道这还是比较客观和宽容的一种评价。

【深度解析】 材料用"国际上经济学界的最重要的学术刊物上没有多少文章是来自中国国内的经济学家"作为论据支持"中国真正意义上的经济学家最多不超过5个"的结论,这是欠妥当的。其论述过程存在"标准不当"的嫌疑。材料以在国际重要经济学刊物发表文章作为真正意义上的经济学家的标准,这是明显有待质疑的。况且,还有可能国际学术期刊有强烈的政治或民族倾向性,有意无意排斥我国的经济学家。因此上述结论"中国真正意义上的经济学家,最多不超过5个"的得出是不足信的。

【范文展示】 材料以"在国际经济学界最重要的学术刊物发表文章"作为"真正意义上的经济学家"的标准,这是欠妥当的。可能上述期刊出于政治或民族倾向性而排斥我国经济学家,不必然证明我国经济学家的专业水准达不到其要求。此处有"标准不当"之嫌。故结论"中国真正意义上的经济学家很少"不足信。

【例3】 下述内容节选自2008年10月联考论证有效性分析的材料。请找出材料论证的漏洞。

有人提出,应当把"孝"作为选拔官员的一项标准,理由是,一个没有孝心、连自己父母都不孝顺的人,怎么能忠诚地为国家和社会尽职尽责呢?我不赞同这种观点。现在已经是21世纪了,我们的思想意识怎么能停留在封建时代呢?

【深度解析】 材料认为,如果把"孝"作为选拔官员的一项标准,那么就意味着"我们的思想意识停留在封建时代",这是欠妥当的。这一论述过程存在"标准不当"的嫌疑。材料把"孝"定义为思想意识停留在封建时代的标准,明显有待商榷。无论是封建时代,还是现代中国,"仁""义""礼""孝"等传统美德都是我们应该继承和发扬的。所以上述论证是不足信的。

【范文展示】 材料把在选拔官员要求"孝",作为"思想意识停留在封建时代"的标准,这是欠妥当的。无论封建时代还是现代,"仁""义""礼""孝"等美德都是我们应该继承和发扬的。此处有"标准不当"的嫌疑。故其结论"选拔官员中不应要求'孝'"是有待商榷的。

【例4】 下述内容节选自2012年10月联考论证有效性分析的材料。请找出材料论证的漏洞。

某县县长在任职四年后的述职大会上说:"'不偷懒、不贪钱、不贪色、不整人',今天,可以坦然地说,我兑现了四年前在人大会上的承诺。"接着,他总结了四年工作的主要成绩与存在的问题。报告持续了一个多小时。

几天后,关于"四不"的承诺在网上传开,引起多人热烈讨论,赞赏和质疑的观点互不相让。主要的质疑有以下几种。

……

质疑之三:作为一个县长,即使真正做到了"四不",也不能证明他是一个好干部。衡量县长、县委书记这一级的领导是否称职,主要看他是否能把下面的干部带好。如果只是自己洁身自好,下面的干部风气不正,老百姓也要遭罪。

【深度解析】 "质疑之三"认为,"衡量县长、县委书记这一级的领导是否称职,主要看他是否能把下面的干部带好",这是欠妥当的。这一论述过程存在"标准不当"的嫌疑。材料把"是否能把下面的干部带好"视为"衡量县长、县委书记这一级的领导是否称职"的主要标准,明显有待商榷。能否繁荣当地经济、稳定社会治安、促进就业等指标,也是判断"县长、县委书记这一级的领导是否称职"的重要标准。所以"质疑之三"的论述是不足信的。

【范文展示】 "质疑之三"把"能否把下面的干部带好"作为"衡量县长、县委书记这一级的领导是否称职"的主要标准,这是欠妥当的。要衡量县级领导是否称职,除了上述标准外,可能更重要的是"能否繁荣当地经济、稳定社会治安、促进就业"当中的指标。此处存在"标准不当"的嫌疑。故其论述不足信。

八、自相矛盾

【写作模板】 材料一方面说……;另一方面说……,这是欠妥当的。……,二者之间存在冲突。此处存在"自相矛盾"的嫌疑。故其论述不足信。

【例1】 下述内容节选自2009年10月联考论证有效性分析的材料。请找出材料论证的漏洞。

民主集中制是一种决策机制。在这种机制中,民主和集中是缺一不可的两个基本点。民主不外乎就是体现多数人的意志。

……

既然在决策中集中正确的意见是不可能的,民主集中制的"集中"当然就应该是集中多数人的意见。

【深度解析】 材料论述"民主集中制是一种决策机制。在这种机制中,民主和集中是缺一不可的两个基本点。民主不外乎就是体现多数人的意志。'集中'当然就应该是集中多数人的意见"。这一论述过程存在"自相矛盾"的嫌疑。材料一方面说"民主和集中是民主集中制缺一不可的两个基本点";另一方面论述"民主"不外乎就是体现多数人的意志,而"集中"当然就应该是集中多数人的意见,由此可以推出"民主"等于"集中",既然"民主"等于"集中",那么二者就不是缺一不可的两个基本点了。所以上述论证过程是不足信的。

【范文展示】 材料一方面说,民主集中制中的"民主"和"集中"是缺一不可的两个基本点;另一方面说,"民主"和"集中"都是体现多数人的意志,这是欠妥当的。若"民主"等于"集中",则"'民主'和'集中'缺一不可"的论述不成立。此处存在"自相矛盾"的嫌疑。故其论述不足信。

【例2】 下述内容节选自2011年10月联考论证有效性分析的材料。请找出材料论证的漏洞。

中国实行税收累进率制度,也就是说工资越高所缴纳的税率也越高。请设想,如果将2 000元的个税起征点提高到10 000元,虽然极少数月工资超过30 000元的人可能缴更多的税,但是绝大多数人的个税会减少,只是减少的数额不同。原来工资低于2 000元的,1分钱的好处也没有得到;拿2 000元工资的人只是减轻了几十元的税;而拿8 000元工资的人则减轻了几百元的税收。收入越高,减少的越多,贫富差距自然会被进一步拉大了。

【深度解析】 材料通过分析,得出"个人所得税起征点提高后,收入越高,减少的越多,贫富差距自然会被进一步拉大"的结论是有待商榷的。这一论述过程存在"自相矛盾"的嫌疑。材料一方面得出"收入越高,减少的越多"的结论;另一方面,材料也承认对于月工资超过30 000元的人而言,个人所得税起征点提高后,他们所缴纳的个人所得税不但没有减少,反而可能会增加。所以,"收入越高,减少的越多"这一结论的得出是不具有必然性的。

【范文展示】 材料一方面说,个税起征点提高后,"极少数月工资超过30 000元的人可能缴更多的税";另一方面说,"收入越高,减少的越多",这是欠妥当的。前者表示有的人可能多缴税,后者表示所有人都可少缴税,二者构成冲突。此处存在"自相矛盾"的嫌疑。故其论述不足信。

【例3】 下述内容节选自2012年1月联考论证有效性分析的材料。请找出材料论证的漏洞。

再变换一下视角,从一个更广泛的范围来看,我们人类自己也是大自然的一部分。
……
由此可见,人类的问题就是大自然的问题,即使人类在某一时间部分地改变了气候,也还算整个大自然系统中的一个自然问题,自然问题自然会解决,人类不必过多干预。

【深度解析】 材料论述,"我们人类自己也是大自然的一部分,人类的问题就是大自然的问题,即使人类在某一时间部分地改变了气候,也还算整个大自然系统中的一个自然问题,自然问题自然会解决,人类不必过多干预",这是欠妥当的。这一论述过程存在"自相矛盾"的嫌疑。既然人类是大自然的一部分,人类在某一时间部分地改变了气候、解决整个大自然系统中的一个自然问题,也就是解决自己的问题,无法得出"人类不必过多干预"的结论。

【范文展示】 材料一方面说,人类是大自然的一部分,人类的问题就是大自然的问题;另一方面说,自然问题自然会解决,人类不必过多干预,这是欠妥当的。按照材料的逻辑,人类解决大自然的问题,就是解决自己的问题,那么就不能称之为"干预"了。此处有"自相矛盾"的嫌疑,故其论述不足信。

九、非黑即白

【写作模板】 材料由……,得出……的结论,这是有待商榷的。材料认为A、B构成某选择的全部,然而除了上述二者,某很可能还有甲等其他选择。此处存在"非黑即白"的嫌疑。所以上述结论的得出是不必然的。

【例1】下述是 2003 年 1 月联考论证有效性分析的材料。请找出材料画线部分论证的漏洞。

把几只蜜蜂和苍蝇放进一只平放的玻璃瓶里，使瓶底对着光亮处，瓶口对着暗处。结果，有目标地朝着光亮拼命扑腾的蜜蜂最终衰竭而死，而无目的地乱窜的苍蝇竟都溜出细口瓶颈逃生。是什么葬送了蜜蜂？是它对既定方向的执着，还是它对趋光习性这一规则的遵循？

当今企业面临的最大挑战是经营环境的模糊性与不确定性。在高科技企业中，哪怕只预测几个月后的技术趋势都是件浪费时间的徒劳之举。就像蜜蜂或苍蝇一样，企业经常面临一个像玻璃瓶那样的不可思议的环境。蜜蜂实验告诉我们，在充满不确定性的经营环境中，企业需要的不是朝着既定方向的执着努力，而是在随机试错的过程中寻求生路，不是对规则的遵循，而是对规则的突破。<u>在一个经常变化的世界里，混乱的行动比有序的衰亡好得多。</u>

【深度解析】　材料得出"在一个经常变化的世界里，混乱的行动比有序的衰亡好得多"的结论，这是有待质疑的。此处存在"非黑即白"的嫌疑。如果企业在一个经常变化的世界里只有"混乱的行动"和"有序的衰亡"这两种选择，那么才可以由"有序的衰亡"不可取，得出应该选择"混乱的行动"。然而材料并没有说明"有序的衰亡"和"混乱的行动"构成了企业在经常变化的世界里选择的全部，很有可能企业还有其他选择，如"有序的发展"。另外需要注意，画线部分的结论的状语是"经常变化的世界"，而实验的环境是固定不变的。所以上述结论的得出是不足信的。

【范文展示】　材料得出"在一个经常变化的世界里，混乱的行动比有序的衰亡好得多"的结论，这是不足信的。姑且不论材料由固定环境的生物实验得出变化环境下企业应如何决策明显欠妥当，同时，企业除了"有序的衰亡、混乱的行动"外可能有其他选择，如"有序的发展"。这有"非黑即白"之嫌。故其结论不足信。

【例2】　下述内容节选自 2004 年 10 月联考论证有效性分析的材料。请找出材料画线部分论证的漏洞。

这个故事告诉我们，<u>企业经营首先要考虑的是如何战胜竞争对手，因为顾客不是选择你，就是选择你的竞争者</u>，所以只要在满足顾客需求方面比竞争者快一点，你就能够脱颖而出，战胜对手。

【深度解析】　材料从"因为顾客不是选择你，就是选择你的竞争者"，得出"企业经营首先要考虑的是如何战胜竞争对手"的结论是欠妥当的。此处论述存在"非黑即白"的嫌疑。在企业经营中，"顾客不是选择你，就是选择你的竞争者"并不成立，因为"你"和"你的竞争者"并不是顾客的所有选择。如果"你"和"你的竞争者"都无法真正满足顾客的需要，那么顾客很有可能对"你"和"你的竞争者"都不选择。所以上述结论的得出是不足信的。

【范文展示】　材料从"因为顾客不是选择你，就是选择你的竞争者"，得出"企业经营首先要考虑的是如何战胜竞争对手"的结论是欠妥当的。如果"你"和"你的竞争者"无法满足顾客需要，顾客可能对谁都不选，所以"你"和"你的竞争者"并不构成顾客选择的全部。此处有"非黑即白"的嫌疑。故上述结论不足信。

十、以偏概全

【写作模板】　材料由……，得出……的结论，这是有待商榷的……，a 只是 A 的一部分，而不足以代表 A 的全部。此处存在"以偏概全"的嫌疑。所以上述结论的得出是不必然的。

第一部分　论证有效性分析

【例1】下述内容节选自2006年10月联考论证有效性分析的材料。请找出材料论证的漏洞。

美国是世界上经济最发达的国家,曝光的企业丑闻数量却比发展中国家多得多,这充分说明经济的发展不一定带来道德的进步。

【深度解析】材料由"美国是世界上经济最发达的国家,曝光的企业丑闻数量却比发展中国家多得多"得出"这充分说明经济的发展不一定带来道德的进步"的结论是欠妥当的。美国只是发达国家中的一个国家,美国的情况不足以代表所有发达国家的情况,所以用美国代表发达国家与发展中国家进行对比,有"以偏概全"之嫌。曝光的丑闻多,不一定实际的丑闻多。此处混淆了"曝光的丑闻数量"和"事实上的丑闻数量"这两个不同的概念,曝光丑闻数量的多寡,很有可能与新闻媒体的开放程度等其他因素有关。况且,即使事实上的丑闻数量多,也不意味着道德不进步,二者之间并不见得有必然联系,此处论述有"强拉因果"的嫌疑。所以上述结论显然是不足信的。

【范文展示】材料用美国代表发达国家与发展中国家进行对比,有以偏概全之嫌。曝光的丑闻多,不一定实际发生的丑闻多,此处混淆了概念。况且,即便实际发生的丑闻数量多,也不意味着道德不进步,二者之间无必然联系,此处有强拉因果之嫌。故结论"经济的发展不一定带来道德的进步"是不足信的。

【例2】下述内容节选自2007年10月联考论证有效性分析的材料。请找出材料画线部分论证的漏洞。

为了解决"期界问题",日本和德国的企业对那些专业技能要求很高的岗位上的员工,一般都实行终身雇佣制;而终身雇佣制也为日本和德国企业建立与保持国际竞争力提供了保障。这证明了"终身制"和"铁饭碗"不见得不好,也说明,中国企业的劳动关系应该向着建立长期雇佣关系的方向发展。

【深度解析】材料由"日本和德国的企业对那些专业技能要求很高的岗位上的员工,一般都实行终身雇佣制",得出"中国企业的劳动关系应该向着建立长期雇佣关系的方向发展"的结论是欠妥当的。首先,日本、德国和中国的经济发展阶段不同,从日、德企业的情况出发,得出有关中国企业的结论,有"类比不当"的嫌疑。其次,材料从日、德企业"专业技能要求很高的岗位"出发,得出有关中国"劳动关系"即"所有岗位"的结论,有"以偏概全"之嫌。最后,从日、德企业实行"终身雇佣制",得出中国企业应建立"长期雇佣关系",将"终身雇佣制"和"长期雇佣关系"二者混为一谈,有"混淆概念"的嫌疑。所以上述结论的得出是不足信的。

【范文展示】姑且不论材料从日、德企业专业技能要求高的岗位出发,得出有关中国企业劳动关系即所有岗位的结论,有类比不当和以偏概全的嫌疑。同时,"终身雇佣制"和"长期雇佣关系"是两个不同概念,二者不可混为一谈。所以结论"中国企业的劳动关系应该向着建立长期雇佣关系的方向发展"是不足信的。

【例3】下述内容节选自2010年1月联考论证有效性分析的材料。请找出材料论证的漏洞。

特别是中国经济的起飞,中国在世界上的崛起,无疑也依靠了互联网技术的普及,同时也可作为"世界是平的"这一观点的有力佐证。

【深度解析】材料论述,中国经济的起飞,中国在世界上的崛起,无疑也依靠了互联网技术的普及,同时也可作为"世界是平的"这一观点的有力佐证,这是欠妥当的。这一论述过程存在"以偏概全"的嫌疑。中国只是世界上诸多国家中的一个国家,中国经济的起飞和在世界上的崛起,不足以代表"世界"是平的。所以上述论述还有待商榷。

【范文展示】 材料论述,中国经济的起飞,中国在世界上的崛起,可作为"世界是平的"这一观点的有力佐证,这是欠妥当的。中国只是世界上诸多国家中的一个国家,中国经济的起飞和在世界上的崛起,不足以推出"世界是平的"这一结论。此处存在"以偏概全"的嫌疑。所以上述论述有待商榷。

十一、不当假设

【写作模板】 材料由……,得出……的结论,这是有待商榷的。材料的论述不当地假设了W,然而……可能非W。此处存在"不当假设"的嫌疑。所以上述结论的得出是不必然的。

【例1】 下述内容节选自2005年10月联考论证有效性分析的材料。请找出材料论证的漏洞。

而已经喜爱上洋快餐的未成年人在未来成为更有消费能力的成年群体之后,洋快餐的市场需求会大幅度跃升。

……

洋快餐长期稳定的产品组合以及产品和服务的标准化,迎合了消费者希望获得无差异食品和服务的需要,这也是洋快餐快速发展的重要优势。

【深度解析】 材料论述"已经喜爱上洋快餐的未成年人在未来成为更有消费能力的成年群体之后,洋快餐的市场需求会大幅度跃升",这是欠妥当的。此处存在"不当假设"的嫌疑。材料论述不当地假设了已经喜爱上洋快餐的未成年人在未来成为更有消费能力的成年群体之后,其口味偏好不会发生变化,依然喜欢吃洋快餐。然而人在成长的过程中,其口味偏好很有可能会发生变化,如果喜爱洋快餐的未成年人成为更有消费能力的成年人后,不再喜欢吃洋快餐,则"洋快餐的市场需求会大幅度跃升"的结论不必然成立。所以上述结论的得出是不必然的。

材料论述"洋快餐长期稳定的产品组合以及产品和服务的标准化,迎合了消费者希望获得无差异食品和服务的需要,这也是洋快餐快速发展的重要优势",这是欠妥当的。此处存在"不当假设"的嫌疑。材料论述不当地假设了所有的消费者都希望获得"无差异食品和服务"。然而很有可能有的消费者喜欢有变化的产品组合和差异化服务,所以"产品组合以及产品和服务的标准化,无差异食品和服务是洋快餐快速发展的重要优势"这一结论的得出,是不足信的。

【范文展示】 材料论述"已经喜爱上洋快餐的未成年人成为更有消费能力的成年群体之后,洋快餐的市场需求会大幅跃升",这是欠妥当的。材料不当地假设了已经喜爱上洋快餐的未成年人在成年后口味不会变化,然而有的未成年人长大后可能不再爱吃洋快餐。这有"不当假设"之嫌。故其论述不足信。

材料论述,洋快餐"长期稳定的产品组合以及产品和服务的标准化迎合了消费者无差异食品和服务的需要,是其快速发展的重要优势",这是欠妥当的。材料不当地假设了所有的消费者都希望获得无差异食品和服务,然而有的消费者可能更喜欢差异化的食品和服务。这有"不当假设"之嫌。故其论述不足信。

【例2】 下述内容节选自2008年10月联考论证有效性分析的材料。请找出材料论证的漏洞。

有人提出,应当把"孝"作为选拔官员的一项标准,理由是,一个没有孝心、连自己父母都不孝顺的人,怎么能忠诚地为国家和社会尽职尽责呢?我不赞同这种观点。

……

自古道"忠孝难以两全"。岳飞抗击金兵,常年征战沙场,未能在母亲膝下尽孝,却成了千古传颂的英雄……孔繁森撇下老母,远离家乡,公而忘私,殉职边疆,显然未尽孝道,但你能指责他是个不合格的官员吗?

俗话说"人无完人",如果在选拔官员中拘泥于小节而不注意大局,就会把许多胸怀鸿鹄之志的精英拒之门外,而让那些守望燕雀小巢的庸才占据领导岗位。

【深度解析】 材料用岳飞和孔繁森作为"忠孝难以两全"的论据,这是欠妥当的。此处存在"不当假设"的嫌疑。由于岳飞和孔繁森是"忠"的,所以材料的论述假设了岳飞和孔繁森都是不孝的。然而岳飞和孔繁森没有围绕父母膝下这一"孝行",并不代表他们没有"孝心",很有可能岳飞和孔繁森都是非常孝顺的。所以用岳飞和孔繁森的例证支持"忠孝难以两全"的结论,是不足信的。

材料论述"如果在选拔官员中拘泥于小节而不注意大局,就会把许多胸怀鸿鹄之志的精英拒之门外,而让那些守望燕雀小巢的庸才占据领导岗位",这是有待商榷的。此处存在"不当假设"的嫌疑。这一论述过程假设了"胸怀鸿鹄之志的精英",往往不孝或者不屑于孝;而守望燕雀小巢的庸才则有孝心、尽孝道。将"孝"与胸怀大志的精英相对立,将没有远大抱负的庸才与"孝"之间建立起必然联系,这是没有根据的。所以上述结论的得出不具有必然性。

【范文展示】 材料用岳飞和孔繁森的事例作为论据,支撑"忠孝难以两全"的结论,这是有待商榷的。材料对两人的"忠"进行了充分论证,但岳飞和孔繁森没有围绕父母膝下这一"孝行",不必然代表他们没有"孝心"。材料不当地假设了岳飞和孔繁森是不孝的,故其论述不足信。

材料论述如果在选拔官员中拘泥于小节,就会把许多精英拒之门外,而让那些庸才占据领导岗位,这是欠妥当的。材料不当地假设了"许多精英"是不孝的,而"那些庸才"是孝的,然而"精英"与"孝"并不必然对立,"庸才"也未必就"孝"。这有"不当假设"之嫌,故其论述不足信。

十二、属性关系判断谬误

【写作模板】 材料由……,得出……的结论,这是有待商榷的。材料认为,A 具有的属性某,a 也有。然而,A 具有的属性,a 可能不具有。(例如,……。)此处存在"属性关系判断谬误"的嫌疑。所以上述结论的得出是不必然的。

【例1】 下述内容节选自 2012 年 1 月联考论证有效性分析的材料。请找出材料论证的漏洞。

再变换一下视角,从一个更广泛的范围来看,我们人类自己也是大自然的一部分,既然我们的祖先是类人猿,而类人猿正像大熊猫、华南虎、藏羚羊、扬子鳄乃至银杏、水杉等一样,是整个自然生态中的有机组成部分,那为什么我们自己就不是了呢?

【深度解析】 材料由"我们的祖先是类人猿,而类人猿正像大熊猫、华南虎、藏羚羊、扬子鳄乃至银杏、水杉等一样,是整个自然生态中的有机组成部分",得出"我们人类自己也是大自然的一部分"的结论是欠妥当的。此处存在"属性关系判断谬误"的嫌疑。材料认为,祖先"类人猿"具有的属性"是整个自然生态中的有机组成部分",后代"人类"也具有。实际上,祖先具有的属性,后代可能不具有。例如祖先"类人猿"浑身长毛且有尾巴,而后代"人类"则不然。所以上述结论"我们人类自己也是大自然的一部分"的得出不具有必然的合理性。

【范文展示】 材料由"祖先类人猿是整个自然生态中的有机组成部分",得出人类也如此的结论是欠妥当的。材料认为,祖先类人猿具有的属性"自然生态的有机组成部分",后代人类也具有。然而祖先具有的属性,后代可能不具有。此处有"属性关系判断谬误"的嫌疑。所以上述结论不足信。

【例2】 下述内容节选自2012年1月联考论证有效性分析的材料。请找出材料画线部分论证的漏洞。

再变换一下视角,从一个更广泛的范围来看,我们人类自己也是大自然的一部分。
……
由此可见,人类的问题就是大自然的问题,即使人类在某一时间部分地改变了气候,也还算整个大自然系统中的一个自然问题,自然问题自然会解决,人类不必过多干预。

【深度解析】 材料由"我们人类自己也是大自然的一部分",得出"人类的问题就是大自然的问题"的结论是欠妥当的。此处有"属性关系判断谬误"的嫌疑。材料认为部分概念"人类"具有的属性,整体概念"大自然"也一定具有。而事实上,部分概念具有的属性,整体概念可能不具有。例如,"人类"有主观能动性,而"大自然"则没有。所以"人类的问题就是大自然的问题"这一结论的得出,不具有必然的合理性。

【范文展示】 材料由"我们人类自己也是大自然的一部分",得出"人类的问题就是大自然的问题"的结论是欠妥当的。材料认为部分概念"人类"具有的属性,整体概念"大自然"也一定具有。事实上,部分概念具有的属性,整体概念可能不具有。此处有"属性关系判断谬误"的嫌疑。所以上述结论不具有必然的合理性。

十三、数字谬误

【写作模板】 材料由……,得出……的结论,这是有待商榷的。……,此处存在"数字谬误"的嫌疑。所以上述结论的得出是不必然的。

【例1】 请找出材料论证的漏洞。

北京市的空气污染指数已经降到警戒线下,所以我们东城区的空气质量是好的。

【深度解析】 材料论述"北京市的空气污染指数已经降到警戒线下,所以我们东城区的空气质量是好的",这是欠妥当的。此处存在"数字谬误"的嫌疑。北京市的"空气污染指数"是一个平均数,是根据北京市各个区域的空气污染程度的不同数据计算得出的,只能说明整个北京市空气质量的总体特征和集中趋势,并不能代表每一个区域的空气情况。有可能东城区的空气质量恰恰就在平均水平之下。所以"东城区的空气质量是好的"的结论是有待进一步论证的。

【范文展示】 材料论述"北京市的空气污染指数已经降到警戒线下,所以我们东城区的空气质量是好的",这是欠妥当的。北京市的"空气污染指数"是一个平均数,是根据北京市各个区域的不同数据计算得出的,无法代表每一区域的具体情况。所以"东城区的空气质量是好的"的结论是有待进一步论证的。此处存在"数字谬误"的嫌疑。

【例2】 请找出材料论证的漏洞。

在美国与西班牙作战期间,美国海军曾经广为散布海报、招募兵员。当时最有名的一个海军广告这样说:美国海军的死亡率比纽约市民的还要低。海军官员就海报解释说:"根据统计,现在纽约市民的死亡率是每千人有16人,而尽管是战时,美国海军士兵的死亡率也不过是每千人只有9人。"

【深度解析】 美国海军由"美国海军的死亡率比纽约市民的还要低",得出加入美国海军的安全性是较高的结论是欠妥当的。此处存在"数字谬误"的嫌疑。美国海军的死亡率是以所有的美国海军人员为统计基础,在役海军人员一般都是身体强健的。而纽约市民的死亡率则以包含了老、弱、病、残等易死亡群体在内的所有市民为统计基础。由于二者的统计基础不同,所以不具可比性,所以材料的论证是不足信的。

【范文展示】 材料中海军广告欲以"美国海军的死亡率比纽约市民的还要低"证明"成为美国海军安全性高",来达到"招募兵员"的目的,这是欠妥当的。美国海军的死亡率以所有在役美国海军为基数,而纽约市民的死亡率则以包含了老、弱等易死亡群体的所有市民为基数,二者不具可比性。此处存在"数字谬误"的嫌疑。故上述论证不足信。

十四、样本不具代表性

【写作模板】 材料由……,得出……的结论,这是有待商榷的……。此处存在"样本不具代表性"的嫌疑。所以上述结论的得出是不必然的。

【示例】 下述内容节选自2005年10月联考论证有效性分析的材料。请找出材料论证的漏洞。

那些认为洋快餐不利于健康的观点是站不住脚的。该公司去年在100家洋快餐店内进行的大量问卷调查结果显示,超过90%的中国消费者认为食用洋快餐对于个人的营养均衡有所帮助。

【深度解析】 材料由"该公司去年在100家洋快餐店内进行的大量问卷调查结果显示,超过90%的中国消费者认为食用洋快餐对于个人的营养均衡有所帮助",得出"认为洋快餐不利于健康的观点是站不住脚的"的结论是有待商榷的。此处存在"样本不具代表性"的嫌疑。材料基于在100家洋快餐店内进行的大量问卷调查得出上述结论,然而抽样调查的一个基本原则是"随机性",在洋快餐店内接受调查的消费者,很可能主观上认可洋快餐对于个人的营养均衡是有益的,所以这一调查的样本不具代表性。由此上述结论的得出也是不足信的。

【范文展示】 材料由"该公司去年在100家洋快餐店内进行的大量问卷调查",得出"认为洋快餐不利于健康的观点是站不住脚的"的结论是有待商榷的。抽样调查的一个基本原则是"随机性",在洋快餐店内接受调查的消费者不满足"随机原则"。此处存在"样本不具代表性"的嫌疑。由此上述结论的得出也是不足信的。

第六章 论证有效性分析全真模拟

【例1】 下述是2003年1月联考论证有效性分析的材料。

分析下述论证中存在的缺陷和漏洞,选择若干要点,写一篇600字左右的文章,对该论证的有效性进行分析和评论。(论证有效性分析的一般要点是:概念特别是核心概念的界定和使用是否准确并前后一致,有无各种明显的逻辑错误,论证的证据是否成立并支持结论,结论成立的条件是否充分等。)

把几只蜜蜂和苍蝇放进一只平放的玻璃瓶里,使瓶底对着光亮处,瓶口对着暗处。结果,有目标地朝着光亮拼命扑腾的蜜蜂最终衰竭而死,而无目的地乱窜的苍蝇竟都溜出细口瓶颈逃生。是什么葬送了蜜蜂?是它对既定方向的执着,还是它对趋光习性这一规则的遵循?

当今企业面临的最大挑战是经营环境的模糊性与不确定性。在高科技企业中,哪怕只预测几个月后的技术趋势都是件浪费时间的徒劳之举。就像蜜蜂或苍蝇一样,企业经常面临一个像玻璃瓶那样的不可思议的环境。蜜蜂实验告诉我们,在充满不确定性的经营环境中,企业需要的不是朝着既定方向的执着努力,而是在随机试错的过程中寻求生路,不是对规则的遵循而是对规则的突破。在一个经常变化的世界里,混乱的行动比有序的衰亡好得多。

【例2】 下述是2004年1月联考论证有效性分析的材料。

分析下述论证中存在的缺陷和漏洞,选择若干要点,写一篇600字左右的文章,对该论证的有效性进行分析和评论。(论证有效性分析的一般要点是:概念特别是核心概念的界定和使用是否准确并前后一致,有无各种明显的逻辑错误,论证的证据是否成立并支持结论,结论成立的条件是否充分等。)

目前,国内约有1 000家专业公关公司。去年,规模最大的十家本土公关公司的年营业收入平均增长30%,而规模最大的十家外资公关公司的年营业收入平均增长15%;本土公关公司的利润率平均为20%,外资公司为15%。十大本土公关公司的平均雇员人数是十大外资公关公司的10%。可见,本土公关公司利润水平高、收益能力强、员工的工作效率高,具有明显的优势。

中国公关协会最近的调查显示,去年,中国公关市场营业额比前年增长25%,达到了25亿元;而日本约为5亿美元,人均公关费用是中国的10多倍。由此推算,在不远的将来,若中国的人均公关费用达到日本的水平,中国公关市场的营业额将从25亿元增长到300亿元,平均每家公关公司就有3 000万左右的营业收入。这意味着一大批本土公关公司将胜过外资公司,成为世界级的公关公司。

【例3】 下述是2004年10月联考论证有效性分析的材料。

分析下述论证中存在的缺陷和漏洞,选择若干要点,写一篇600字左右的文章,对该论证的有效性进行分析和评论。(论证有效性分析的一般要点是:概念特别是核心概念的界定和使用是否准确并前后一致,有无各种明显的逻辑错误,论证的证据是否成立并支持结论,结论成立的条件是否充分等。)

有两个人在山间打猎,遇到一只凶猛的老虎。其中一个人扔下行囊,撒腿就跑,另一人朝他喊:"跑有什么用,你跑得过老虎吗?"头一个人边跑边说:"我不需要跑赢老虎,我只要跑赢你就够了!"

这个故事告诉我们,企业经营首先要考虑的是如何战胜竞争对手,因为顾客不是选择你,就是选择你的竞争者,所以只要在满足顾客需求方面比竞争者快一点,你就能够脱颖而出,战胜对手。想要跑得比老虎快,是企业战略幼稚的表现,追求过高的竞争目标会白白浪费企业的大量资源。

【例4】 下述是2005年1月联考论证有效性分析的材料。

分析下述论证中存在的缺陷和漏洞,选择若干要点,写一篇600字左右的文章,对该论证的有效性进行分析和评论。(论证有效性分析的一般要点是:概念特别是核心概念的界定和使用是否准确并前后一致,有无各种明显的逻辑错误,论证的证据是否成立并支持结论,结论成立的条件是否充分等。)

没有天生的外科医生,也没有天生的会计师,它们都是专业化的工作,需要经过正规的培训。而这种培训最开始是在教室里进行的。当然,学生们必须具备使用手术刀或是操作键盘的能力,但是他们首先得接受专门的教育。领导者则不一样,天生的领导者是存在的。事实上,任何一个社会中的领导者都只能是天生的。领导和管理本身就是生活,而不是某个人能够从教室中学习来的技术。教育可以帮助一个具有领导经验和生活经验的人提高到更高的层次。但是,即使一个人具备管理天赋和领导潜质,教育也不能将经验灌入其头脑中。换句话说,试图向一个未曾从事过管理工作的人传授管理学,不啻于向一个从未见过其他人类的人传授哲学。组织是一个复杂的有机体,对它的管理是一种困难的、微妙的工作,需要的是各种各样只能在身临其境时才能得到的体验。总之,MBA教育试图把管理传授给一个毫无实际经验的人是种浪费,更糟糕的是,它是对管理的一种贬低。

【例5】 下述是2005年10月联考论证有效性分析的材料。

分析下述论证中存在的缺陷和漏洞,选择若干要点,写一篇600字左右的文章,对该论证的有效性进行分析和评论。(论证有效性分析的一般要点是:概念特别是核心概念的界定和使用是否准确并前后一致,有无各种明显的逻辑错误,论证的证据是否成立并支持结论,结论成立的条件是否充分等等。)

某管理咨询公司最近公布了一份洋快餐行业发展情况的分析报告,对洋快餐在中国的发展趋势给出了相当乐观的预判。

该报告指出,过去5年中,洋快餐在大城市中的网点数每年以40%的惊人速度增长,而在中国广大的中小城市和乡镇还有广阔的市场成长空间;照此速度发展下去,估计未来10年,洋快餐在中国饮食行业的市场占有率将超过20%,成为中国百姓饮食的重要选择。饮食行业的某些人士认为,从营养角度看,长期食用洋快餐对人体健康不利,洋快餐的快速增长会因此受到制约。但该报告指出,洋快餐在中国受到广大消费者,特别是少年儿童消费群体的喜爱。显然,那些认为洋快餐不利于健康的观点是站不住脚的。该公司去年在100家洋快餐店内进行的大量问卷调查结果显示,超过90%的中国消费者认为食用洋快餐对于个人的营养均衡有所帮助。而已经喜爱上洋快餐的未成年人在未来成为更有消费能力的成年群体之后,洋快餐的市场需求会大幅度跃升。

洋快餐长期稳定的产品组合以及产品和服务的标准化,迎合了消费者希望获得无差异食品和服务的需要,这也是洋快餐快速发展的重要优势。

该报告预测,如果中国式快餐在未来没有较大幅度的发展,洋快餐一定会成为中国饮食行业的霸主。

【例6】 下述是2006年1月联考论证有效性分析的材料。

分析下述论证中存在的缺陷和漏洞,选择若干要点,写一篇600字左右的文章,对该论证的有效性进行分析和评论。(论证有效性分析的一般要点是:概念特别是核心概念的界定和使用是否准确并前后一致,有无各种明显的逻辑错误,论证的证据是否成立并支持结论,结论成立的条件是否充分等等。)

在全球9家航空公司的140份订单得到确认后,世界最大的民用飞机制造商之一空中客车公司2005年10月6日宣布,将在全球正式启动其全新的A350远程客机项目。中国、俄罗斯等国作为合作伙伴也被邀请参与A350飞机的研发与生产过程。其中,中国将承担A350飞机5%的设计和制造工作。这意味着未来空中客车公司每销售100架A350飞机,就将有5架由中国制造。这表明中国经过多年艰苦的努力,民用飞机研发与制造能力得到了系统的提升,获得了国际同行的认可;这也标志着中国已经可以在航空器设计与制造领域参与全球竞争并占有一席之地。由此看出在经济全球化的时代,参与国际合作将带来双赢的结果,也是提高我国技术水平和产业国际竞争力的必由之路。

【例7】 下述是2006年10月联考论证有效性分析的材料。

分析下述论证中存在的缺陷和漏洞,选择若干要点,写一篇600字左右的文章,对该论证的有效性进行分析和评论。(论证有效性分析的一般要点是:概念特别是核心概念的界定和使用是否准确并前后一致,有无各种明显的逻辑错误,论证的证据是否成立并支持结论,结论成立的条件是否充分等等。)

美国是世界上经济最发达的国家,曝光的企业丑闻数量却比发展中国家多得多,这充分说明经济的发展不一定带来道德的进步。企业作为社会财富最重要的创造者之一,也应该为整个社会道德水准的提升做出积极的贡献。如果因为丑闻迭出而导致社会道德风气的败坏,那么我们完全有理由怀疑企业这种组织的存在对于整个社会的意义。当公司的高管们坐着商务飞机在全球遨游时,股东们根本无从知晓管理层是否在滥用自己的权力。媒体上频频出现的企业丑闻也让我们有足够的理由怀疑是否该给大公司高管们支付那么高的报酬。企业高管拿高薪是因为他们的决策对企业的生存与发展至关重要,然而,当公司业绩下滑甚至亏损时,他们却不必支付罚金。正是这种无效的激励机制使得公司高管们朝着错误的方向越滑越远。因此,只有建立有效的激励机制,才能杜绝企业丑闻的发生。

【例8】 下述是2007年1月联考论证有效性分析的材料。

分析下述论证中存在的缺陷和漏洞,选择若干要点,写一篇600字左右的文章,对该论证的有效性进行分析和评论。(论证有效性分析的一般要点是:概念特别是核心概念的界定和使用是否准确并前后一致,有无各种明显的逻辑错误,论证的证据是否成立并支持结论,结论成立的条件是否充分等等。)

每年的诺贝尔奖,特别是诺贝尔经济学奖公布后,都会在中国引起很大反响。诺贝尔经济学奖的得主是当之无愧的真正的经济学家。他们的研究成果都经过了实践的检验,为人类社会发展,特别是经济发展做出了杰出的贡献。每当看到诺贝尔经济学奖被西方人包揽,很多国人在羡慕之余,更期盼中国人有朝一日能够得到这一奖项。

然而,我们不得不面对的现状却是,中国的经济学还远远没有走到经济科学的门口,中国真正意义上的经济学家最多不超过5个。

真正的经济学家需要坚持理性的精神。马克思·韦伯说:现代化的核心精神就是理性化,没有理性主义就不可能有现代化。中国的经济学要向现代科学方向发展,必须把理性主义作为基本的框架。而中国经济学界太热闹了,什么人都可以说自己是个经济学家,什么问题他们都敢谈。有的经济学家今天评股市,明天讲汇率,争论不休,莫衷一是。有的经济学家热衷于担任一些大型公司的董事,或在电视上频频上镜,怎么可能做严肃的经济学研究?

经济学和物理学、数学一样,所讨论的都是非常专业化的问题。只有远离现实的诱惑,潜心于书斋,认真钻研学问,才可能成为真正意义上的经济学家,中国经济学家离这个境界太远了。在中国的经济学家中,你能找到为不同产业代言的人,西方从事经济学研究最优秀的人不是这样的,这样的人在西方只能受投资银行的雇佣,从事产业经济学的研究。一个真正的经济学家,首先要把经济学当作一门科学来对待,必须保证学术研究的独立性和严肃性,必须保持与"官场"和"商场"的距离,否则,不可能在经济学领域做出独立的研究成果。

说"中国真正意义上的经济学家最多不超过5个",听起来刻薄,但只要去看一看国际上经济学界那些最重要的学术刊物,有多少文章是来自中国国内的经济学家,就会知道这还是比较客观和宽容的一种评价。

【例9】 下述是2007年10月联考论证有效性分析的材料。

分析下述论证中存在的缺陷和漏洞,选择若干要点,写一篇600字左右的文章,对该论证的有效性进行分析和评论。(论证有效性分析的一般要点是:概念特别是核心概念的界定和使用是否准确并前后一致,有无各种明显的逻辑错误,论证的证据是否成立并支持结论,结论成立的条件是否充分等等。)

在中国改革开放的字典里,"终身制"和"铁饭碗"作为指称弊端的概念,是贬义词。其实,这里存在误解。

在现代企业理论中有一个"期界问题(horizon problem)",是指由于雇佣关系很短导致职工的种种短视行为,以及此类行为对企业造成的危害。当雇员面对短期的雇佣关系,首先他不会为提高自己的专业技能投资,因为他在甲企业中培育的专业技能对他在乙企业中的发展可能毫无意义;其次,作为一个匆匆过客,他不会关注企业的竞争力,因为这和他的长期收入没有多大关系;最后,只要有机会,他会为了个人短期收入最大化而损害企业利益,例如过度地使用机器设备等。

为了解决"期界问题",日本和德国的企业对那些专业技能要求很高的岗位上的员工,一般都实行终身雇佣制;而终身雇佣制也为日本和德国企业建立与保持国际竞争力提供了保障。这证明了"终身制"和"铁饭碗"不见得不好,也说明中国企业的劳动关系应该向着建立长期雇佣关系的方向发展。

在现代社会,企业劳动者个人都面临着不断变化的市场环境。而变化的环境必然导致机会主义行为。在各行各业,控制机会主义行为的唯一途径,就是在企业内部培养员工对公司的忠诚感。而培养忠诚感,需要建立员工和企业之间的长期雇佣关系,要给员工提供"铁饭碗",使员工形成长远预期。

因此,在企业管理的字典里,"终身制"和"铁饭碗"应该是褒义词。不少国家包括美国不是有终身教授吗?既然允许有捧着"铁饭碗"的教授,为什么不允许有捧着"铁饭碗"的工人呢?

【例10】 下述是2008年1月联考论证有效性分析的材料。

下面是一段关于中医的辩论。请分析甲乙双方的论辩在概念、论证方法、论据及结论等方面的有效性。600字左右。

甲:有人以中医不能被西方人普遍接受为理由,否定中医的科学性,我不赞同。西方人不能普遍接受中医是因为他们不理解中国的传统文化。

乙:世界上有不同的文化,但科学标准是相同的。科学研究的对象是普适的自然规律,因此,科学没有国界,科学的发展不受民族或文化因素的影响。将中医的科学地位不为西方科学界认可归咎于西方人不了解中国文化,是荒唐的。

甲:"科学无国界"是广为流传的谬误,如果科学真的无国界,为什么外国制药公司会诉讼中国企业侵犯其知识产权?

乙:从科学角度看,现代医学以生物学为基础,而生物学又建立在物理、化学等学科的基础之上。但中医的发展不以这些学科为基础,因此,它与科学不兼容,这样的东西只能是伪科学。

甲:中医有几千年的历史了,治好了那么多人,怎么可能是伪科学?人们为什么崇尚科学?是因为科学对人类有用。既然中医对人类有用,凭什么说它不是科学?西医自然有长于中医的地方,但中医同样有长于西医之处。中医体现了对人体完整系统的把握,强调整体观念,系统思维,这是西医所欠缺的。

乙:我去医院看西医,人家用现代科技手段从头到脚给我检查一遍,怎么能说没有整体观念、系统思维呢?中医在中国居于主导地位的时候,中国人的平均寿命在古代和近代都只有三十岁左右;现代中国人平均寿命提高到七十岁左右,完全是拜现代医学所赐。

【例11】 下述是2008年10月联考论证有效性分析的材料。

分析下述论证中存在的缺陷和漏洞,选择若干要点,写一篇600字左右的文章,对该论证的有效性进行分析和评论。(论证有效性分析的一般要点是:概念特别是核心概念的界定和使用是否准确并前后一致,有无明显的逻辑错误,论证的证据是否成立并支持结论,结论成立的条件是否充分等等。)

有人提出,应当把"孝"作为选拔官员的一项标准,理由是,一个没有孝心、连自己父母都不孝顺的人,怎么能忠诚地为国家和社会尽职尽责呢?我不赞同这种观点。现在已经是21世纪了,我们的思想意识怎么能停留在封建时代呢?选拔官员要考查其"德、勤、能、绩",我赞同应当把"德"作为首要标准。然而,对一个官员来说最重要的是公德而不是私德。"孝"只是一种私德而已。选拔和评价官员,偏重私德而忽视公德,显然是舍本逐末。什么是公德?一言以蔽之,就是忠于职守,在封建社会是忠于君主,现在则是忠于国家。自古道"忠孝难以两全"。岳飞抗击金兵,常年征战沙场,未能在母亲膝下尽孝,却成了千古传颂的英雄。反观《二十四孝》里的那些孝子,有哪个成就了名垂青史的功业?孔繁森撇下老母,远离家乡,公而忘私,殉职边疆,显然未尽孝道,但你能指责他是个不合格的官员吗?俗话说"人无完人",如果在选拔官员中拘泥于小节而不注意大局,就会把许多胸怀鸿鹄之志的精英拒之门外,而让那些守望燕雀小巢的庸才占据领导岗位。

【例12】 下述是2009年1月联考论证有效性分析的材料。

分析下述论证中存在的缺陷和漏洞,选择若干要点,写一篇600字左右的文章,对该论证的有效性进行分析和评论。(论证有效性分析的一般要点是:概念特别是核心概念的界定和使用是否准确并前后一致,有无各种明显的逻辑错误,论证的证据是否成立并支持结论,结论成立的条件是否充分等等。)

1 000是100的十倍,但是当分母大到百亿的时候,作为分子的这两个数的差别就失去意义。在知识经济时代,任何人所掌握的知识,都只是沧海一粟。这使得在培养与选拔人才时,知识尺度已变得毫无意义。

现在网络技术可以使你在最短的时间内查询到你所需要的任何知识信息,有的大学毕业生因此感叹何必要为学习各种知识数年寒窗,这不无道理。传授知识不应当继续成为教育,特别是高等教育的功能。学习知识需要记忆。记忆能力是浅层次的大脑功能。人们在思维方面的差异,不在于能记住什么,而在于能提出什么。素质教育的真正目标,是培养批判性思维与创造性思维能力。知识与此种能力之间没有实质性的联系,否则就难以解释,具备与爱因斯坦相同知识背景的人多的是,为什么唯独他发现了相对论。硕士、博士这些知识头衔的实际价值一再受到有识之士的质疑,道理就在这里。

"知识就是力量"这一曾经激励了几代人的口号,正在成为空洞的历史回声,这其实是时代的进步。

【例13】 下述是2009年10月联考论证有效性分析的材料。

分析下述论证中存在的缺陷和漏洞,选择若干要点,写一篇600字左右的文章,对该论证的有效性进行分析和评论。(论证有效性分析的一般要点是:概念特别是核心概念的界定和使用是否准确并前后一致,有无各种明显的逻辑错误,论证的证据是否成立并支持结论,结论成立的条件是否充分等等。)

民主集中制是一种决策机制。在这种机制中,民主和集中是缺一不可的两个基本点。民主不外乎就是体现多数人的意志。问题在于什么是集中。对此有两种解读,一种认为"集中"就是集中正确的意见;另一种认为"集中"就是集中多数人的意见。第一种解读看似有理,实际上是一种误解。

大家都知道，五四运动有两面旗帜，一面是科学，一面是民主。人们也许没有想到，这两面旗帜体现的是两种根本对立的原则。科学强调真理原则，谁对听谁的；民主强调多数原则，谁占多数听谁的。所谓"集中正确的意见"，就是强调真理原则。这样解读"集中"就会把民主集中制置于自相矛盾的境地。让我们想象一种情景：多数人的意见是错误的，少数人的意见正确。如果将"集中"解读为"集中正确的意见"，则不按多数人的意见办就不"民主"，按多数人的意见办就不"集中"。

毛泽东有一句："真理有时掌握在少数人手里"。把集中解释为集中正确意见，就为少数人说了算提供了依据。如果这样，民主岂不形同虚设？

什么是正确的，要靠实践检验，而判断一项决策是否正确，只能在决策实施之后的实践中检验，不可能在决策过程中完成。不知道什么是正确的，如何"集中正确意见"来做决策？既然在决策中集中正确的意见是不可能的，民主集中制的"集中"当然就应该是集中多数人的意见。

【例14】 下述是2010年1月联考论证有效性分析的材料。

分析下述论证中存在的缺陷和漏洞，选择若干要点，写一篇600字左右的文章，对该论证的有效性进行分析和评论。（论证有效性分析的一般要点是：概念特别是核心概念的界定和使用是否准确并前后一致，有无各种明显的逻辑错误，论证的证据是否成立并支持结论，结论成立的条件是否充分等等。）

美国学者弗里德曼的《世界是平的》一书认为，全球化对当代人类社会的思想、经济、政治和文化等领域产生了深刻影响。全球化抹去了各国的疆界，使世界从立体变成了平面，也就是说，世界各国之间的社会发展差距正在日益缩小。

"世界是平的"这一观点，是基于近几十年信息传播技术迅猛发展的状况而提出的。互联网的普及、软件的创新使海量信息迅速扩散到世界各地。由于世界是平的，穷国可以和富国一样在同一个平台上接受同样的最新信息。这样就大大促进了穷国的经济发展，从而改善了它们的国际地位。

事实也是如此。所谓"金砖四国"国际声望的上升，无不得益于它们的经济成就，无不得益于互联网技术的发展。特别是中国经济的起飞，中国在世界上的崛起，无疑也依靠了互联网技术的普及，同时也可作为"世界是平的"这一观点的有力佐证。

毋庸置疑，信息传播技术革命还远未结束，互联网技术将会有更大发展，人类社会将会有更惊人的变化。可以预言，由于信息技术的迅猛发展，世界的经济格局与政治格局将会发生巨大的变化，世界最不发达的国家和最发达的国家之间再也不会让人有天壤之别的感觉，非洲大陆将会成为另一个北美。同样也可以预言，由于中国信息技术发展迅猛，中国和世界一样，也会从立体变为平面，中国东西部之间的经济鸿沟将被填平，中国西部的崛起指日可待。

【例15】 下述是2010年10月联考论证有效性分析的材料。

分析下述论证中存在的缺陷和漏洞，选择若干要点，写一篇600字左右的文章，对该论证的有效性进行分析和评论。（论证有效性分析的一般要点是：概念特别是核心概念的界定和使用是否准确并前后一致，有无各种明显的逻辑错误，论证的证据是否成立并支持结论，结论成立的条件是否充分等等。）

科学家在一个孤岛上的猴群中做了一个实验,将一种新口味的糖让猴群中地位最低的猴子品尝,等它认可后再让猴群其他成员品尝;花了20天左右,整个猴群才接受了这种糖。将另一种新口味的糖让猴群中地位最高的猴王品尝,等它认可后再让猴群其他成员品尝。两天之内,整个猴群就都接受了该种糖。看来,猴群中存在着权威,而权威对于新鲜事物的态度直接影响群体接受新鲜事物的进程。

市场营销也是如此,如果希望推动人们接受某种新商品,应当首先影响引领时尚的文体明星。如果位于时尚高端的消费者对于某种新商品不接受,该商品一定会遭遇失败。这个实验对于企业组织的变革也有指导意义。如果希望变革能够迅速取得成功,应该自上而下展开,这样做遭遇的阻力较小,容易得到组织成员的支持。当然,猴群乐于接受糖这种好吃的东西;如果给猴王品尝苦涩的黄连,即使猴王希望其他猴子接受,猴群也不会干。因此,如果组织变革使某些组织成员吃尽苦头,组织领导者再努力也只能以失败而告终。

【例16】 下述是2011年1月联考论证有效性分析的材料。

分析下述论证中存在的缺陷和漏洞,选择若干要点,写一篇600字左右的文章,对该论证的有效性进行分析和评论。(论证有效性分析的一般要点是:概念特别是核心概念的界定和使用是否准确并前后一致,有无各种明显的逻辑错误,论证的证据是否成立并支持结论,结论成立的条件是否充分等等。)

如果你要从股市中赚钱,就必须低价买进股票,高价卖出股票,这是人人都明白的基本道理。但是,问题的关键是在于如何判断股价的高低。只有正确地判断股价的高低,上述的基本道理才有意义,否则,就毫无实用价值。

股价的高低是一个相对的概念,只有通过比较才能显现。一般来说,要正确判断某一股票的价格高低,唯一的途径就是看它的历史表现。但是,有人在判断当前某一股价的高低时,不注重股票的历史表现,而只注重股票今后的走势,这是一种危险的行为。因为股票的历史表现是一种客观事实,客观事实具有无可争辩的确定性;股票的今后走势只是一种主观预测,主观预测具有极大的不确定性,我们怎么可以只凭主观预测而不顾客观事实呢?

再说,股价的未来走势充满各种变数,它的涨和跌不是必然的,而是或然的,我们只能借助于概率进行预测。假如宏观经济、市场态势和个股表现均好,它的上涨概率就大;假如宏观经济、市场态势和个股表现均不好,它的上涨概率就小;假如宏观经济、市场态势和个股表现不相一致,它的上涨概率就需要酌情而定。

由此可见,要从股市获取利益,第一是要掌握股价涨跌的概率,第二还是要掌握股价涨跌的概率,第三也还是要掌握股价涨跌的概率。掌握了股价涨跌的概率,你就能赚钱;否则,你就会赔钱。

【例17】 下述是2011年10月联考论证有效性分析的材料。

分析下述论证中存在的缺陷和漏洞,选择若干要点,写一篇600字左右的文章,对该论证的有效性进行分析和评论。(论证有效性分析的一般要点是:概念特别是核心概念的界定和使用是否准确并前后一致,有无各种明显的逻辑错误,论证的证据是否成立并支持结论,结论成立的条件是否充分等等。)

我国的个人所得税从1980年开始征收,当时起征点为800元人民币。最近几年起征点为2 000元,个人所得税总额逐年上升,已经超过2 000亿元。随着居民基本生活开支的上涨,国家决定从2011年9月将个税起征点提高到3 500元,顺应了大多数人的意愿。

从个人短期利益上来看,提高起征点确实能减少一部分中低收入者的税收,看似有利于普通老百姓。但是,如果冷静地进行分析,其结果却正好相反。

中国实行税收累进率制度,也就是说工资越高所缴纳的税率也越高。请设想,如果将2 000元的个税起征点提高到10 000元,虽然极少数月工资超过30000元的人可能缴更多的税,但是绝大多数人的个税会减少,只是减少的数额不同。原来工资低于2 000元的,1分钱的好处也没有得到;拿2 000元工资的人只是减轻了几十元的税;而拿8 000元工资的人则减轻了几百元的税收。收入越高,减少的越多,贫富差距自然会被进一步拉大了。

同时,由于税收起征点上调,国家收到的税收大幅度减少,政府就更没有能力为中低收入者提供医疗、保险、教育等公共服务,结果还是对穷人不利。

所以说,建议提高个税起征点的人,或者是听到提高起征点就高兴的人,在捅破这层窗户纸以后,他们也不得不承认这一客观真理:提高个税起征点有利于富人,不利于一般老百姓。

如果不局限在经济层面讨论问题,转到从社会与政治角度考虑,问题就更清楚了。原来以2 000元为起征点,有50%以上为非纳税人,如果提高到3 500元,中国的纳税人就只剩下20%了。80%的国民不纳税,必定会引起政治权利的失衡。降低起征点,扩大纳税人的比例,不仅可以缩小贫富差距,还可以培养全民的公民意识。纳税者只有承担了纳税义务,才能享受纳税者的权利。如果没有纳税,人们对国家就会失去主人翁的责任感,就不可能有强烈的公民意识,也就会失去或放弃监督政府部门的权利。所以,为了培养全国民众的公民意识,为了缩小贫富差距,为了建设和谐社会,我们应该适当地降低个税起征点。

【例1范文】

企业应该选择混乱的行动吗?

材料通过一系列论证,得出"在一个经常变化的世界里,混乱的行动比有序的衰亡好得多"的结论,然而该论述过程存在如下问题。

首先,材料由"蜜蜂和苍蝇"实验,得出企业经营决策的有关结论,这是欠妥当的。实验反映的是生物本能,而企业行为受到本企业、竞争企业、宏观经济形势等因素影响,二者之间不可进行简单类比。此处有"类比不当"之嫌。故上述结论不足信。

其次,材料论述,"模糊性、不确定性经营环境下,高科技企业哪怕只预测几个月后的技术趋势都是徒劳之举",这是欠妥当的。在变化环境下,企业有可能根据已有的数据,利用概率论与数理统计等相关学科,对未来的趋势进行预测。此处论述有"另有他果"之嫌。故其论述不足信。

再次,材料由固定环境的实验得出不确定性环境下企业经营决策的结论,这是欠妥当的。尽管苍蝇代表的随机试错的企业取得了成功,但未必推出企业都应如此。同时,不确定性环境要求企业不能机械地遵循规则,但并非不需遵循任何规则。故结论"不确定性经营环境下企业应随机试错,应突破规则"不足信。

最后，材料得出"在一个经常变化的世界里，混乱的行动比有序的衰亡好得多"的结论，这是不足信的。姑且不论材料由固定环境的生物实验得出变化环境下企业应如何决策明显欠妥当，同时，企业除了"有序的衰亡、混乱的行动"外可能有其他选择，如"有序的发展"。这有"非黑即白"之嫌。故其结论不足信。

综上所述，由于材料在推理论证的过程中存在上述逻辑问题，所以，材料论证的有效性及结论"在一个经常变化的世界里，混乱的行动比有序的衰亡好得多"是值得商榷的。

【例2范文】

本土公关公司将成世界级的吗？

材料通过一系列论证，得出"一大批本土公关公司将胜过外资公司，成为世界级的公关公司"的结论，然而该论述过程存在如下问题。

首先，材料由"去年前十大本土公关公司年营业收入增长率为30%，而相应的外资公司为15%"，得出"本土公关公司收益能力强"的结论，这是欠妥当的。"营业收入增长率"是相对数，"收益能力"是绝对数，在缺乏前年营业收入做基数情况下，不必然得出上述结论。此处有"混淆概念"之嫌。

其次，材料由"十大本土公关公司的平均雇员人数是十大外资公关公司的10%"，得出"本土公关公司员工的工作效率高"的结论，这是欠妥当的。"工作效率"由"工作总量、工作时长、雇员人数"来决定，故与"雇员人数"二者不可混为一谈。此处存在"混淆概念"的嫌疑，故其结论不足信。

再次，材料论述"若中国人均公关费用达到日本的水平，中国公关市场营业额将达300亿"，这是欠妥当的。中国与日本的经济发展水平、城市化程度等有较大差异，这些因素对公关行业有重要影响。将日本的人均公关费用类推到中国不具当然的合理性。上述论述有"类比不当"的嫌疑，故其结论还有待商榷。

最后，"每家公关公司就有3 000万左右的营业收入"的结论很难得出。材料不当的假设了目前约1000家公关公司的数量将保持不变，而公司数量将很可能随着行业规模的扩大而增长。同时，采取简单平均的算法得出每家有3 000万左右的营收也欠说服力，大多数行业常常是20%的企业创造80%的市场营业收入。

综上所述，由于材料在推理论证的过程中存在上述逻辑问题，所以，材料论证的有效性及结论"一大批本土公关公司将胜过外资公司，成为世界级的公关公司"是值得商榷的。

【例3范文】

且慢草率下结论

材料通过一系列论证，得出"企业经营首先要考虑的是如何战胜竞争对手，追求过高的竞争目标会白白浪费企业的大量资源"的结论，然而该论述过程存在如下问题。

首先，材料由"虎追逐人"的故事，得出有关企业经营决策和战略的结论，这是欠妥当的。虎追逐人反映的是生物的本能，而企业的经营决策和战略目标，则受到本企业、竞争企业、消费者、宏观经济形势等一系列因素的影响，故二者之间不可进行简单类比。此处论述有"类比不当"之嫌。

其次，材料从"因为顾客不是选择你，就是选择你的竞争者"，得出"企业经营首先要考虑的是如何战胜竞争对手"的结论，这是欠妥当的。如果"你"和"你的竞争者"无法满足顾客需要，顾客可能对谁都不选，所以"你"和"你的竞争者"并不构成顾客选择的全部。此处有"非黑即白"的嫌疑。故上述结论不足信。

再次，材料论述"只要在满足顾客需求方面比竞争者快一点，你就能够脱颖而出、战胜对手"，这是欠妥当的。企业要想在竞争中脱颖而出、战胜对手，除了"快"这个因素以外，很可能还与"多、好、省"等其他因素有关。此处有"另有他因（归因不当）"的嫌疑。所以上述论述不具有必然的合理性。

最后，不能认为"跑得比老虎快"是"企业战略幼稚的表现"，是"追求过高的竞争目标"。故事仅将两个人视为竞争者，而忽略了老虎本身也是人的竞争对手。中国企业如果只是满足于战胜本土竞争对手，那么即使是中国企业冠军，也有可能被老虎——国外的更强大的企业"吃掉"。

综上所述，由于材料在推理论证的过程中存在上述逻辑问题，所以，材料论证的有效性及结论"企业经营首先要考虑的是如何战胜竞争对手，追求过高的竞争目标会白白浪费企业的大量资源"是值得商榷的。

【例4 范文】

MBA教育是对管理的一种贬低吗？

材料通过一系列论证，得出"MBA教育试图把管理传授给一个毫无实际经验的人是种浪费，更糟糕的是，它是对管理的一种贬低"的结论，然而该论述过程存在如下问题。

首先，材料论述"任何一个社会中的领导者都只能是天生的"，有待商榷。领导能力可以从他人和实践中学得，所以"天生的领导者是存在的"这一前提很可能不成立。况且即便天生的领导者存在，也不能推出"任何一个社会中的领导者都只能是天生的"，此处有"以偏概全"之嫌。

其次，材料论述"试图向一个未曾从事过管理工作的人传授管理学，不啻于向一个从未见过其他人类的人传授哲学"，这是不足信的。未曾从事过管理工作的人，却很可能拥有管理自己的时间和人际关系等广义上的管理经验，所以很可能学好管理学。材料论述的二者之间不能进行简单类比。此处有"类比不当"之嫌。

再次，材料论述"对组织的管理工作需要各种各样只能在身临其境时才能得到的体验"，这是欠妥当的。要"得到管理组织知识和经验"，除了"身临其境"这个途径外，还可以通过案例教学、经验分享等途径来实现。此处存在"条件关系谬误"的嫌疑。

最后，材料论述"MBA教育试图把管理传授给一个毫无实际经验的人是种浪费"，这是有待商榷的。材料不当的假设了MBA学生是毫无实际经验的人，然而每个MBA学生具有一定的经验、知识、选择和判断能力。此处有"不当假设"的嫌疑，故其论述不足信。

综上所述，由于材料在推理论证的过程中存在上述逻辑问题，所以，材料论证的有效性及结论"MBA教育试图把管理传授给一个毫无实际经验的人是种浪费，它是对管理的一种贬低"是值得商榷的。

【例5 范文】

洋快餐将成为中国饮食行业的霸主吗？

材料通过一系列论证，得出"如果中国式快餐在未来没有较大幅度的发展，洋快餐一定会成为中国饮食行业的霸主"的结论，然而该论述过程存在如下问题。

首先，姑且不论洋快餐在大城市的网点增长速度未来能否保持，用洋快餐在大城市中的发展速度推断其在中小城市和乡镇的发展速度，有"类比不当"之嫌。更何况材料论述将"网点数"和"市场占有率"二者混为一谈。故"估计未来10年，洋快餐在中国饮食行业的市场占有率将超过20%"不足信。

其次，材料由"该公司去年在100家洋快餐店内进行的大量问卷调查"，得出"认为洋快餐不利于健康的观点是站不住脚的"的结论是有待商榷的。抽样调查的一个基本原则是"随机性"，在洋快餐店内接受调查的消费者不满足"随机原则"。此处存在"样本不具代表性"的嫌疑。

再次，材料论述"已经喜爱上洋快餐的未成年人成为更有消费能力的成年群体之后，洋快餐的市场需求会大幅跃升"，这是欠妥当的。材料不当的假设了已经喜爱上洋快餐的未成年人在成年后口味不会变化，然而有的未成年人长大后可能不再爱吃洋快餐。这有"不当假设"之嫌。故其论述不足信。

最后，材料论述"如果中国式快餐在未来没有较大幅度的发展，洋快餐一定会成为中国饮食行业的霸主"，这是有待商榷的。"饮食行业"包括"高档餐厅"、"快餐"等细分行业，"快餐业"和"饮食行业"是两个不同的概念，二者不可混为一谈。此处存在混淆概念的嫌疑。故上述论证不足信。

综上所述，材料的推理论证存在上述逻辑问题，所以，材料论证的有效性及结论"若中式快餐未来无较大幅度发展，洋快餐一定会成为中国饮食行业的霸主"是值得商榷的。

【例6范文】

有失偏颇的论证

材料通过一系列论证，得出"在经济全球化的时代，参与国际合作将带来双赢的结果，也是提高我国技术水平和产业国际竞争力的必由之路"的结论，然而该论述过程存在如下问题。

首先，材料由"中国将承担A350飞机5%的设计和制造工作"得出"未来空中客车公司每销售100架A350飞机，将有5架由中国制造"的结论是欠妥当的。"5%"概念界定不清，无法判断是飞机的部件数量还是飞机价值。同时，"100架飞机的5%"和"5架完整飞机"是两个不同的概念。

其次，材料由中国将承担A350飞机5%的设计和制造工作，表明民用飞机研发与制造能力得到系统的提升，获得国际同行的认可是欠妥当的。"5%"的设计和制造工作，无法必然推出"系统的"提升。同时，中国参加设计制造工作，可能是空客公司出于中国市场等其他原因的考虑。此论述过程存在"另有他因"的嫌疑。

再次，材料论述"参与国际合作是提高我国技术水平和产业国际竞争力的必由之路"，这是有待商榷的。要实现"提高我国技术水平和产业国际竞争力"的目标，除了参与国际合作以外，还可以通过自主研发等其他方式实现。此处存在"条件关系谬误"的嫌疑。故上述结论的得出是不必然的。

最后，材料论述"在经济全球化的时代，参与国际合作将带来双赢的结果"，这是欠妥当的。

由于各国原有经济基础、技术水平、产业结构不同,参与国际合作有可能造成穷国愈穷、富国愈富的结果,而不必然是"带来双赢"。此处存在"另有他果"的嫌疑。所以上述论述是不足信的。

综上所述,材料的推理论证存在上述逻辑问题,所以,材料论证的有效性及结论"在经济全球化的时代,参与国际合作将带来双赢的结果,也是提高我国技术水平和产业国际竞争力的必由之路"是值得商榷的。

【例7范文】

且慢草率下结论

材料通过一系列论证,得出"只有建立有效的激励机制,才能杜绝企业丑闻的发生"的结论,然而该论述过程存在如下问题。

首先,材料用美国代表发达国家与发展中国家进行对比,有"以偏概全"之嫌;曝光的丑闻多,不一定实际发生的丑闻多,此处混淆了概念;况且,即使"实际发生的丑闻多",这和"道德不进步"之间也没有必然联系,有"强拉因果"的嫌疑。所以"经济的发展不一定带来道德的进步"是不足信的。

其次,材料论述"如果因为丑闻迭出而导致社会道德风气的败坏,那么我们完全有理由怀疑企业这种组织的存在对于整个社会的意义",这是欠妥当的。姑且不论企业是否需要承担社会道德,就算需要,企业还承担了解决就业、繁荣经济等其他功能,所以上述论述不足信。

再次,姑且不论出现丑闻的企业是否都是大公司,即便如此,也很可能只占大公司中的小比例,故材料得出有关所有大公司高管的结论,有以偏概全之嫌。同时,企业丑闻的出现,除了高管造成以外,有可能是竞争对手抹黑等原因造成的,此处有"另有他因"之嫌。故材料论述"媒体上频频出现的企业丑闻也让我们有足够的理由怀疑是否该给大公司高管们支付那么高的报酬"是不足信的。

最后,材料得出"只有建立有效的激励机制,才能杜绝企业丑闻的发生"的结论,这是欠妥当的。要杜绝丑闻,除了建立有效的激励机制之外,还可以通过加强教育、加大处罚等其他方式来实现。况且,在实践中,再有效的措施恐怕也只能减少企业丑闻的发生而无法实现"杜绝"。此处有"条件关系谬误"的嫌疑。

综上所述,材料的推理论证存在上述逻辑问题,所以,材料论证的有效性及结论"只有建立有效的激励机制,才能杜绝企业丑闻的发生"是值得商榷的。

【例8范文】

中国真正意义上的经济学家最多不超过5个吗?

材料通过一系列论证,得出"中国真正意义上的经济学家最多不超过5个"的结论,然而该论述过程存在如下问题。

首先,材料把"评股市、讲汇率、当董事、频上镜"当作了"不能做严肃的经济学研究"的标准,这是欠妥当的。做上述事情与"严肃研究"之间未必互斥。况且,即使此标准成立,也只能得出"有的经济学家是不能做严肃经济学研究",而无法证明"中国做严肃经济学研究的经济学家非常少"的结论。

其次,材料将"只接受投资银行的雇佣、从事产业经济学的研究"当作"从事经济学研究最优秀的人"的标准，这是不足信的。很可能接受投资银行以外单位雇佣、从事产业经济学以外领域研究的经济学家，也能坚持理性和专业化的精神而位居最优秀经济学家之列。这有"标准不当"之嫌，故其论述不足信。

再次，材料论述真正的经济学家必须保持与"官场"和"商场"的距离，这是欠妥当的。如果"官场"代表政府制定经济政策的场所，"商场"代表验证经济理论的场所，真正的经济学家非但不能保持距离，反而应该参与其中，以便发展和验证理论。此处存在"概念界定不清"的嫌疑。所以上述结论是不必然的。

最后，材料以"在国际经济学界最重要的学术刊物发表文章"作为"真正意义上的经济学家"的标准，这是欠妥当的。可能上述期刊出于政治或民族倾向性而排斥我国经济学家，不必然证明我国经济学家的专业水准达不到其要求。此处有"标准不当"之嫌。故结论"中国真正意义上的经济学家很少"不足信。

综上所述，材料的推理论证存在上述逻辑问题，所以材料论证的有效性及结论"中国真正意义上的经济学家最多不超过5个"是值得商榷的。

【例9范文】

中国企业应该建立长期雇佣关系吗？

材料通过一系列论证，得出"中国企业应该建立长期雇佣关系"的结论，然而该论述过程存在如下问题。

首先，姑且不论材料从日、德企业专业技能要求高的岗位出发，得出有关中国企业劳动关系即所有岗位的结论，有类比不当和以偏概全的嫌疑。同时，"终身雇佣制"和"长期雇佣关系"是两个不同概念，二者不可混为一谈。所以结论"中国企业的劳动关系应该向着建立长期雇佣关系的方向发展"是不足信的。

其次，材料论述，"现代社会企业劳动者都面临不断变化的市场环境，而这必然导致机会主义行为"，这是欠妥当的。很可能某些劳动者有较高的职业操守和自律精神，他们面对变化的市场环境依然按照应有的规范、守则行事，而没有产生机会主义行为。此处存在"另有他果"的嫌疑。所以上述论述是不足信的。

再次，材料论述"在各行各业，控制机会主义行为的唯一途径，就是在企业内部培养员工对公司的忠诚感"，这是有待商榷的。企业要想控制机会主义行为，除了通过"在企业内部培养员工对公司的忠诚感"的途径之外，很可能还可以通过加大奖惩力度等途径来实现。此处存在"条件关系谬误"的嫌疑。故上述论述不足信。

最后，材料将"终身制"和"铁饭碗"混为一谈，有"混淆概念"的嫌疑。同时，教授和工人的工作方式、工作时间、工作性质有着较大区别，故材料根据有"铁饭碗"教授类推出应有"铁饭碗"工人，存在"类比不当"之嫌。材料结论"应该允许有捧着'铁饭碗'的工人"不足信。

综上所述，材料的推理论证存在上述逻辑问题，所以，材料论证的有效性及结论"中国企业应该建立长期雇佣关系"是值得商榷的。

【例10范文】

有失偏颇的论证

材料中甲、乙双方就"中医是否科学"进行了一系列辩论,然而他们的论述过程存在如下问题。

首先,甲认为"西方人不能普遍接受中医"是因为"他们不理解中国的传统文化",这是欠妥当的。文化的标准是变化的,而科学的标准是相同的、客观的,所以中医是否具有科学性主要取决于科学的标准,不取决于文化的标准。甲此处的论述存在"标准不当"的嫌疑。

其次,甲认为"科学无国界"是广为流传的谬误,这是欠妥当的。甲将"科学无国界"曲解为"科学研究的成果是无国界的"。科学研究的成果是一种财富,不能被无偿享用,它与"科学"不是一个概念。甲此处的论述存在"混淆概念"的谬误。

再次,乙由"中医不以生物学、物理、化学为基础",得出"中医是伪科学"的结论,这是有待商榷的。以某一学科是否以生物学、物理、化学为基础,作为判断该学科是否科学的标准,明显有失妥当。此处有"标准不当"的嫌疑。况且,"不科学"也不意味着就是伪科学,如音乐不是科学,但也不是伪科学,所以乙此处的论述还有"非黑即白"的嫌疑。

最后,甲认为"既然中医对人类有用,就应当说中医是科学的",这是欠妥当的。甲此处的论述不当地假设了"有用的"都是"科学的"。然而有用的未必都是科学,例如,石头是有用的,但石头不是科学。此处有"不当假设"的嫌疑。

综上所述,甲、乙双方关于"中医是否科学"的辩论存在上述逻辑问题,他们各自论证的有效性及所支持的结论是有待加强的。

【例11 范文】

"孝"不应成为选拔官员的标准吗?

材料通过一系列论证,得出"不应当把'孝'作为选拔官员的一项标准"的结论,然而该论述过程存在如下问题。

首先,材料把在选拔官员要求"孝",作为"思想意识停留在封建时代"的标准,这是欠妥当的。无论封建时代还是现代,"仁""义""礼""孝"等美德都是我们应该继承和发扬的。此处有"标准不当"的嫌疑。故其结论"选拔官员中不应要求'孝'"是有待商榷的。

其次,材料用岳飞和孔繁森的事例作为论据,支撑"忠孝难以两全"的结论,这是有待商榷的。材料对两人的"忠"进行了充分论证,但岳飞和孔繁森没有围绕父母膝下这一"孝行",不必然代表他们没有"孝心"。材料不当的假设了岳飞和孔繁森是不孝的,故其论述不足信。

再次,材料的论点是,不赞同把"孝"作为选拔官员的一项标准,即"孝"不是选拔官员的必要条件。《二十四孝》里孝子没有成就名垂青史的功业,由此可知"孝"不是成就功业的充分条件,这只能说明"孝"不是选拔官员的充分条件。所以材料《二十四孝》的论据,对于其论点起不到支撑的作用。此处论述存在"条件关系谬误"之嫌。

最后,材料论述"如果在选拔官员中拘泥于小节,就会把许多精英拒之门外,而让那些庸才占据领导岗位",这是欠妥当的。材料不当的假设了"许多精英"是不孝的,而"那些庸才"是孝的,然而"精英"与"孝"并不必然对立,"庸才"也未必就"孝"。这有"不当假设"之嫌,故其论述不足信。

综上所述,材料的推理论证存在上述逻辑问题,所以,材料论证的有效性及结论"不应当把

'孝'作为选拔官员的一项标准"是值得商榷的。

【例 12 范文】

知识无用吗？

材料通过一系列论证，得出"在培养与选拔人才时，知识尺度已变得毫无意义"的结论，然而该论述过程存在如下问题。

首先，材料由"知识经济时代任何人所掌握的知识都只是沧海一粟"，得出"培养与选拔人才时知识尺度已变得毫无意义"的结论是欠妥当的。分工与合作是现代社会运行的基础，每个人只需要也只可能具备某一领域的部分知识，从事专业分工的工作，然后通过合作来推动经济的运行。

其次，材料论述"网络技术可以快速查询到任何知识信息，所以有的大学毕业生感叹不必数年苦学"，这是欠妥当的。"查询知识"和"掌握、运用知识"是两个不同的概念，查询到知识不等于正确地掌握和运用知识。此处有"混淆概念"的嫌疑。

再次，材料由"具备与爱因斯坦相同知识背景的人很多，但只有他发现了相对论"，得出"知识与批判性思维、创造性思维能力之间没有实质性的联系"的结论是欠妥当的。爱因斯坦的例子说明，其知识背景不是发现相对论的充分条件，但很有可能是他发现相对论的必要条件。此处有"条件关系谬误"的嫌疑。故上述结论不足信。

最后，材料认为因为知识无用，所以"硕士、博士这些知识头衔的实际价值一再受到有识之士的质疑"，这是欠妥当的。硕士、博士头衔受到质疑，可能是一些不合格的受教育者拿到了文凭等其他原因造成的，而不必然是因为知识无用。此处存在"另有他因"的嫌疑。

综上所述，材料的推理论证存在上述逻辑问题，所以，材料论证的有效性及结论"在培养与选拔人才时，知识尺度已变得毫无意义"是值得商榷的。

【例 13 范文】

"集中"是集中多数人的意见吗？

材料通过一系列论证，得出"民主集中制的'集中'是集中多数人的意见"的结论，然而该论述过程存在如下问题。

首先，材料由"集中"有"集中正确的意见、集中多数人的意见"两种解读出发，通过分析前种解读是错误的，最后得出"'集中'就是集中多数人的意见"的结论。这是不足信的。对"集中"有且仅有上述两种解读，才可通过排除一种得出是另一种，然而材料无法证实这一点，故这有"非黑即白"之嫌。

其次，材料一方面说，民主集中制中的"民主"和"集中"是缺一不可的两个基本点；另一方面说，"民主"和"集中"都是体现多数人的意志，这是欠妥当的。若"民主"等于"集中"，则"'民主'和'集中'缺一不可"的论述不成立。此处存在"自相矛盾"的嫌疑。故其论述不足信。

再次，材料认为"科学强调的真理原则和民主强调的多数原则是两种根本对立的原则"，这是欠妥当的。真理原则确实不同于多数原则，在某些情况下二者可能冲突，但这不等同于二者根本对立。很多时候，多数人的意见是正确的，这是这两条原则协调的一面。

最后，一个决策所集中的意见，或者是正确的，或者是不正确的，二者必居其一。材料断定，

"在决策中集中正确意见是不可能的",这会得出欠妥当的结论:任何决策所集中的意见一定是不正确的。

综上所述,材料的推理论证存在上述逻辑问题,所以,材料论证的有效性及结论"民主集中制的'集中'是集中多数人的意见"是值得商榷的。

【例 14 范文】

全球化使各国差距缩小吗?

材料通过一系列论证,得出"全球化使世界从立体变成了平面,使得世界各国之间的社会发展差距日益缩小"的结论,然而该论述过程存在如下问题。

首先,材料论述"全球化使世界各国之间的社会发展差距正在日益缩小",这是有待商榷的。全球化过程中,由于各国的经济基础、技术水平、国际分工等方面有差异,有可能造成穷国愈穷、富国愈富的结果。此处有"另有他果"的可能。所以,上述论述不具有必然的合理性。

其次,材料从"世界是平的,穷、富国可在同一平台接受同样的最新信息",得出"这大大促进了穷国经济发展,改善其国际地位"的结论,这是不足信的。且不论穷、富国并未"在同一平台"上,即便如此,由于穷、富国的经济基础、技术水平的不同,其使用信息的能力也有差异。此处有"混淆概念"之嫌。

再次,材料论述,"'金砖四国'国际声望的上升,无不得益于他们的经济成就和互联网技术的发展",这是欠妥当的。"金砖四国"国际声望的上升,除了"其经济成就和互联网技术的发展"以外,可能有政府的正确领导、较好的全球环境等其他原因。此处有"另有他因"的嫌疑。故上述论述不足信。

最后,材料论述,"由于中国信息技术发展迅猛,中国东西部之间的经济鸿沟将被填平,中国西部的崛起指日可待",这是有待商榷的。要填平中国东西部的经济鸿沟、实现西部崛起,除了"信息技术"以外,人才数量与质量、地方政府的领导等其他因素也很重要。此处有"另有他因"的嫌疑。故上述论述不足信。

综上所述,材料的推理论证存在上述逻辑问题,所以,材料论证的有效性及结论"全球化使世界从立体变成了平面,使得世界各国之间的社会发展差距日益缩小"是值得商榷的。

【例 15 范文】

似是而非的论证

材料通过一系列论证,得出"企业的市场营销应当首先影响引领时尚的文体明星,组织变革应该自上而下展开并避免使某些组织成员吃尽苦头"的结论,然而该论述过程存在如下问题。

首先,材料从"猴群吃糖"的科学实验出发,最终得出有关企业市场营销、组织变革的结论,这是欠妥当的。"猴群吃糖"实验反映的是生物的本能,而企业行为则受到企业、员工、顾客、市场等一系列复杂因素的影响,故二者之间不可以进行简单类比。材料有"类比不当"之嫌。故其结论不足信。

其次,材料由猴群实验,得出"猴群中存在着权威,而权威对于新鲜事物的态度直接影响群体接受新鲜事物的进程"的结论,这是欠妥当的。猴王品尝后认可的糖被猴群更快的接受,除了其"权威高",可能是由于糖的口味差异等原因造成的。此处有"另有他因(归因不当)"的嫌疑。

所以上述结论的得出是不必然的。

再次，材料论述"如果时尚高端消费者对于某种新商品不接受，该商品一定会遭遇失败"，这是欠妥当的。即使时尚高端消费者对于某种新商品不接受，该商品依然有可能在中低端消费者中大受欢迎，从而获得整体市场的成功。此处论述有"另有他果"之嫌。故上述论证不足信。

最后，材料论述"如果组织变革使某些组织成员吃尽苦头，组织领导者再努力也只能以失败而告终"，这是欠妥当的。如果组织领导者能帮助吃苦的组织成员认识到，短期、暂时的吃苦是为了以后获得长期、更大的收益，则组织变革依然很可能取得成功。此处有"另有他果"的嫌疑。所以上述论证是不足信的。

综上所述，材料的推理论证存在上述逻辑问题，所以，材料论证的有效性及结论"企业的市场营销应当首先影响引领时尚的文体明星，组织变革应该自上而下展开并避免使某些组织成员吃尽苦头"是值得商榷的。

【例16 范文】

且慢草率下结论

材料通过一系列论证，得出"正确判断某一股票的价格高低，唯一的途径就是看它的历史表现，而人们如果掌握股价涨跌的概率，就能从股市获利"的结论，然而该论述过程存在如下问题。

首先，材料论述，"要正确判断某一股票的价格高低，唯一的途径就是看它的历史表现"，这是欠妥当的。要判断股票的价格，除了通过观察其历史表现以外，还可以通过分析政府政策、行业前景等其他途径来实现。此处有"条件关系谬误"的嫌疑。

其次，材料用"股票的历史表现是一种客观事实，而股票的今后走势只是一种主观预测"来论证"应该要通过股票的历史表现来判断其价格高低"，这是欠妥当的。历史的表现是"过去的客观事实"，未必能够代表该股票未来的走势这一"未来的客观事实"，两者有本质区别。此处有"混淆概念"的嫌疑。

再次，材料以"宏观经济、市场态势和个股表现"来判断股价涨跌的概率，这是欠妥当的。股票涨跌的概率，除了受到宏观经济、市场态势和个股表现三者的影响以外，还和股票所属公司的盈利状况、政府政策、行业前景等其他因素有关。此处有"另有他因"的嫌疑。

最后，材料论述，"掌握了股价涨跌的概率，你就能赚钱；否则，你就会赔钱"。这是欠妥当的。姑且不论在股市中没有赚钱，未必得到赔钱的结果，因为有不赚不赔的可能。同时，从"掌握了股价涨跌的概率"这个或然性前提出发，不应推出"你就能赚钱"这个必然性结果。故此处有"另有他果"的嫌疑。

综上所述，材料的推理论证存在上述逻辑问题，所以，材料论证的有效性及结论"正确判断某一股票的价格高低，唯一的途径是看它的历史表现，而人们如果掌握股价涨跌的概率，就能从股市获利"是值得商榷的。

【例17 范文】

应该降低个税起征点吗？

材料通过一系列有漏洞的推理，得出应该适当地降低个税起征点的结论。这样的推理看似有理，其实是难以必然成立的。

首先，材料一方面说当个税起征点提高后，"收入越高，减少的越多"；而另一方面，材料又说，对于月工资超过 30 000 元的人而言，个人所得税起征点提高后，他们所缴纳的个人所得税不但没有减少，反而可能会增加。这两个方面构成冲突，故此处论述有"自相矛盾"的嫌疑。

其次，材料论述"由于税收起征点上调，国家收到的税收大幅度减少"，这是欠妥当的。中国的税种包括消费税、营业税、关税等，个人所得税只是国家税种的一种，所以个税起征点上调后，国家收到的税收并不一定大幅度减少。此处有"混淆概念"之嫌。

再次，材料论述，"如果没有纳税，人们对国家就会失去主人翁责任感，就不可能有强烈公民意识，也就会失去或放弃监督政府部门的权利"，这是欠妥当的。"是否纳税"和"是否有主人翁责任感、有无强烈的公民意识"之间无必然联系。同理，监督政府是宪法赋予公民的权利，与是否纳税无关。此处有"强拉因果"之嫌。

最后，材料得出"为了培养全国民众的公民意识，缩小贫富差距，建设和谐社会，我们应该适当降低个税起征点"，这是欠妥当的。培养民众的公民意识是教育等部门的工作，不应该通过缴纳个税的办法来解决。要达成缩小贫富差距的目标，仅靠降低个税起征点是不够的，还需通过大力促进经济发展等其他条件配合。同理，要实现和谐社会，很可能还需经济、文化等多方条件的配合。

综上所述，由于材料在推理论证的过程中存在着诸如此类的逻辑问题，所以，材料论证的有效性以及由此得出的结论"应该适当地降低个税起征点"是值得商榷的。

第二部分

论说文

第一章　论说文大纲解析

一、大纲表述

　　论说文的考试形式有两种:命题作文、基于文字材料的自由命题作文。每次考试为其中一种形式。要求考生在准确、全面地理解题意的基础上,对命题或材料所给观点进行分析,表明自己的观点并加以论证。文章要求思想健康,观点明确,论据充足,论证严密,结构合理,语言流畅。

——管理类专业学位联考(199科目)综合能力考试大纲

　　论说文的考试形式有两种:命题作文、基于文字材料的自由命题作文。每次考试为其中一种形式。要求考生在准确、全面地理解题意的基础上,对题目所给观点或命题进行分析,表明自己的态度、观点并加以论证。文章要求思想健康、观点明确、材料充实、结构严谨完整、条理清楚、语言流畅。

——经济类专业学位联考(396科目)综合能力考试大纲

二、大纲解读

(一)两种形式:命题作文和自由命题作文

1.命题作文

根据材料的要求和标题,表明自己的态度、观点并加以论证。

【例1】　下面是2016届经济类专业学位联考(396科目)的论说文。

论说文:阅读下面的材料,以"延长退休年龄之我见"为题,写一篇不少于600字的论说文。

　　自从国家拟推出延迟退休政策以来,就受到了社会各界的广泛关注,同时也引起激烈的争论。为什么要延长退休年龄? 赞成者说,如果不延长退休年龄,养老金就会出现巨大缺口;另外,中国已经步入老年社会,如果不延长退休年龄,就会出现劳动力紧缺的现象。反对者说,延长退休年龄就是剥夺劳动者应该享受的退休福利,退休年龄的延长意味着领取养老金时间的缩短;另外,退休年龄的延长也会给年轻人就业造成巨大压力。

2.自由命题作文

对材料所给材料进行准确、全面的理解,并在此基础上,表明自己的态度、观点并加以论证。

【例2】　下面是2016届管理类专业学位联考(199科目)的论说文。

论说文:根据下述材料,写一篇700字左右的论说文,题目自拟。

　　亚里士多德说:"城邦的本质在于多样化,而不在于一致性……无论是家庭还是城邦,它们的内部都有着一定的一致性。不然的话,它们是不可能组建起来的。但这种一致性是有一定限度的……同一种声音无法实现和谐,同一个音阶也无法组成旋律。城邦也是如此,它是一个多面体。人们只能通过教育使存在着各种差异的公民,统一起来组成一个共同体。"

(二)联考中的论说文属于"议论文"

大纲要求,根据材料所给出的标题或文字材料,表明自己的态度、观点并加以论证。大纲已经明确要求论说文应写成议论文的形式。

议论文是对某个问题或某件事进行分析、评论,通过事实材料和逻辑推理来阐明自己的观点,表明赞成什么或反对什么。

议论文有三要素,即论点、论据和论证。

论点是作者对议论的问题所持的看法或主张。经管类联考的论说文必须有一个中心论点(主论点),一般还有从属于中心论点之下的若干个分论点。论据是作者用来证明论点的理由和根据。论说文一般使用具体的事例、概括的事实、统计数据、亲身经历、前人的经典著作、至理名言、科学公理和规律等作为论据。论证是用论据证明论点的推理过程和方法。

论说文的论点必须正确、鲜明;论据应当准确、典型、有说服力,与论点之间有本质的、必然的联系,这样才能更好地支持论点。论说文最常见的论证方式是"举事实"和"讲道理"二者相结合。

(三)准确、全面理解题意

大纲要求,考生在准确、全面理解题意的基础上,对命题或材料所给观点进行分析,表明自己的观点并加以论证。

命题作文不仅首段要扣紧话题,文章主体部分也要紧紧围绕中心来行文,否则就会偏题、偏离重点、逻辑混乱。基于文字材料的自由命题作文,一定要抓紧材料中的关键词,尽可能多地找出材料的含义,准确确定中心论点。自由命题作文的材料绝大部分是多义的,找出其多种含义后,通过比较,选择最适合考生本人发挥的一种作为行文的主旨。

【例3】 阅读下面的文字,写出话题和文章立意。

1814年英国人史蒂芬逊制造出世界上第一辆蒸汽机车,当时有人驾着一辆马车跟它赛跑。新生的火车丑陋笨重,走得很慢,漂亮的马车走在前头,而且火车由于没装弹簧,把路基都震坏了。然而史蒂芬逊并没有因为比赛失败而灰心,他不断改进机车,坚信火车具有马车无法比拟的前途。一百多年过去了,马车仍按原来的速度转动着轮子,而火车却在飞速前进,高速火车每小时可达200公里,试验火车的速度更加惊人。

【解析一】 材料的关键信息:
史蒂芬逊并没有因为比赛失败而灰心。
关键信息的特征:
史蒂芬逊没有因为失败而放弃,而是继续努力,最终火车超过了马车。
立意:
失败是成功之母。

【解析二】 材料的关键信息:
史蒂芬逊坚信火车具有马车无法比拟的前途。
关键信息的特征:
坚定的信念让史蒂芬逊在失败面前毫无畏惧,奋勇前行。
立意:

信念是驶向成功的灯塔。

【解析三】 材料的关键信息：

新生的火车丑陋笨重，走得很慢，漂亮的马车走在前头。一百多年过去了，马车仍按原来的速度转动着轮子，而火车却在飞速前进。

关键信息的特征：

火车作为新事物出现时跑得慢，与旧事物马车对比，火车相对弱小。经过发展，火车不断发展壮大，最终远远地将马车甩在了身后。

立意：

新事物必将取代旧事物。

(四)体现论说文的可操作性、现实意义

论说文是直接说明事理、阐发见解、宣示主张的文章，其行文目的在于：说明白、说服了、能行动，这三点是递进的。

"说明白"，是指读完一篇论说文，观者能明白整篇文章的中心观点，并对从论据到论点的论证有清晰把握。"说服了"，是指光能看明白还不够，观者还必须对整篇论说文的观点和论证过程深信不疑。"能行动"，是指在看懂、相信整篇论说文的观点和论证过程的基础上，观者能够知道接下来自己可以或应该怎么做，即对观者的学习、工作、生活中的某个方面有现实意义。

换一个方式说，论说文应该实现"使人懂、使人信、使人行"，整篇文章的落脚点是"使人行"，即文章对某领域、某问题具有较强的现实意义和可操作性，而不建议写成抒发个人情感的伤春悲秋式散文或所谓的正能量"鸡汤"文。

【例4】 基于下述材料，写出论说文的话题、文章中心和基本框架。

美国肯德基国际公司遍布全球60多个国家，繁衍的"子嗣"多达9 900多个。然而，肯德基国际公司总部在万里之外，又怎么相信它的下属能循规蹈矩呢？

一次，上海肯德基有限公司收到3份国际公司总部寄来的鉴定书，对他们外滩快餐厅的工作质量分三次鉴定评分，得分分别为83、85、88分。公司中外方经理都为之瞠目结舌：这三个分数是怎么评定的？我们怎么对此一无所知？

原来，肯德基国际公司总部专门雇佣、培训了一批人，让他们佯装顾客，秘密潜入各个快餐店内进行检查评分。上述外滩快餐厅的评分就是出自这些"神秘顾客"之手。

【解析一】 材料的关键信息：

"神秘顾客"

关键信息的特征：

(1)总部雇佣、培训上岗

受聘于总部，接受了总部的专业化培训后对分公司进行考评、监督，确保了科学性。

(2)佯装顾客、秘密潜入

换位思考，站在"顾客"而不是"公司"的角度来进行考评、监督。秘密潜入的方式，有助于总部在分公司不知情的情况下对其真实运作水平进行考评，确保真实有效。

(3)公布结果

构成"考评——公布——改进"的完整闭环，既能使分公司根据得分的具体情况进行有效改进，同时公布机制也能对分公司构成压力督促其改进。

基本框架

标题:"神秘顾客",效果神奇

主论点:"神秘顾客"是一种行之有效的企业自我监控机制。

分论点1:"神秘顾客"的监控机制有助于企业提高客户满意度。

"神秘顾客"的监控机制可以帮助企业从顾客角度,及时发现、改进产品和服务中的不足之处,提高客户满意度。

分论点2:"神秘顾客"的监控机制可以促使员工改进本职工作。

"神秘顾客"的监控机制可以给员工压力,使其更加尽职尽责地工作,并尽可能地提升自己的工作质量。

分论点3:"神秘顾客"的监控机制可以确保企业制度有效执行。

受聘于总部、接受了总部专业培训的"神秘顾客"对于公司的规章制度和各项标准有着清晰的掌握和理解,对于分公司的执行情况能做出具体、精准的判断。"神秘顾客"的监控机制能促进企业各项制度"落地"。

【解析二】 材料的关键信息:

"神秘顾客"

关键信息的特征:

(1)针对的是企业背景之下的管理问题

"神秘顾客"是餐饮连锁企业肯德基实施的一种具体管理手段。

(2)针对的是管理领域中关于"监控"这一具体模块

管理包括计划、组织、领导、控制等诸多模块,"神秘顾客"是肯德基在管理中,在"控制"模块实施的一种自我监控机制。

(3)监控机制是行之有效的

美国肯德基国际公司遍布全球60多个国家,繁衍的"子嗣"多达9 900多个。肯德基通过"神秘顾客"的监控机制促进其各项制度、规定能有效执行,并使公司不断发展、进步。

基本框架

标题:强化餐饮企业食品安全监督,刻不容缓

主论点:餐饮企业的食品安全问题关系国计民生,加强其管理刻不容缓。

分论点1:强化餐饮企业的食品安全问题意义重大。

以民为本,民以食为天。餐饮企业的食品安全问题关系到每个人的健康,然而现状不容乐观,强化对这一问题的管理势在必行。

分论点2:强化食品安全监督是促进餐饮企业发展的重要保障。

食品安全的有效监督是餐饮企业的生存、发展的必要保障。肯德基、海底捞、全聚德等中外知名餐饮企业的发展壮大无不印证了这一点。

分论点3:应当以立法的方式强化对餐饮企业的食品安全监督。

光靠餐饮企业的良知和自律无法实现对食品安全的有效监督,国家应当以立法的方式,进一步强化其管理。

三、论说文评分标准

(一)按内容、结构、语言三项综合评分

分五类卷给分,具体如下:

一类卷	30~35 分	立意深刻,中心突出,结构完整,行文流畅
二类卷	24~29 分	中心明确,结构较完整,层次较清楚,语句通顺
三类卷	18~23 分	中心基本明确,结构上完整,语句通顺,有少量语病
四类卷	11~17 分	中心不太明确,结构不够完整,语句不通顺,有较多语病
五类卷	10 分以下	偏离题意,结构残缺,层次混乱,语句严重不通

1. 关于结构

(1)结构严谨

文章具有必要的组成部分,且围绕中心,衔接自然,有较强的内在联系,视为结构严谨。

(2)结构完整

文章具有必要的组成部分,且围绕中心,衔接较自然,视为结构完整。

(3)结构基本完整

文章具有必要的组成部分,且大致围绕中心,视为结构基本完整。

(4)结构混乱

文章缺乏必要的组成部分,内在联系混乱,条理不清楚,或内在逻辑十分混乱,或文章没有完篇,严重影响到文章的完整,视为结构混乱。

2. 关于表达

(1)语言流畅

语言规范,语句结构完整,没有语病,读起来顺口,视为语言流畅。

(2)语言通顺

语言规范,有 2、3 处语病,视为语言通顺。

(3)语言基本通顺

语言大致规范,有 4、5 处语病,视为语言基本通顺。

(4)语言不通顺

语言不够规范,有 5 处以上语病,视为语言不通顺。

(二)加分、减分项

1. 漏写标题

漏写题目扣 2 分。

2. 错别字

每三个错别字扣 1 分,重复的不计,扣满 2 分为止。

3. 卷面、标点

卷面整洁清楚,标点正确,酌情加1~2分,但总分不得超过35分。
建议考生做到:
①不苛求字写得很好,但至少把字写端正,大小一致,不连笔。
②不用修改液。
③纯黑水性笔书写。
④标点格式正确。
⑤准确控制字数。

第二章　论说文审题技巧

本章基于 2000—2010 年真题分析，为考生总结了基于文字材料的自由命题作文审题的方法技巧。后续章节杨岳老师将讲解 2011 年开始的真题，为考生总结经管类联考论说文的高频写作主题。

一、提示语已限定论说文的写作"话题"

【例1】　下面是 2002 年 1 月 MBA 联考真题。

在这次激烈的招聘考试中，有些志在必得的应聘者未能通过，有些未抱希望的应聘者却取得了好成绩。前者说，压力大，影响了发挥；后者说，没有压力，发挥了高水平。看来，压力确实能破坏人的情绪。但是，人们又常说，没有压力就没有动力，这说明压力又不可缺少。

究竟应当如何认识和对待压力呢？请以"压力"为话题，写一篇文章，可以发表议论，可以记叙经历，也可以抒发情感。所写内容必须在"压力"的范围内。文体自选，题目自拟，不少于 700 字。

【解析】　考题的提示语明确要求以"压力"为话题，所写内容必须在"压力"的范围内。考生可以考虑"以正确心态面对心理压力""如何化压力为动力"作为中心论点行文。

【例2】　下面是 2001 年 10 月 MBA 联考真题。

近些年来，新闻媒体经常报道公开招考公务员，乃至招考厅局级干部的消息，这同我国传统习惯中的"伯乐相马"似乎有了不同。

请以"相马""赛马"为话题，写一篇 600 字左右的议论文，题目自拟。

【解析】　考题的提示语明确要求以"相马""赛马"为话题，"相马""赛马"本质上讨论的是人才选拔机制。考生应注意，对于给出的两种选拔机制——传统的"相马"和近些年公务员招募的"赛马"，材料已经暗示了其观点：现代社会的人才选拔应更倾向于"赛马"的方式。考生可以考虑以"企业更宜推行'赛马'的人才选拔机制"作为中心论点行文。

二、提示语已限定论说文的写作"领域"

【例3】　下面是 2006 年 1 月 MBA 联考真题。

根据以下材料，围绕企业管理写一篇论说文，题目自拟。700 字左右。

两个和尚住在东、西两座相邻的山上寺庙里，两山之间有一条清澈的小溪。这两个和尚，每天都在同一时间下山去溪边挑够一天用的水，久而久之，他们就成为好朋友了。光阴如梭，日复一日不知不觉已经过了三年。有一天，东山的和尚没有下山挑水，西山的和尚没有在意："他大概睡过头了。"哪知第二天，东山的和尚还是没有下山挑水；第三天、第四天也是如此，西山的和尚担心起来："我的朋友一定是生病了，我应该去拜访他，看是否有什么事情能够帮上忙。"于是他爬上了东山去探望他的老朋友，到达东山的寺庙，西山和尚看到他的老友正在庙前打太极拳一点也不像十天没喝水的样子，他好奇地问："难道你已经修炼到可以不用喝水就能生存的境界了吗?"东山和尚笑笑,带着他走到寺庙后院,指着一口井说:"这三年来,我每天做完功课,都会抽空挖这口井。如今终于挖出水来了,我就不必再下山挑水啦。"西山和尚不以为然:"挖井花费的力气远远甚于担水,你又何必多此一举呢?"

【解析】 故事梗概:西山和尚日复一日挑水,而东山和尚却在每日挑水之余,三年如一日挖井。考题的提示语明确要求在"企业管理"领域写一篇论说文。

面对饮水问题,两个和尚都使用了常规手段——挑水,但是同时,东山和尚还使用了一个新方法——挖井。从此出发,考生可以考虑以"创新是企业成功的关键"作为中心论点行文。

换一个角度思考,虽然每日挑水可以满足饮水需求,但是东山和尚从长远考虑,连续三年挖井,最终一劳永逸。从此出发,"企业需有战略眼光,投资长远"也是不错的中心论点。

三、判断材料取向

【例4】 下面是2007年10月MBA联考真题。
阅读以下材料,写一篇700字左右的议论文,题目自拟。
著名作家曹禺先生说过这样一段话:我看,应该给"眼高手低"正名。它是褒义词,而不是贬义词。我们认真想一想,一个人做事眼高手低是正常的,只有眼高起来,手才能跟着高起来。一个人不应该怕眼高手低,怕的倒是眼也低手也低。我们经常是眼不高,手才低的。

【解析】 材料的论点是:为"眼高手低"正名。由于题干材料说明了这一观点出自"著名作家曹禺先生",所以实际上考生对这个观点应该采取支持的态度。曹禺先生说"我们经常是眼不高,手才低的",这表达了"眼高"是"手高"的必要条件,强调"眼高"的重要性。考生可以考虑以"高标准有助于企业成功"作为中心论点行文。

【例5】 下面是2007年1月MBA联考真题。
根据下面的材料,写一篇700字左右的议论文,题目自拟。
电影《南极的司各脱》,描写的是英国探险家司各脱上校到南极探险的故事。司各脱历尽艰辛,终于到达南极,却在归途中不幸冻死了。在影片的开头,有人问司各脱:你为什么不能放弃探险生涯?他回答:"留下第一个脚印的魅力。"司各脱为留下第一个脚印付出了生命的代价。

【解析】 "在归途中不幸冻死了""司各脱为留下第一个脚印付出了生命的代价",可能会导致审题思路的分歧。有的考生审出了"何为生命的意义""人生价值"等,然后进而否定司各脱的行为,这是不符合材料态度的。从"历尽艰辛""不幸""终于到达南极"等描述出发,材料已经暗示考生其对于司各脱的行为是持"肯定"态度的。文章的中心论点和立意应符合这一点。

从"留下第一个脚印的魅力"出发,可以用"敢为人先"作为中心论点。

从"司各脱明知探险的危险,但仍然踏上征程"出发,可以审出"勇于探险"的观点。

司各脱成功到达南极之后丧生,这一事实说明很多时候往往是机会与风险并存。"面对问题或困难,我们愿意去承担风险以获得成功和辉煌的人生态度是值得肯定的"。基于如上分析,考生可以用"权衡利弊是企业成功的关键"作为一个不错的立意。

【例6】 下面是2005年1月MBA联考真题。
根据下述内容,自拟题目,写一篇短文,评价丘吉尔的决策,说明如果你是决策者,在当时情况下你会做出何种选择,并解释决策依据。700字左右。

"二战"时期,英国首相丘吉尔曾做出一个令他五脏俱焚的决定。当时盟军已经破译了德军的绝密通信密码,并由此得知下一个空袭目标是英国的一个城市考文垂。但是一旦通知这个城市做出任何非正常的疏散和防备,都将引起德军警惕,使破译密码之事暴露,从而丧失进一步了解德军重大秘密的机会。所以丘吉尔反复权衡,最终下令不对这个城市做任何非正常的提醒。结果考文垂在这次空袭中一半被焚毁,上千人丧生。然而,通过这个密码,盟军了解到了德军在几次重大战役中的兵力部署情况,制定了正确的应对策略,取得了重大的军事胜利。

【解析】 这是早期MBA考试的一种"案例分析"型作文:材料给出一个真实的案例,要求考生深入案例情境之中,在厘清局中人所面临的问题和限制条件的基础上做出合理的决策或对局中人的决策做出评价。

丘吉尔下令不对考文垂做任何非正常提醒,结果城市一半被焚毁。然而盟军也因此在几次重大战役中取得了重大的军事胜利。

基于材料"反复权衡""几次重大战役""重大的"等描述,建议支持丘吉尔的决策。

首先,丘吉尔的决策符合整体目标。丘吉尔立足于整个"二战"获取胜利,而不是解决这一次危机,他的决策是符合整体目标的。其次,丘吉尔的决策满足成本最小。战争是现实而残酷的,如果没有支付"上千人丧生"的成本,导致后续的几次重大战役的失败,势必带来更大的损失和伤亡。基于丘吉尔所面临的问题和限制条件,舍弃考文垂带来的损失和伤亡虽然令人五内俱焚,却是现实条件下的最佳决策。

【提醒】 "案例分析"型作文的考频较低,已经连续十多年没有出现,所以考生只需要稍做了解即可。

四、把握材料的层次、重点

【例7】 下面是2000年10月MBA联考真题。

根据下面一则材料,写一篇不少于500字的议论文,题目自拟。

有人问一位诺贝尔奖获得者:"您在哪所大学学到了您认为最主要的一些东西?"出人意料,这位学者回答说是在幼儿园,他说:"把自己的东西分一半给小伙伴们,不是自己的东西不要拿,东西要放整齐,做错了事情要表示歉意,要仔细观察大自然。从根本上说,我学到的全部东西就是这些。"

【解析】 材料中的诺贝尔奖获得者认为,他人生中最主要的东西是在幼儿园学到的,后面接着解释,具体是哪些东西。所以材料的重点在于"幼儿园",考生可以考虑以"从小养成良好习惯是成功的关键"作为中心论点。

【例8】下面是2006年10月MBA联考真题。

根据材料,结合自己的管理实践,写一篇700字左右的论说文。

可口可乐与水

在20世纪80年代,可口可乐公司处在一个失去发展空间的悲观情景当中:它以35%的市场份额控制着软饮料市场,这个市场份额几乎是市场和管制的最高点;另一方面,更年轻、更充满活力的百事可乐展开积极的进攻,可口可乐似乎只能采取防守的心态,最多是为一两个百分点展开惨烈的竞争。

尽管可口可乐的主管、员工很有才干、工作努力,甚至士气也很好,但是,从根本上讲他们很悲观,他们看不到如何逃出这句话所描绘的宿命:在顶峰上唯一可能的路径就是往下。

郭思达在接任可口可乐CEO后,他在高层主管会议上提出了这样的一系列问题:

"世界上44亿人口每人每天消耗的液体饮料平均是多少?"

答案是:"64盎司。"(1盎司约为31克)

"那么,每人每天消费的可口可乐又是多少呢?"

"不足2盎司。"

"那么,在人们的肚子里,我们市场份额是多少?"郭思达最后问。

通过这些问题,郭思达给所有人带来了观念的革新。这样,人们关注的核心问题不再是可口可乐在美国可乐市场的占有率,也不再是在全球软饮料市场的占有率,而变成了在世界上每个人要消费的液体饮料市场的占有率。这个问题的答案是,可口可乐的市场份额少到可以忽略不计。

"郭思达引导可口可乐的主管们看到:他们的敌人不是百事可乐,而是咖啡,是牛奶,是茶,他们的敌人是水。"管理学者、《执行》作者拉姆查兰这样分析说,"郭思达把可口可乐的市场重新定位了,而这一市场的巨大空间远远超出任何人的想象。"可口可乐被无可限量的前景唤醒。

【解析】 材料段落较多、篇幅较长,考生需仔细把握其层次和重点。前面的各个自然段是郭思达分析的前提和基础,最后一个自然段是郭思达引导得出的结论。而拉姆查兰的分析则为考生直接指出了郭思达结论的重点"市场重新定位"。结合提示语要求考生结合自己的管理实践来写作,建议以"精准的市场定位是企业发展的关键"为中心论点。

有的考生选择了"换个角度看问题""多元化经营""改变旧观念"等立意,虽然也能从题干材料中审出,但立意不够深刻。

五、抓住关键信息

【例9】 下面是2004年10月MBA联考真题。

根据以下材料,自拟题目撰写一篇700字左右的议论文。

在滑铁卢战役的第一阶段,拿破仑的部队兵分两路。右翼由拿破仑亲自率领,在利尼迎战布鲁查尔;左翼由奈伊将军率领,在卡特勒布拉斯迎战威灵顿。拿破仑和奈伊都打算进攻,而且,两个人都精心制订了对各自战事而言均为相当优秀的作战计划。但不幸的是,这两个计划均打算用格鲁希指挥的后备部队,从侧翼给敌人以致命一击,但他们事前并没有就各自的计划交换意见。当天的战斗中,拿破仑和奈伊所发布的命令又含糊不清,致使格鲁希的部队要么踌躇不前,要么在两个战场之间疲于奔命,一天之中没有投入任何一方的作战行动,最终导致拿破仑惨败。

【解析】 材料的关键信息是:拿破仑和奈伊都制订了相当优秀的作战计划,但由于事前并没有就各自的计划交换意见,而且战斗中二人发布的命令又含糊不清,最终遭遇了惨败。这一案例说明了"有效沟通对于成功是必不可少的",这是2004年论说文的最佳中心论点。

【例10】 下面是2001年1月MBA联考真题。

根据所给材料写一篇600字左右的议论文,题目自拟。

1831年瑞典化学家萨弗斯特朗发现了元素钒。对这一重大发现,后来他在给他的朋友化学家维勒的信中这样写道:在宇宙的极光角,住着一位漂亮可爱的女神。一天,有人敲响了她的门。女神懒得动,再等第二次敲门。谁知这位来宾敲过后就走了。她急忙起身打开窗户张望:"是哪个冒失鬼?啊,一定是维勒!"如果维勒再敲一下,不是会见到女神了吗?过了几天又有人来敲门,一次敲不开,继续敲。女神开了门,是萨弗斯特朗。他们相晤了,钒便应运而生!

【解析】 萨弗斯特朗在给维勒的信中认为,发现元素钒是因为他比维勒更执着、更坚持。

材料中"一次敲不开,继续敲"是关键信息之所在。建议考生以"持之以恒、锲而不舍是成功的保障"作为行文的中心论点。

六、求异同

【例11】 下面是2009年10月MBA联考真题。

根据以下材料,写一篇700字左右的论说文,题目自拟。

《动物世界》里的镜头:一群体型庞大的牦牛正在草原上吃草。突然,不远处来了几只觅食的狼。牦牛群奔跑起来,狼群急追⋯⋯终于,有一头体弱的牦牛掉队,寡不敌众,被狼分食了。

《动物趣闻》里的镜头:一群牦牛正在草原上吃草。突然,来了几只觅食的狼。一头牦牛发现了狼,它的叫声提醒了同伴。领头的牦牛站定与狼对视,其余的牦牛也围在一起,站立原地。狼在不远处虎视眈眈地转悠了好一阵,见没有进攻的机会,就没趣地走开了。

【解析】 同样是面对几只觅食的狼,两组镜头中的牦牛选择了不同的应对方法。第一组镜头中的牦牛群狂奔逃命,最终一头牦牛落入狼口,第二组镜头中的所有牦牛共同与狼对视,最终平安结局。考生选择"合作共赢"作为文章论述的中心观点是最恰当的。

【例12】 下面是2004年1月MBA联考真题。

根据以下材料,自拟题目撰写一篇600字左右的议论文。

一位旅行者在途中看到一群人在干活,他问其中一位在做什么,这个人不高兴地回答:"你没有看到我在敲打石头吗?若不是为了养家糊口,我才不会在这里做这些无聊的事。"旅行者又问另外一位,他严肃地回答:"我正在做工头分配给我的工作,在今天收工前我可以砌完这面墙。"旅行者问第三位,他喜悦地回答:"我正在盖一座大厦。"他为旅行者描绘大厦的形状、位置和结构,最后说:"再过不久,这里就会出现一座宏伟的大厦,我们这个城市的居民就可以在这里聚会、购物和娱乐了。"

【解析】 从事相同的工作,每个人对工作的认知和态度却各不相同。第一个人得过且过,不高兴;第二个人是被动地完成任务,严肃刻板,缺乏激情;而第三个人则是为了自己的理想而工作,喜悦而有成就感。可以设想,材料中的三个人未来的职业发展也很可能大相径庭。从这一点出发,"理想成就未来"是最佳立意。

有的考生在当年作文中只一味强调"要改变思路才能成功",或者以"快乐工作"作为中心论点,则立意要次之。

【例13】 下面是2005年10月MBA联考真题。

根据下面这首诗,写一篇700字左右的议论文,题目自拟。

如果你不能成为挺立山顶的苍松,
那就做山谷一棵小树陪伴溪水淙淙,
如果你不能成为一棵大树,
那就化作一丛茂密的灌木;
如果你不能成为一只香獐,
那就化作一尾最活跃的小鲈鱼,享受那美妙的湖光,
如果你不能成为大道宽敞,
那就铺成一条小路目送夕阳;
如果你不能成为太阳,

那就变成一颗星星在夜空闪亮。
不可能都当领航的船长，
还要靠水手奋力划桨；
世上有大事、小事需要去做，
最重要的事在我们身旁。

【解析】 分工合作是现代社会运行的基础。人们的知识、技能、经验等方面的差异，使得人们的工作各不相同。不可能每一份工作都耀眼夺目，但是每一份工作都在不同的位置上创造着价值，建议以"清晰定位，创造价值"作为行文的中心论点。

七、社会热点问题谈原因或对策

【例 14】 下面是 2010 年 1 月 MBA 联考真题。

根据以下材料，自拟题目撰写一篇 700 字左右的议论文。

一个真正的学者，其崇高使命是追求真理。学者个人的名利乃至生命与之相比都微不足道，但因为其献身于真理就会变得无限伟大。一些著名大学的校训中都含有追求真理的内容。然而，近年学术界的一些状况与追求真理这一使命相去甚远，部分学者的功利化倾向越来越严重，抄袭剽窃、学术造假、自我炒作、沽名钓誉等现象时有所闻。

【解析】 材料讨论的是"部分学者不追求真理，而变得功利化"这一社会热点问题。有的考生以"敬业""追求真理""诚信"作为行文主旨，结果文章言之无物，得分不高。材料描述了某社会热点问题，建议考生从事情本身出发，分析其产生的原因或对策。学者功利化的原因包括：①人才培养机制还需完善；②人才选拔机制有待健全；③人才考评机制亟需调整。

第三章　论说文关键词的提炼技巧

　　建立在前一章"论说文审题技巧"学习的基础上,考生必须学会如何提炼"关键词"(即"话题"),然后围绕关键词来构建自己文章的"中心论点"(即包含了"关键词"的完整的句子)。
　　值得注意的是,论说文的写法具有一定的灵活性,针对同一材料,考生可能选择不同的方法,来得出不同的关键词。

一、从材料中直接得出关键词

　　【例1】　2016年199管理类联考
　　亚里士多德说:"城邦的本质在于多样化,而不在于一致性……无论是家庭还是城邦,它们的内部都有着一定的一致性。不然的话,它们是不可能组建起来的。但这种一致性是有一定限度的……同一种声音无法实现和谐,同一个音阶也无法组成旋律。城邦也是如此,它是一个多面体。人们只能通过教育使存在着各种差异的公民,统一起来组成一个共同体。"
　　【解析】　可从材料中直接得出"多样化""一致性""教育"这三个关键词,考生可以围绕其中的一个或多个关键词,来构建自己的中心论点。
　　【示例】　亚里士多德言,人们只能通过教育使存在着各种差异的公民,统一起来组成一个共同体。由此可见,教育是国家发展之根本。

　　【例2】　2013年199管理类联考
　　20世纪中叶,美国的波音和麦道两家公司几乎垄断了世界民用飞机的市场,欧洲的制造商深感忧虑。虽然欧洲各国之间的竞争也相当激烈,但还是采取了合作的途径,法国、德国、英国和西班牙等决定共同研制大型宽体飞机,于是"空中客车"便应运而生,面对新的市场竞争态势,波音公司和麦道公司于1977年一致决定组成新的波音公司,以此抗衡来自欧洲的挑战。
　　【解析】　可从材料中直接得出"合作",或从"波音公司和麦道公司于1977年一致决定组成新的波音公司"中分析得出"合作"。
　　【示例】　面对波音和麦道的垄断,欧洲各国合作组建空客公司予以应对;面对空客的强势来袭,波音和麦道合作组建新波音予以还击。这启发了现代企业管理者——合作有助于企业成功。(这启发了我们——无论个人、企业、国家,合作有助于其发展。)

二、从材料中引申得出关键词

　　【例3】　2011年199管理类联考
　　众所周知,人才是立国、富国、强国之本,如何使人才尽快的脱颖而出是一个亟待解决的问题。人才的出现有多种途径,其中有"拔尖",有"冒尖"。"拔尖"是指被提拔而成为尖子,"冒尖"是指通过奋斗、取得成就而得到社会的公认。有人认为我国当今某些领域的管理人才,"拔尖"的多而"冒尖"的少。
　　【解析】　"拔尖""冒尖"是两种具体的人才选拔方式,可进一步引申出"人才选拔机制"。

【示例】 "冒尖"和"拔尖"这两种人才选拔方式各有利弊,综合比较,我认为——企业更宜推行"冒尖"的人才选拔机制。

三、从材料中转折得出关键词

【例4】 2015年199管理类联考

孟子曾引用阳虎的话:"为富,不仁矣;为仁,不富矣。"(《孟子·滕文公上》)这段话表明了古人对当时社会上为富为仁现象的一种态度,以及对两者之间关系的一种思考。

【解析】 材料中的"为富,不仁;为仁,不富"表达"富""仁"二者是互斥关系,但这与当下发展的主旋律是不吻合的,故要对材料进行转折。

【示例】 "为富,不仁矣;为仁,不富矣。"古人认为,"富"与"仁"不可兼得,然而历史在进步、时代在发展,21世纪的今天,我们完全可以也应该做到——富仁兼得。

四、从材料中分析得出关键词

【例5】 2019年199管理类联考

知识的真理性只有经过检验才能得到证明,论辩是纠正错误的重要途径之一,不同观点的冲突会暴露错误而发现真理。

【解析】 可以直接把材料中的"论辩"作为关键词,但其太过于具象而可写性不强。我们可以进一步对"论辩"进行分析:一个人无法论辩,必须要多个人才能进行,多人一起论辩,目的是暴露错误而发现真理,由此可以分析出"合作"这一关键词。

【示例】 人们以论辩的方式来破解谬误、发现真理,究其实质是以合作的方式来破谬存真。这启发了现代企业管理者——合作有助于企业成功。(这启发了我们——无论个人、企业、国家,合作有助于其发展。)

【例6】 2018年199管理类联考

有人说,机器人的使命,应该是帮助人类做那些人类做不了的事,而不是代替人类。技术变革会夺取一些人低端繁琐的工作岗位,最终也会创造更高端更人性化的就业机会。例如,历史上铁路的出现抢去了很多挑夫的工作,但又增加了千百万的铁路工人。人工智能也是一种技术变革,人工智能也将促进未来人类社会的发展,有人则不以为然。

【解析】 可以直接把材料中的"人工智能"或"技术变革"作为关键词,但二者都太过于具象而可写性不强。实际上材料中的"铁路、机器人、人工智能",是时间上由远及近出现的三个概念,三者都属于"技术变革",也都是创新,由此可以分析出"创新"这一关键词。

【示例】 铁路、机器人、人工智能是人类创新精神在不同历史时期的具体体现,而这些创新极大的推动了人类社会的进步和历史的发展。这启发了现代企业管理者——创新有助于企业成功。(这启发了我们——无论个人、企业、国家,创新有助于其发展。)

第四章 论说文写作步骤

一、审题

深入思考、反复推敲作文题目或材料以理解其含义,弄清楚写作的具体要求,确立写作中心、写作范围和重点,确定下笔的角度及感情抒发的基调,明确写作方式的过程,就是审题。

(一)命题作文

不仅首段要扣紧话题,文章主体部分也要紧紧围绕中心来行文,否则就会偏题、偏离中心论点而造成逻辑混乱、表达不清。

(二)自由命题作文

基于文字材料的自由命题作文是近年比较常见的考核形式,从材料中选择出恰当的"话题"是自由命题论说文写作的关键。请注意:题目、材料、提示语、要求、注意事项,看明白,别遗漏。"话题"是写作的主体,"材料"和"提示语"为修饰限定成分。作文立意宜求稳,不要冒险求新。

自由命题作文的材料绝大部分是多义的,找出其多种含义后,通过比较,选择出自己觉得最佳的一种作为行文的主旨。

二、确定中心论点

论说文要求文章的中心论点鲜明而准确。
注意如下四点:
①中心论点应该单一集中。700字的论说文,不要尝试论证若干个论点,泛泛而谈的文章很难得高分。
②要确保中心论点足以统辖全文。考虑中心论点时要思考,是否能够找到2～3个有力支持中心论点的分论点,能否找到充分的论据来支持分论点。确保文章的每一段、每一句都为文章中心服务,这才是一篇好文章。
③善于点明文章的中心论点。点题的方式比较灵活,应试作文一般建议在首段、尾段点明中心。
④把文章的中心论点尽可能写细、写具体,更容易写出有现实意义、有可操作性的文章。
【例1】 基于下述材料,确定文章的中心论点。
美国肯德基国际公司遍布全球60多个国家,繁衍的"子嗣"多达9 900多个。然而,肯德基国际公司总部在万里之外,又怎么相信它的下属能循规蹈矩呢?
一次,上海肯德基有限公司收到3份国际公司总部寄来的鉴定书,对他们外滩快餐厅的工作质量分三次鉴定评分,得分分别为83、85、88分。公司中外方经理都为之瞠目结舌:这三个分数是怎么评定的？我们怎么对此一无所知？

原来,肯德基国际公司总部专门雇佣、培训了一批人,让他们伴装顾客,秘密潜入各个快餐店内进行检查评分。上述外滩快餐厅的评分就是出自这些"神秘顾客"之手。

【解析】 中心论点一:论管理的重要性
"神秘顾客"说的是企业背景之下的"管理"。

中心论点二:论监管的重要性
"神秘顾客"是肯德基在管理领域中实施的一种的自我监控管理机制。

中心论点三:论企业监管的重要性
诚然,无论是人,还是企业、社会、国家都需要监管,然而若尝试在一篇700字的文章中将这些问题都说清楚,很可能造成泛泛而谈的结果。建议考生选择某一个具体的领域来谈监管。有鉴于经济类、管理类联考的考试背景,一般建议选择"企业"领域。

中心论点四:论餐饮企业监管的重要性
监控对于企业是非常重要的,然而不同类型的企业,其监控的意义、方法、手段是有差异的。想要更好地体现论说文的现实意义和可操作性,将文章定位到某类企业或某行业企业无疑更佳。建议考生选择自己比较熟悉的企业类型或行业。

中心论点五:论餐饮企业的食品安全监管
餐饮企业的监管包括很多方面,如人事、财务、售后等。在700字左右的有限篇幅,选择最具社会意义的食品安全这一领域来谈监管问题,是不错的选择。

三、确定文章结构

(一)横列式

横列式是一种常见论说文的写作结构,其特点是层次分明,从不同的侧面阐述中心论点。一般分为五个自然段,三个分论点要紧扣中心论点。分论点要简洁、鲜明、突出,并可将三个分论点锤炼成一个排比句。

第一段	提出主论点	50字
第二段	提出分论点1,摆事实,讲道理	200字
第三段	提出分论点2,摆事实,讲道理	200字
第四段	提出分论点3,摆事实,讲道理	200字
第五段	归纳总结	50字

【例2】 根据下述材料,以横列式完成一篇700字左右的论说文。

自古以来,就有"男儿膝下有黄金"之说。从古至今,不少铁血男儿也不断演绎出一曲曲"宁可站着死,也不跪着生"的悲壮之歌。

近年来,民工向老板讨薪下跪;老百姓在上诉过程中向官员下跪;有监考老师为求学生考试不作弊也下跪;北京某交警抓到一违章车,司机70岁的母亲下跪希望放行,而这名交警无奈竟抢先给她跪了下来。

【考场原文】

尊严无价

士可杀,不可辱。中国自古以来就把尊严看得比生命更重要,为什么呢?因为尊严是一个人的人格,是国家民族的灵魂,尊严是无形的更是无价的。

尊严无价,丧失了尊严的人是不完整的人。人之所以为人,是因为人有尊严有灵魂,人的可贵之处,就在于其有区别于他物的尊严,海明威说:"一个人生来,并不是要给人打败的,你尽可以杀死他,但却不能打败他。"对于有硬汉之称的海明威来说,不可战胜是他的尊严,他是不可战胜的,因为他不能丧失他的尊严。"至今思项羽,不肯过江东"曾称霸天下的西楚霸王项羽,在江边自刎而死,不肯东渡乌江,不也是为保自己的尊严吗?他认为渡江忍辱而生不是项羽该做的,那样的话,他就不是项羽,丧失了尊严不是完整的人。

尊严无价,丧失尊严的民族没有了凝聚力。民族的尊严是民族的灵魂,是民族力量的源泉,民族的尊严,使得人人上下一心,凝聚一团,因此,族人也会为了民族的尊严而不惜一切代价,抗倭英雄戚继光,为捍卫民族尊严,自组戚家军,一生誓与倭寇相拼,不惜落得家破人亡,抗金英雄岳飞,抵御金人,惩办内外相勾结的自族人,使民族齐心,不惜失去生命,不也是为保民族尊严,民族凝聚力吗?

尊严无价,丧失了尊严的国家将走向衰败甚至灭亡。国家的尊严无疑比个人的尊严更重要,它是国家的灵魂,丧失了国家尊严不仅主权遭到破坏,国际地位也会严重动摇,因此维护国家尊严便是每个人的责任,林则徐虎门销烟表现的正是中国人维护国家尊严反对帝国主义侵犯的一例,太平天国英雄竭力抗帝惨遭剿灭,这是中国儿女不忍国家蒙受屈辱丧失尊严而走向衰败的壮举啊!邓小平力求收回香港、澳门,为的是维护国家尊严,洗刷历史耻辱,谋求国家发展呀。

尊严无价,我们每一个人都要捍卫自己、民族和国家的尊严。

【老师修改后】

尊严无价

"士可杀,不可辱",自古以来人们就把尊严看得比生命更重要。尊严虽然无形,但却无价,它是一个人、民族和国家的灵魂的最重要的组成部分。

尊严无价,丧失了尊严的人是不完整的人。人之所以为人,是因为人有尊严有灵魂,人的可贵之处,就在于其有区别于他物的尊严。海明威说:"一个人生来,并不是要给人打败的,你尽可以杀死他,但却不能打败他。"对于有硬汉之称的海明威来说,不可战胜是他的尊严。"至今思项羽,不肯过江东",曾称霸天下的西楚霸王项羽,在江边自刎而死也不肯东渡乌江,正是为保留自己高贵的尊严。他认为渡江忍辱苟活非英雄所为,与其丧失尊严,他宁愿失去生命。

尊严无价,丧失尊严的民族没有了凝聚力。尊严是一个民族的灵魂,是民族力量的源泉;尊严使一个民族上下一心,凝聚一团;尊严是一个民族不惧艰难和牺牲,誓死维护的宝物。抗倭英雄戚继光,组建戚家军一生与倭寇相拼,家破人亡亦在所不惜,是为捍卫民族尊严;抗金英雄岳飞,抵御金人,惩办内外勾结的本族人,使民族齐心,最后失去生命。岳飞失去了生命,却唤醒和捍卫了一个民族的尊严,直至今日,我们都在悼念岳飞的忠武。

尊严无价,丧失了尊严的国家将走向衰败甚至灭亡。与个人、民族尊严相比较,国家的尊严更加重要。没有大家,何来小家;没有国家,谈何民族和个人。尊严是国家的意识和灵魂,丧失了国家尊严不仅主权遭到破坏,国际地位也严重地动摇,因此维护国家尊严便是每个人的责任。林则徐虎门销烟表现的正是中国人维护国家尊严反对帝国主义侵犯的一例,这是中华儿女不忍国家蒙受屈辱丧失尊严的抗击。邓小平力求收回香港、澳门,为的更是维护国家尊严,洗刷历史耻辱,谋求国家发展。

尊严无价,我们每一个人都要捍卫自己、民族、国家的尊严。

【点评】 考生的这篇文章从人、民族、国家三个角度阐释了尊严无价,分论点清晰明确,很好地展示了横列式的特点。然而中心论点提炼、表达得不够精准,部分内容的表述有硬伤,请诸位同学仔细比较两篇文章的不同之处。

【例3】 根据下述材料,以横列式完成一篇700字左右的论说文。

户外真人秀是目前电视台一拥而上的娱乐热点,情感、游戏、旅游等各种玩法让明星们忙得不亦乐乎。但是,面对荧屏上的"真人秀热",河南卫视却剑走偏锋,首次将"文学"这个抽象名词与电视娱乐结合在一起,从5月15日起推出一档真人秀节目《文学英雄》。他们将作家蒋方舟、蔡崇达、张晓晗、陈谌等人,与演员张晓龙、吴樾、柯蓝、李乃文等人混搭一处,参与这个节目,让这些作家和演员一起在电视上秀文学,用电视真人秀形式来表现文学写作。

据报道,这档《文学英雄》是由著名出版人路金波策划,与河南卫视《汉字英雄》和《成语英雄》栏目组合作的"英雄"类的第三档节目。节目名字虽然是"英雄"系列,但形式与前两类室内竞技类文化节目颇有不同,是通过户外游戏和真人秀的形式进行"比赛",即作家们在限定题材、限定时间内创作作品,再由明星们以表演、朗诵等形式诠释出来,最后由现场观众投票决出每一位作家创作作品的名次。

【考场原文】

走出自己的路

面对荧屏上满目琳琅的娱乐真人秀节目,河南卫视异军突起,其《文学英雄》用文学承载节目,又以节目表现文学,可谓妙哉！由此可见,勇敢地迈出第一步,你会开创新的道路,获得独有的优势;但如果满足于此,这条路上会渐渐挤满了人,你的优势也荡然无存了。因此,在任何时候,我们都不能停下创新的脚步。

创新,为新兴产业注入生命。现代社会高速发展,日新月异,处处充满机会。在这个充满变革的时代,谁能抓住新兴产业的机遇,看到别人看不到的亮点,他就能把握住未来发展的方向,开拓出自己的道路。早在互联网刚刚开始发展之时,马云便敏锐地意识到电子商务行业未来的希望。他首次在中国创新性地提出了"B2B",即企业与企业间的交易模式,这不仅使他的阿里巴巴一跃成为电商行业的领军企业,更使中国的电子商务走出了属于自己的"第四种互联网模式"。

创新,是成熟产业持续发展的动力。一个产业处于成熟期,是否意味着它不再需要创新了呢？答案当然是否定的。只有坚持创新,才能为产业保持源源不断的活力。通信行业创始于1995年,最初的1G手机"大哥大"只能进行语音通话,经过20年的发展,支持上网业务的3G、4G手机已经进入千家万户。当下5G技术方兴未艾,通信行业正在迎来新一轮的变革。苹果公司推陈出新,引领潮流,使其位居全球前列。同时我们遗憾地看到,昔日的通信业巨头诺基亚,因为故步自封,盲目自信旧有的优势,导致其落后于技术变革,逐渐衰落。

创新,使古老的产业焕发生机。中华传统文化博大精深,孕育了许多"中华老字号"。在这些传统产业中,有一些遗憾地消失在了历史的长河中,还有一些在坚持传统工艺的基础上,积极创新,使得老字号在新时代枯木逢春,又焕发出了勃勃生机。内联升鞋业开设网上业务,创建官方网站和天猫旗舰店,拓宽销售渠道;狗不理包子实行"走出去"战略,在日本和美国开设分店,将产品远销国外,更使传统文化走出国门。

问渠那得清如许,为有源头活水来。创新正如一股清泉,带来活力,带来生机,带来希望。

在前路漫漫时,在无路可走时,在道路拥挤时,我们应:走出自己的路。

【老师修改后】

走产业创新之路

　　现代影视产业发展蓬勃、竞争激烈,面对央视、卫视的众多强手,河南卫视的《文学英雄》节目凭创新杀出重围,以文学承载节目,以节目表现文学,可谓妙哉!全球经济联系日益紧密、竞争愈加激烈的今天,任何一个产业只有依靠创新,才能生存、发展、壮大。

　　创新,为新兴产业注入生命。现代社会高速发展,日新月异,处处充满机会。在这个充满变革的时代,谁能抓住新兴产业的机遇,看到别人看不到的亮点,他就能把握住未来发展的方向,开拓出自己的道路。早在互联网刚刚开始发展之时,马云便敏锐地意识到电子商务行业未来的希望。他首次在中国创新性地提出了"B2B",即企业与企业间的交易模式,这不仅使他的阿里巴巴一跃成为电商行业的领军企业,更使中国的电子商务走出了属于自己的"第四种互联网模式"。

　　创新,是成熟产业持续发展的动力。一个产业处于成熟期,是否意味着它不再需要创新了呢?答案当然是否定的。只有坚持创新,才能为产业保持源源不断的活力。通信行业创始于1995年,最初的1G手机"大哥大"只能进行语音通话,经过20年的发展,支持上网业务的3G、4G手机已经进入千家万户。当下5G技术方兴未艾,通信行业正在迎来新一轮的变革。苹果公司推陈出新,引领潮流,使其位居全球前列。同时我们遗憾地看到,昔日的通信业巨头诺基亚,因为故步自封,盲目自信旧有的优势,导致其落后于技术变革,逐渐衰落。

　　创新,使古老的产业焕发生机。中华传统文化博大精深,孕育了许多"中华老字号"。在这些传统产业中,有一些遗憾地消失在了历史的长河中,还有一些在坚持传统工艺的基础上,积极创新,使得老字号在新时代枯木逢春,又焕发出了勃勃生机。内联升鞋业开设网上业务,创建官方网站和天猫旗舰店,拓宽销售渠道;狗不理包子实行"走出去"战略,在日本和美国开设分店,将产品远销国外,更使传统文化走出国门。

　　问渠那得清如许,为有源头活水来。创新正如一股清泉,为产业发展带来活力,带来生机,带来希望。预谋产业生存发展之大局,必须走出自己的创新之路。

　　【点评】 考生的这篇文章从三个方面论述了为何要创新。整篇文章的本论部分(2~4段)不错,分论点清晰,论述较充分。然而有一个明显瑕疵:中心论点不够清晰,不能很好地统辖全文。由于三个分论点都是在产业层面论述创新,故中心论点如明确表达"产业"的发展、壮大离不开创新更佳,而不应该含糊暧昧的以"我们"来表达。同样,标题也最好体现出这一点。请诸位同学仔细比较两篇文章的不同之处。同时,请各位考生注意提示语关于字数的限制。

(二)对照式

　　对照式是一种常见论说文的写作结构,其特点是从正反两个方面对中心论点进行有力的论证,一般分为四个自然段。

第一段	提出主论点	50字
第二段	正面论证,摆事实,讲道理	350字
第三段	反面论证,摆事实,讲道理	250字
第四段	归纳总结	50字

【例4】 根据下述材料,以对照式完成一篇论说文,700字左右。

自古以来,就有"男儿膝下有黄金"之说。从古至今,不少铁血男儿也不断演绎出一曲曲"宁可站着死,也不跪着生"的悲壮之歌。

近年来,民工向老板讨薪下跪;老百姓在上诉过程中向官员下跪;有监考老师为求学生考试不作弊也下跪;北京某交警抓到一违章车,司机70岁的母亲下跪希望放行,而这名交警无奈竟抢先给她跪了下来。

【考场原文】

尊严不可抛

士可杀,不可辱。中国自古以来就把尊严看得比生命更重要。然而,现在社会交警无奈的惊人一跪,监考老师向学生的一跪,他们弯下了腰,却丢失了自己无价的尊严。这不得不令我们重思尊严不可抛的重要性。

当我们陷入生活最低谷的时候,当我们处在为生存苦苦挣扎的关头,最重要的就是挺起自己的胸膛。只有尊重自己的人,才能获得别人的尊重,才能在招致无端的蔑视与践踏时,成功的给予还击。罗曼·罗兰曾说:"生命的尊严是普遍的、绝对的准则。生命的尊严是没有等价物的,是任何东西都不能代替的。"可见,若为人生故,尊严不可抛。

古往今来,集大成者无不在用自己的切身经历来阐释尊严不可抛这一真理。"安能摧眉折腰事权贵,使我不得开心颜"的陶渊明,试想他卑躬屈膝,阿谀奉承。为了五斗米而折腰,他能受到官职比他还大的人的尊重吗?他还能寄情山水,创作出脍炙人口的佳作吗?"宁愿站着死也不愿跪着生"的129师队长谷怀良,在百团大战中,在兵力不足的情况下仍坚持抗敌,不愿向日本人屈服,以一条腿的代价带领全队取得了战争胜利。如果他在生命和尊严中选择了前者,可能现在就会成为过街老鼠,人人喊打了吧。可见,尊严不可抛。

反之,事与愿违。有些人可能觉得一时的妥协会换来问题的解决。正如面对违法者的母亲一跪而同时跪下的交警。然而,他们可曾想过,一味地妥协反而会助长对方的气焰,反而会使这一不好风气盛行。如果当年周总理为了与别国建交,一味地忍受别国的侮辱,中国还能赢得他国尊重,最后屹立于世界民族之林而不倒吗?

在这个纸醉金迷的世界,我们更应该学会尊重自己。首先,要肯定自己。在面对挫折时,要尊重自己,相信自己定能解决困难,而不是妄自菲薄,率先否定自己,进而向困难屈服。其次,要尊重自己的决定,不要盲目迎合别人,别浪费时间做一些取悦他人,带来吹嘘资本的事情。

人生漫漫长路远,纷繁烦扰多,让我们坚定自己的尊严,在接受人生与风浪的洗礼中,用最阳光的心情高唱,若为人生故,尊严不可抛。

【老师修改后】

尊严不可抛

民工为讨薪的心酸一跪,北京某交警的无奈一跪,一位监考老师的惊人一跪……他们心酸而无奈的低头、俯身、弯腰、下跪,将尊严放到了泥里。古人言,"士可杀,不可辱",频发的乱象让我们重思,尊严不可抛。

古往今来,诸贤用自己的经历解释了何为"尊严不可抛"。"安能摧眉折腰事权贵,使我不得开心颜",若是陶渊明卑躬屈膝,放弃尊严,为了五斗米折腰,今人就不会时时回味其作品、学习其品格。"宁愿站着死也不愿跪着生",百团大战中129师的谷怀良,在兵力不足的情况下仍坚持战斗,以一条腿的代价带领战友取得胜利。若是军人放弃尊严向敌人屈服,今人就无法得享和平。罗曼·罗兰说:"生命的尊严是普遍的绝对的准则。生命的尊严是没有等价物的,是任何东西都不能代替的。"人生难免低谷和困境,但无论何时,永远要昂起头颅、挺起胸膛,而面对蔑视和打击,尊严让它们转身而逃。

反之,放弃尊严可能更不利于目标的达成。下跪的民工、交警、老师或许觉得,放下尊严,暂时的妥协能解决迫在眉睫的问题。然而,下跪者们可曾想过,一味地妥协反而助长了不良气焰,更使歪风盛行。新中国成立伊始,若周总理为了与别国建交,放弃尊严而一味地忍受别国的侮辱,今天的祖国还能以骄傲的姿态屹立于世界民族之林吗?

面对诱惑,尊严使我们不迷失本心,以应有的操守前行。面对困难,尊严使我们不轻言放弃,以昂扬的姿态前行。面对挫折,尊严使我们重新爬起,披荆斩棘,逆水前行。管他漫漫长远路,不惧纷繁烦扰多,我愿接受狂风和大浪的洗礼,坚守尊严,用最阳光的心情高唱,尊严不可抛!

【点评】 考生的这篇文章从正反两个方面,运用说理和举例的方式论述了"尊严不可抛"。文章中心突出、结构严谨、论述充分,是一篇不错的应试作文。请各位同学仔细比较两篇文章语言表达和部分内容顺序调整后的区别。同时,请各位考生注意提示语关于字数的限制。

【例5】 根据下述材料,以对照式完成一篇的论说文,700字左右。

户外真人秀是目前电视台一拥而上的娱乐热点,情感、游戏、旅游等各种玩法让明星们忙得不亦乐乎。但是,面对荧屏上的"真人秀热",河南卫视却剑走偏锋,首次将"文学"这个抽象名词与电视娱乐结合在一起,从5月15日起推出一档真人秀节目《文学英雄》。他们将作家蒋方舟、蔡崇达、张晓晗、陈谌等人,与演员张晓龙、吴樾、柯蓝、李乃文等人混搭一处,参与这个节目,让这些作家和演员一起在电视上秀文学,用电视真人秀形式来表现文学写作。

据报道,这档《文学英雄》是由著名出版人路金波策划,与河南卫视《汉字英雄》和《成语英雄》栏目组合作的"英雄"类的第三档节目。节目名字虽然是"英雄"系列,但形式与前两类室内竞技类文化节目颇有不同,是通过户外游戏和真人秀的形式进行"比赛",即作家们在限定题材、限定时间内创作作品,再由明星们以表演、朗诵等形式诠释出来,最后由现场观众投票决出每一位作家创作作品的名次。

【考场原文】

赢在创新

河南卫视的剑走偏锋,以全新的方式推出的《文学英雄》,为高收视率打下了基础。这深深地启示着我:只有不断创新,才能使个人和企业在芸芸众生中脱颖而出,最终收获成功的果实。

创新是暗淡中铸就的辉煌,是阴霾中孕育的光明,只有那些敢于创新的人,才能看到壮美的景致,才能谱写动听的乐章。达·芬奇在黑暗时代冲破了传统圣象图的画法,将人性融入作品,用创新的笔墨描绘出了不知令多少人神往的《蒙娜丽莎的微笑》;苹果的 iTunes 一经推出,给用户下载和整理音乐带来了便利,造就了电子产品史上最具革命性的创新,并用高定位和独特性赢得了市场。由此可以看出:不论是个人还是企业,他们的成功是因为他们能在时代的长河中保持自己的独特,不断创新,才能让他们的成果历久弥新,不因时代的发展而被淘汰,反而在大浪淘沙中熠熠生辉。

反之,如果固守陈旧,不愿破旧立新,成功可能会变得越来越遥远。柯达公司在数码时代来临之时,不愿失去自己广大的胶片市场,放弃技术创新,而昔日的手下败将都纷纷抓住新机遇,一举占领新市场。最终柯达公司守着衰亡的胶片时代而走向没落。

康有为曾说过:"开创则更定百度,尽涤旧习而气象维新。守城则安静无为,故纵胜废萎而百事隳坏。"这告诉了我们创新能开创新局面,推动人类社会发展的道理,坚持创新,做到"人无我有,人有我优"的境界,往往成为我们通向成功之路的指向标。索尼重视技术创新,在看到磁带录音机的市场潜力后,买下生产专利,尝试多次实验,经历了无数次失败后,生产出自己的收音机,技术创新让他们比国内同行整整早了两年。正是因为敢于研究新情况,发展新技术,占领新市场,才使得他们先人一步、胜人一筹。可见创新对于一个企业的发展乃至领先都有着十分重要的作用。

回望历史,创新的脚步推动了整个人类文明的进步。而作为新时代的有志青年,我们也要用创新的思想武装头脑,不断汲取新思想,诠释新人生。

让我们携手"创新",绽放出最绚丽夺目的人生之花。

【老师修改后】

赢在创新

河南卫视摆脱众多电视台一味模仿抄袭的模式,以文学和电视娱乐相结合的方式创新推出《文学英雄》节目,成功地从众多真人秀类节目中突围。这启示了我们:只有创新才能使个人和企业从激烈的竞争中脱颖而出,收获成功。

创新实现"人无我有,人有我优",是通向成功的强大助力。康有为说:"开创则更定百度,尽涤旧习而气象维新。"达·芬奇在黑暗时代冲破了传统圣象图的画法,将人性融入作品,用创新的笔墨描绘出了不知令多少人神往的《蒙娜丽莎的微笑》。苹果的iTunes一经推出,给用户下载和整理音乐带来了便利,造就了电子产品史上最具革命性的创新,并用高定位和独特性赢得了市场。索尼以技术创新为利器,纵横全球市场。当年的索尼在看到磁带录音机的市场潜力后,买下生产专利,尝试多次实验,经历了无数次失败后,创新出自己的录音机,比国内同行早了整整两年。不论是个人还是企业,只有不断创新,才能成就成功,也只有凭借创新才能在时代长河的大浪淘沙中熠熠生辉。

反之,如果固守陈旧,不愿破旧立新,成功可能会变得越来越遥远。曾经的相机行业龙头老大柯达公司在数码时代来临之时,固守已经成熟的胶片相机市场,尽管开发了全球最新的数码相机技术,却利用专利保护对数码相机进行封杀,停止继续创新而对新生的数码领域置之不理,而昔日弱小的富士、尼康等对手却抓住机遇,创新研发了自己的数码相机技术,占领今天市场的高地,而柯达只剩下记忆中胶片时代的辉煌,走向没落。

回望历史,创新推动了人类文明的进步。而今天全球经济一体化,竞争愈加激烈的现实更告诉了我们:无论个人、企业,只有创新,才能求生存、谋发展、创未来。

【点评】 考生的这篇文章从正反两个方面,运用说理和举例的方式论述了创新对于个人和企业的重要性。文章中心突出、论述充分,是一篇不错的应试作文。但段落划分比较随意,语言表达不够流畅,若干地方有语病,请各位同学仔细比较调整后的区别。

(三)六字式

六字式是一种常见论说文的写作结构,一般分为六个自然段,其特点是层次分明、论证充分、现实性强。

第一段	点：点明中心论点	50字
第二段	正：正面论述中心论点，举例为主，少量说理。	200字
第三段	反：反面论述中心论点，举例为主，少量说理。	100字
第四段	深：对中心论点深入分析，主要说理。	200字
第五段	联：结合中心论点，紧密联系现实展开议论。	100字
第六段	总：总结全文，呼应中心论点	50字

【例6】 根据下述材料，以六字式完成一篇的论说文，700字左右。

著名学者、古文字学家、东方学家及翻译家季羡林先生说："每个人都争取一个完满的人生。然而，自古及今，海内海外，一个百分之百的完满的人生是没有的。所以我说，不完满才是人生。"

【考场原文】

不完满的美

古往今来，貌似每个人都在追求一种完满的人生，而殊不知就像季羡林先生所说，人生总是不完满的。然而，不完满的人生，就不美好了吗？当然不是，相反，我认为有时就是这种不完满，才铸就了美好。

人生在世，不可能总是一帆风顺，总会存在一些不完美的地方。而有时候，就是这些不完美，反而，会成为美的地方。维纳斯正是由于它的断臂，才会显示出让人惊叹的美；刘翔虽然因为腿伤而无法回到巅峰，但是属于他的成功却永远留在了人们的心中；海伦·凯勒虽然无法站立，且双目失明、双耳失聪，但是也正是因为存在这些缺陷，使得她的文学著作《假如给我三天光明》如此让人为之动容……可见，不完满也是一种美。

而有时候，过于追求完美却会带来不好的结果。比如说某些企业为了增加销售额，生产并销售多种多样的产品，然而最后却因为过于追求产品的多样性导致公司扩张过度以致疏于管理，销售额反而下降。

也许有人会说，追求完满的人生会更加有干劲，也会增加成功的可能性。可是，有时候就是那些不完满甚至是缺陷，才铸就了一些人的传奇。贝多芬虽然双耳失聪却通过用牙来感受声音的振动，从而创作了无数著名乐章。而正是因为他双耳的残疾，才使得他的成功变为一种传奇。可见，不完满的人生也可以铸就传奇，成为美丽人生。

在现实生活中，也有不少追求完满的人，他们一边追求着广泛的社交，一边又追求着业绩上的成功，还可能同时又忙着看书、学习各种技能，最后有可能因为同时要做的事情太多而一事无成。

总之，我们应该学会去接受可能并不完满的人生，因为有时候，不完满也是一种美，这种美，会照亮我们的人生！

【老师修改后】

不完满的美

正如季羡林先生所说，"自古及今，海内海外，一个百分之百的完满的人生是没有的，不完满才是人生。"我认为，正是因为不完满，才铸就了美好。

人生不可能一帆风顺，总有波折和不完美，而有时这些不完美反而成为其值得品味之处。维纳斯正是由于它的断臂，才会显示出让人惊叹的美；亚洲飞人刘翔虽然因为腿伤而无法两次登上奥运的巅峰,但是属于他不可复制的辉煌却永远留在了国人的心中;海伦·凯勒享年88岁,却有87年生活在无光、无声的世界里。若她是一个健全的正常人,《假如给我三天光明》等作品固然精彩,却不会如此华美得动人心魄。月有阴晴圆缺,不完满也是一种美。

而有时候,过于追求完美却会带来不好的结果。联想集团为增强旗下手机业务的影响力和提高市场占有率,一度实施"机海战术",力争对各个档次、各个价位的智能机和非智能机的所有市场一网打尽。最终却因产品创新程度不够、产品区分度不高等问题而遭遇滑铁卢,宣布放弃这一貌似"完美"的策略而重新调整。

古往今来,貌似每个人都在追求一种完满的人生,"完美主义者"似乎成了一个标杆而被大家追求。他们或许会说,追求完满才更加有干劲,才能增加成功的可能。然而,认识和接受"物有所不足,智有所不明",我们才可以集中全力,将能做的事情做到最好,也许这样更能接近成功。

在现实生活中,也有不少追求完满的人,他们一边追求着广泛的社交,一边又追求着业绩上的成功,同时又忙着看书、学习各种技能,最终却因为精力过于分散而一事无成。我们应该明白:不去虚妄地追求所谓的完美人生,而应该明确自己的目标,做每个阶段最重要的事情。

学会理解和接受"不完美",进而思索、追求属于不完美背后的美,或许也是我们需要体会的一种人生智慧。

【点评】 考生的这篇文章审题精准,立意深刻,正面、反面论述之后,又联系实际,使得文章更贴切现实,以六字式充分地论证了中心论点。语言表达和论证能力还有待进一步加强。

【例7】 根据下述材料,以"生无所息"为话题,联系实际,以六字式完成一篇论说文,700字左右。

古希腊神话中终身服苦役的西西弗斯,他命中注定要永远推一块巨石上山,当石块靠近山顶时又滚落下来,于是重新再推,如此循环不息。

《列子·天瑞》中有孔子同他弟子的一段对话:

子贡倦于学,告孔子曰:"愿有所息。"仲尼曰:"生无所息。"

【考场原文】

生命不息,奋斗不止

古希腊神话中有个服苦役的西西弗斯,他命中注定推一块巨石上山,当石头靠近山顶又滚落下来,于是重新再推,循环不息。这则故事告诉我们:只要一个人还活着,他就注定要为一个目标奋斗不止。

纵观古今,无数的伟人在其生命的最后一刻,还在为自己的理想而奋斗。道尔顿临终前还在实验室中记录数据,最后安息在了这个与他相伴一生的地方;诗人海涅在生命的最后一刻还坚持用颤抖的手在本上写下刚想出的诗句;无产阶级革命的伟大导师马克思则是在自己的写字台前溘然长逝。伟人之所以伟大,就在于他们能够真正做到"生命不息,奋斗不止"。

也有许多人,他们奋斗过,辉煌过,但随后便懈怠了,最后落得个"逸豫亡身"的下场。唐玄宗李隆基就是一个最好的例子,从开元盛世到安史之乱,究其原因就是没能将奋斗坚持到底。

正所谓"逆水行舟,不进则退"。人生便是如此,奋斗可以使你前进、成功,甚至辉煌。但是一时的辉煌不可长存,时间久了就会腐烂变质。当然辉煌也有它的保鲜剂,那就是不懈地奋斗。这是为什么呢?从哲学上说,一切事物都处于不断的运动变化发展之中,这就要求我们把事物如实地看成一个发展的过程。时间不可能永远定格在那辉煌的瞬间,只有不懈地奋斗,才能创造一次又一次的辉煌。生命是短暂的,奋斗使之不朽。道尔顿、海涅、马克思他们给后人留下的不仅仅是原子学说、美丽的诗句和《资本论》,更宝贵的是他们那奋斗到生命最后一刻的精神。也正是这种精神,推动着人类社会不断地进步。

在现实生活中,许多人把一时的成就当作永久的成功,从此松懈下来,这种做法大错特错。这也正如我们学生的考试:一次考好不代表从此可以松劲,而要更加努力,奔向下一个目标。

所以,我们在生活中要奋发进取,不可以松劲懈怠,时刻提醒自己:生命不息,奋斗不止。

【老师修改后】

生命不息,奋斗不止

无论巨石滚落多少次,无论要经历多少次挫折,西西弗斯永远在不断地朝着自己的目标努力。这固然是一则神话,却告诉我们:人只要活着,就应该为自己的目标不懈努力,生命不息,奋斗不止!

纵观古今,无数的伟人在其生命的最后一刻,还在为自己的理想而奋斗。道尔顿临终前还在实验室中记录数据,最后安息在了这个与他相伴一生的地方;诗人海涅在生命的最后一刻还坚持用颤抖的手在本上写下刚想出的诗句;无产阶级革命伟大的导师马克思则是在自己的写字台前溘然长逝。伟人之所以伟大,就在于他们能够真正做到"生命不息,奋斗不止"。

也有许多人,他们奋斗过,辉煌过,但随后便懈怠了,最后落得个"逸豫亡身"的下场。唐玄宗李隆基就是一个最好的例子,从开元盛世到安史之乱,究其原因是沉于现有成绩和享乐,没能将"繁荣大唐"的目标坚持到底。

正所谓"逆水行舟,不进则退"。人生便是如此,奋斗可以使你前进、成功,甚至辉煌。但是一时的辉煌不可长存,时间久了就会腐烂变质。当然辉煌也有它的保鲜剂,那就是不懈地奋斗。这是为什么呢?从哲学上说,一切事物都处于不断的运动变化发展之中,时间不可能永远定格在那辉煌的瞬间,只有不懈地奋斗,才能创造一次又一次的辉煌。生命是短暂的,奋斗使之不朽。道尔顿、海涅、马克思他们给后人留下的不仅仅是原子学说、美丽的诗句和《资本论》,更宝贵的是他们那奋斗到生命最后一刻的精神。也正是这种精神,推动着人类社会不断地进步。

在现实生活中,许多人把一时的成就当作永久的成功,从此松懈下来,这种做法大错特错。阶段性的成功和成绩不应该成为我们停滞不前的桎梏,而是通往更高目标的基石,只有努力攀登,奋斗不止,才能不断地到达下一个高峰!

所以,我们在生活中要奋发进取,不可以松劲懈怠,时刻提醒自己:生命不息,奋斗不止。

【点评】 考生的这篇文章中心明确,条理清晰,论述有力,语言流畅,是一篇不错的应试作文。联系现实之处还可进一步提高。

四、确定文章写作层次

(一)平行式

在人、民族、企业、行业、社会和国家之中选择某一个,始终在一个层次上行文。

【例8】 平行式论说文示例

走产业创新之路

现代影视产业发展蓬勃、竞争激烈,面对央视、卫视的众多强手,河南卫视的《文字英雄》节目凭创新杀出重围,以文学承载节目,以节目表现文学,可谓妙哉!全球经济联系日益紧密、竞争愈加激烈的今天,任何一个产业只有依靠创新,才能生存、发展、壮大。

创新,为新兴产业注入生命。现代社会高速发展,日新月异,处处充满机会。在这个充满变革的时代,谁能抓住新兴产业的机遇,看到别人看不到的亮点,他就能把握住未来发展的方向,开拓出自己的道路。早在互联网刚刚开始发展之时,马云便敏锐地意识到电子商务行业未来的希望。他首次在中国创新性地提出了"B2B",即企业与企业间的交易模式,这不仅使他的阿里巴巴一跃成为电商行业的领军企业,更使中国的电子商务走出了属于自己的"第四种互联网模式"。

创新,是成熟产业持续发展的动力。一个产业处于成熟期,是否意味着它不再需要创新了呢?答案当然是否定的。只有坚持创新,才能为产业保持源源不断的活力。通信行业创始于1995年,最初的1G手机"大哥大"只能进行语音通话,经过20年的发展,支持上网业务的3G、4G手机已经进入千家万户。当下5G技术方兴未艾,通信行业正在迎来新一轮的变革。苹果公司推陈出新,引领潮流,使其位居全球前列。同时我们遗憾地看到,昔日的通信业巨头诺基亚,因为故步自封,盲目自信旧有的优势,导致其落后于技术变革,逐渐衰落。

创新,使古老的产业焕发生机。中华传统文化博大精深,孕育了许多"中华老字号"。在这些传统产业中,有一些遗憾地消失在了历史的长河中,还有一些在坚持传统工艺的基础上,积极创新,使得老字号在新时代枯木逢春,又焕发出了勃勃生机。内联升鞋业开设网上业务,创建官方网站和天猫旗舰店,拓宽销售渠道;狗不理包子实行"走出去"战略,在日本和美国开设分店,将产品远销国外,更使传统文化走出国门。

问渠那得清如许,为有源头活水来。创新正如一股清泉,为产业发展带来活力,带来生机,带来希望。预谋产业生存发展之大局,必须走出自己的创新之路。

【解析】 这篇文章开篇点明中心论点,"只有依靠创新,才能生存、发展、壮大",全文始终在产业层面行文,从三个方面论述了中心论点,最后得出结论:"预谋产业生存发展之大局,必须走出自己的创新之路。"

(二)递进式

按由小到大或由大到小的逻辑顺序行文,如:

个人、企业、国家
个人、民族、国家
历史、现代、未来

【例9】 递进式论说文示例

尊严无价

"士可杀,不可辱",自古以来人们就把尊严看得比生命更重要。尊严虽然无形,但却无价,它是一个人、民族和国家的灵魂的最重要的组成部分。

尊严无价,丧失了尊严的人是不完整的人。人之所以为人,是因为人有尊严有灵魂,人的可贵之处,就在于其有区别于他物的尊严。海明威说:"一个人生来,并不是要给人打败的,你尽可以杀死他,但却不能打败他。"对于有硬汉之称的海明威来说,不可战胜是他的尊严。"至今思项羽,不肯过江东",曾称霸天下的西楚霸王项羽,在江边自刎而死也不肯东渡乌江,正是为保留自己高贵的尊严。他认为渡江忍辱苟活非英雄所为,与其丧失尊严,他宁愿失去生命。

尊严无价,丧失尊严的民族没有了凝聚力。尊严是一个民族的灵魂,是民族力量的源泉;尊严使一个民族上下一心,凝聚一团;尊严是一个民族不惧艰难和牺牲,誓死维护的宝物。抗倭英雄戚继光,组建戚家军一生与倭寇相拼,家破人亡亦在所不惜,是为捍卫民族尊严;抗金英雄岳飞,抵御金人,惩办内外勾结的本族人,使民族齐心,最后失去生命。岳飞失去了生命,却唤醒和捍卫了一个民族的尊严,直至今日,我们都在悼念岳飞的忠武。

尊严无价,丧失了尊严的国家将走向衰败甚至灭亡。与个人、民族尊严相比较,国家的尊严更加重要。没有大家,何来小家;没有国家,谈何民族和个人。尊严是国家的意识和灵魂,丧失了国家尊严不仅主权遭到破坏,国际地位也严重地动摇,因此维护国家尊严便是每个人的责任。林则徐虎门销烟表现的正是中国人维护国家尊严反对帝国主义侵犯的一例,这是中华儿女不忍国家蒙受屈辱丧失尊严的抗击。邓小平力求收回香港、澳门,为的更是维护国家尊严,洗刷历史耻辱,谋求国家发展。

尊严无价,我们每一个人都要捍卫自己、民族、国家的尊严。

【解析】 这篇文章开篇点明中心论点:"尊严无价,尊严是一个人、民族和国家灵魂的最重要的组成部分",然后按照由小到大的顺序,论述了尊严对个人、对民族、对国家的重要性,最后得出结论:"要捍卫自己、民族、国家的尊严。"

五、确定分论点和基本论据

确认了中心论点、写作结构、写作层次后,我们应列出分论点,并简单勾勒出用于支撑分论点的论据,以确保下笔之前心中有数,而不是想到哪儿写到哪儿。

①要确保中心论点能统辖分论点。
②确保分论点在同一个层次或不同层次有条理地支撑中心论点。
③用简单文字列出支撑分论点的论据,如无法列出,考虑修改分论点。

【例10】 根据下述材料,列出论说文的框架。

自古以来,就有"男儿膝下有黄金"之说。从古至今,不少铁血男儿也不断演绎出一曲曲"宁可站着死,也不跪着生"的悲壮之歌。

近年来,民工向老板讨薪下跪;老百姓在上诉过程中向官员下跪;有监考老师为求学生考试不作弊也下跪;北京某交警抓到一违章车,司机70岁的母亲下跪希望放行,而这名交警无奈竟抢先给她跪了下来。

【解析】 中心论点:尊严无价
写作格式:横列式
写作层次:递进式
分论点1:个人要尊严——尊严无价,丧失了尊严的人是不完整的人
论据:海明威、项羽
分论点2:民族要尊严——尊严无价,丧失尊严的民族没有了凝聚力
论据:戚继光、岳飞
分论点3:国家要尊严——尊严无价,丧失了尊严的国家将走向衰败甚至灭亡
论据:虎门销烟、港澳回归

六、确定文章首段、尾段

(一)首段

首段一般要点明中心论点。请注意 700 字左右的论说文,开头不宜过长。

1. 材料开头

简单归纳总结材料,水到渠成地导出自己的中心论点。注意不要为了凑字数大篇幅照抄原文。

【例 11】 下面是 2007 年 1 月 MBA 联考真题

根据下面的材料,以材料开头的方式写出首段。

电影《南极的司各脱》描写的是英国探险家司各脱上校到南极探险的故事。司各脱历尽艰辛,终于到达南极,却在归途中不幸冻死了。在影片的开头,有人问司各脱:你为什么不能放弃探险生涯?他回答:"留下第一个脚印的魅力。"司各脱为留下第一个脚印付出了生命的代价。

【示例】 英国探险家司各脱历尽艰辛,抵达南极,却在归途中不幸冻死。司各脱追求"留下第一个脚印的魅力",不惜付出生命的代价,让我们钦佩,也启人思索。前行路上,执着的精神不可缺少,只有执着,才能达成目标。

【例 12】 根据下面的材料,以材料开头的方式写出首段。

1814 年英国人斯蒂芬逊制造出世界上第一辆蒸汽机车,当时有人驾着一辆马车跟它赛跑。新生的火车丑陋笨重,走得很慢,漂亮的马车走在前头,而且火车由于没装弹簧,把路基都震坏了。然而史蒂芬逊并没有因为比赛失败而灰心,他不断改进机车,坚信火车具有马车无法比拟的前途。一百多年过去了,马车仍按原来的速度转动着轮子,而火车却在飞速前进,高速火车每小时可达 200 千米,试验火车的速度更加惊人。

【示例】 新生的火车被强大的马车远远地甩在了后面,然而一百多年后,马车仍按原来的速度转动着轮子,而火车却高速疾行。这揭示了一个真理:新事物必将取代旧事物。

2. 引言开头

【例 13】 根据下面的材料,以引言开头的方式写出首段。

牵牛花是缠绕茎草本花。夏季长成即攀附在篱笆和架上,为人们送来一道绿色的瀑布。花开季节,紫的、红的映着霞光,如同绿色缎中的彩色宝石。对于牵牛花,有人贬斥,有人赞美。

【示例】 荀子说,"君子生非异也,善假于物也"。善于借助对实现目标有利的外力和机会,是成功的重要途径。

【例 14】 根据下述材料,以"生无所息"为话题,以引言开头的方式写出首段。

古希腊神话中终身服苦役的西西弗斯,他命中注定要永远推一块巨石上山,当石块靠近山顶时又滚落下来,于是重新再推,如此循环不息。

《列子·天瑞》中有孔子同他弟子的一段对话:

子贡倦于学,告孔子曰:"愿有所息。"仲尼曰:"生无所息。"

【示例】 "路漫漫其修远兮,吾将上下而求索。"要实现目标,前路或许漫长而遍布荆棘,然而我坚信,只要不懈付出,生命不息,奋斗不止,终能成功!

(二)尾段

1. 归纳总结式结尾

通过总结文章的分论点或文章本论部分的大意,来进行结尾。

【示例1】

标题:尊严无价

中心:尊严虽然无形,但却无价,它是一个人、民族、国家的灵魂的最重要的组成部分

结构:横列式

层次:递进式

分论点1:尊严无价,丧失了尊严的人是不完整的人

分论点2:尊严无价,丧失尊严的民族没有了凝聚力

分论点3:尊严无价,丧失了尊严的国家将走向衰败甚至灭亡

尾段:尊严无价,我们每一个人都要悍卫自己、民族、国家的尊严。

【示例2】

标题:走产业创新之路

中心:全球经济联系日益紧密、竞争愈加激烈的今天,任何一个产业只有依靠创新,才能生存、发展、壮大

结构:横列式

层次:平行式

分论点1:创新,为新兴产业注入生命

分论点2:创新,是成熟产业持续发展的动力

分论点3:创新,使古老的产业焕发生机

尾段:问渠那得清如许,为有源头活水来。创新正如一股清泉,为产业发展带来活力,带来生机,带来希望。预谋产业生存发展之大局,必须走出自己的创新之路。

【示例3】

标题:赢在创新

中心:只有创新才能使个人和企业从激烈的竞争中脱颖而出,收获成功

结构:对照式

层次:平行式

正面论证:创新实现"人无我有,人有我优",是通向成功的强大助力

反面论证:反之,如果固守陈旧,不愿破旧立新,成功可能会变得越来越遥远

尾段:回望历史,创新推动了人类文明的进步。而今天全球经济一体化,竞争愈加激烈的现实更告诉了我们:无论个人企业,只有创新,才能求生存、谋发展、创未来。

2. 联系现实式结尾

通过描述"背景、问题、中心论点"的方式,来进行结尾。

【示例4】

标题:创新

中心:创新是现代企业发展的关键

结构:横列式

层次:平行式

分论点 1：创新有利于企业降低成本

分论点 2：创新有利于企业增大收益

分论点 3：创新有利于企业提高效率

尾段：21 世纪全球经济一体化，面对几千年来前所未有的激烈竞争格局，现代企业面临的不再是来自于一个地区或一个国家的竞争对手，而是来自全球企业对于客户和市场的争夺。欲在残酷的市场竞争中生存、发展和壮大，只有通过不断创新才能实现。

3. 深入说理式结尾

通过对文章的中心论点进行深入、工整、有气势的说理，来进行结尾。

【示例 5】

标题：尊严不可抛

中心：频发的乱象让我们重思，尊严不可抛

结构：对照式

层次：平行式

正面论证：古往今来，诸贤用自己的经历解释了何为"尊严不可抛"

反面论证：反之，放弃尊严可能更不利于目标的达成

尾段：面对诱惑，尊严使我们不迷失本心，以应有的操守前行。面对困难，尊严使我们不轻言放弃，以昂扬的姿态前行。面对挫折，尊严使我们重新爬起，披荆斩棘逆水前行。管他漫漫长远路，不惧纷繁烦扰多，我愿接受狂风和大浪的洗礼，坚守尊严，用最阳光的心情高唱，尊严不可抛！

4. 模板式结尾

通过选择优秀范文的通用性较强的尾段，对其关键词进行替换的方式，来进行结尾。

【示例 6】

标题：企业应注重制度建设

中心：注重制度建设是现代企业发展的必要保障

结构：横列式

层次：平行式

分论点 1：制度建设是保证企业上下一心的必然前提

分论点 2：制度建设是明确企业员工权责的基础

分论点 3：制度建设是保证企业具有创新能力的必要条件

尾段：每一个企业都希望成功，然而，在追求成功的道路上充满了崎岖，有荆棘，有泥泞，有沟壑，要想追求到成功需要很多要素——创新、团结、努力……但其中一个因素特别重要，那就是，注重制度建设。我们相信，注重制度建设必然会带领企业翻越任何一座大山，到达成功的彼岸。

模板：每一个企业都希望成功，然而，在追求成功的道路上充满了崎岖，有荆棘，有泥泞，有沟壑，要想追求到成功需要很多要素——A、B、C……但其中一个因素特别重要，那就是，Y。我们相信，Y 必然会带领企业翻越任何一座大山，到达成功的彼岸。

七、确定标题

(一)中心法——用文章的中心论点做标题

【例15】 根据下述材料,用中心法确定文章的标题。

户外真人秀是目前电视台一拥而上的娱乐热点,情感、游戏、旅游等各种玩法让明星们忙得不亦乐乎。但是,面对荧屏上的"真人秀热",河南卫视却剑走偏锋,首次将"文学"这个抽象名词与电视娱乐结合在一起,从5月15日起推出一档真人秀节目《文学英雄》。他们将作家蒋方舟、蔡崇达、张晓晗、陈谌等人,与演员张晓龙、吴樾、柯蓝、李乃文等人混搭一处,参与这个节目,让这些作家和演员一起在电视上秀文学,用电视真人秀形式来表现文学写作。

据报道,这档《文学英雄》是由著名出版人路金波策划,与河南卫视《汉字英雄》和《成语英雄》栏目组合作的"英雄"类的第三档节目。节目名字虽然是"英雄"系列,但形式与前两类室内竞技类文化节目颇有不同,是通过户外游戏和真人秀的形式进行"比赛",即作家们在限定题材、限定时间内创作作品,再由明星们以表演、朗诵等形式诠释出来,最后由现场观众投票决出每一位作家创作作品的名次。

标题:《赢在创新》

中心论点:创新是成功的关键。

【例16】 根据下述材料,用中心法确定文章的标题。

自古以来,就有"男儿膝下有黄金"之说。从古至今,不少铁血男儿也不断演绎出一曲曲"宁可站着死,也不跪着生"的悲壮之歌。

近年来,民工向老板讨薪下跪;老百姓在上诉过程中向官员下跪;有监考老师为求学生考试不作弊也下跪;北京某交警抓到一违章车,司机70岁的母亲下跪希望放行,而这名交警无奈竟抢先给她跪了下来。

标题:《尊严不可抛》

中心论点:尊严是必须坚守的基本原则。

(二)话题法——在材料话题之前或之后加词语来确定标题

【例17】 根据下述材料,以"生无所息"为话题,联系实际,用话题法确定文章的标题。

古希腊神话中终身服苦役的西西弗斯,他命中注定要永远推一块巨石上山,当石块靠近山顶时又滚落下来,于是重新再推,如此循环不息。

《列子·天瑞》中有孔子同他弟子的一段对话:

子贡倦于学,告孔子曰:"愿有所息。"仲尼曰:"生无所息。"

标题:《生命不息,奋斗不止》

中心论点:人只要活着,就应该为自己的目标不懈努力。

【例18】 根据上述例16的材料,用话题法确定文章的标题。

标题:《尊严无价》

中心论点:尊严虽然无形,但却无价,它是一个人、民族、国家的灵魂的最重要的组成部分。

（三）创造性拟题

1. 修辞法——运用比喻、拟人等修辞手法来定标题

【例19】 根据上述例15的材料，用修辞法确定文章的标题。

标题：《走产业创新之路》

中心论点：任何一个产业只有依靠创新，才能生存、发展、壮大。

2. 借用法——借用名言警句来定标题

【例20】 根据下面的材料，用借用法确定文章的标题。

1814年英国人斯蒂芬逊制造出世界上第一辆蒸汽机车，当时有人驾着一辆马车跟它赛跑。新生的火车丑陋笨重，走得很慢，漂亮的马车走在前头，而且火车由于没装弹簧，把路基都震坏了。然而史蒂芬逊并没有因为比赛失败而灰心，他不断改进机车，坚信火车具有马车无法比拟的前途。一百多年过去了，马车仍按原来的速度转动着轮子，而火车却在飞速前进，高速火车每小时可达200千米，试验火车的速度更加惊人。

标题：《星星之火，可以燎原》

中心论点：新事物必将取代旧事物。

3. 逆向标题法——以逆向表达中心论点的方式来定标题

【例21】 根据下面的材料，用逆向标题法确定文章的标题。

近些年来，新闻媒体经常报道公开招考公务员，乃至招考厅局级干部的消息，这同我国传统习惯中的"伯乐相马"似乎有了不同。请以"相马""赛马"为话题，写一篇600字左右的议论文，题目自拟。

标题：《人有失眼，马有失蹄》

中心论点：人才选拔中，"赛马"优于"相马"。

4. 并列组合法

【例22】 根据下面的材料，用并列组合法确定文章的标题。

孟子曾引用阳虎的话："为富，不仁矣；为仁，不富矣。"（《孟子·滕文公上》）这段话表明了古人对当时社会上为富为仁现象的一种态度，以及对两者之间关系的一种思考。

标题：《以仁为本，富仁兼得》

中心论点：企业经营应以仁为本，做到富仁兼得。

第五章　论说文写作示例

【例1】　根据以下材料，自拟题目撰写一篇700字左右的议论文。

感恩是一种处世哲学，是生命中的大智慧。人生在世，不可能一帆风顺，种种失败、无奈都需要我们勇敢地面对，豁达地处理。这时是一味地埋怨生活，从此变得消沉，还是对生活满怀感恩，跌倒了再爬起来？英国作家萨克雷说："生活就是一面镜子，你笑，它也笑；你哭，它也哭。"感恩，是一种歌唱生活的方式，它来自对生活的爱与希望。

【建议话题】　①积极地面对挫折。
②感恩。

【范文一】

感恩，勇往直前

小草心存对阳光雨露的感恩，一岁一枯荣之后又萌发新绿；雄鹰心存对蓝天白云的感恩，坠落悬崖后又振翅高飞。物犹如此，更何况人呢！面对挫折，怀有一颗感恩之心才能勇往直前。

心怀感恩，使我们保持积极的乐观态度。只有心怀感恩，才能跌倒后重新爬起；只有心怀感恩，才能领略更美的美景。狄更斯曾说过："成功就好比一架梯子。挫折是梯子两侧的长柱之间的横木。只有长柱，没有横木，梯子是没有用的。"可见感恩帮助我们勇于面对挫折。古今中外，集大成者无不在用自己的切身经历来阐释感恩在面对挫折时的重要性。"牛仔大王"李维斯在淘金中途遇地头蛇禁止他卖水发财，他对自己说："太棒了，感谢上帝又给了我一次成长的机会，凡事的发生必有因果，必有助于我。"最后他想到西部淘金人衣服易磨破，于是发明了牛仔裤。女探险家诺威琪将对手塔克拉玛干沙漠当作朋友来感谢它，以此激励自己，成功穿过了沙漠。试想，在面对强权面前，一味地沮丧，抱怨人生的不幸，他能灵机一动，想到新的发财之路，成为举世闻名的牛仔大王吗？人生在世，不可能一帆风顺，心怀感恩才能勇往直前。

反之，则止步不前，甚至一生碌碌无为。以消极的态度来面对挫折，只会将暂时的困扰看得重如泰山，进而失去继续努力的力量，一生平庸无为，甚至抛弃自己的生命。项羽自以为无颜面对江东父老，自刎乌江。倘若他能心怀感恩，感谢父亲母亲的支持，感谢士兵的尊重，在承载着这么多希望下，他还能自刎吗？人生在世，总会在追求成功的路上遇到一些绊脚石。首先，我们应该心存感激，以乐观积极的态度正视挫折，不要过度放大其不利的一面，先把自己给吓到。其次，学会感谢挫折，感谢其磨炼了自己的意志，能更好地面对未来的风雨。

心存感激，是一把打向铁坯的锤，打掉的是胆怯消极的坏料，铸造的是高尚的人格。

【点评】　文章采用对照式结构，正反两面说理、举例，对中心论点进行了充分论述，说服力较强，是一篇不错的应试作文。

文章若干处有瑕疵。①反面论述部分，即第三自然段的段首，如果明确地从反面表达中心论点，论述的效果更佳。②"试想，在面对强权面前，一味地沮丧，抱怨人生的不幸，他能灵机一动，想到新的发财之路，成为举世闻名的牛仔大王吗？"无法概括前文"李维斯"和"诺威琪"的两个例子。③炼词问题，如"磨砺意志"比"磨炼意志"更佳。

【范文二】

怀揣感恩之心

生活就是一面镜子,你笑,它也笑;你哭,它也哭。你若以感恩之心看待世界,你便会感受到世界给予的温暖。人生路漫漫,怀揣一颗感恩的心,一路上,定会春暖花开。

鸦有反哺之义,羊知跪乳之恩,更何况我们人类?这便让人想起了韩信,在他生活最艰苦、最不得志之时,一位勉强糊口的老妇人却因同情韩信的遭遇而不断救济他。虽是滴水之恩,韩信却铭记在心,并在被封为楚王之后以重金相报与老妇人。是感恩之心让世间充满了爱与真情,也是感恩之心让人内心世界变得光明。就像罗斯福一样,无论生活遭遇什么,都以感恩的心态去对待,当家里失盗后,他并没有抱怨和沮丧,而首先想的是"幸亏没有伤及生命,幸亏不是全部被盗,最庆幸的是做贼的是他而不是我"。正是他怀揣感恩之心才会看到事物好的一面,感恩常在,知足常乐。

然而,若没有感恩之心,人间哪还有温暖与真情?一个不懂感恩的人也将永远感受不到幸福与关爱;一个没有感恩之心的人将永远活在一个冷酷无情的世界里计较得失;一个忘恩负义的人也定会受到世人的谩骂与唾弃。是啊,怎能像吕布那样去偷袭唯一收留他的刘备的地盘徐州呢?施恩者可能不求回报,但受惠者却不能不存感恩之心。

自古以来,人人皆知,"恩欲报,怨欲忘,报怨短,报恩长"。没有人有义务为别人无偿付出,因此,唯有心存感激,才会温暖彼此的情义。当今社会有多少人心甘情愿帮助贫苦山区的儿童,又有多少人愿意无偿献血。面对这些"无偿奉献",我们更应怀揣感恩之心,善待他人,不因失去而怨天尤人,不因困苦而抱不平,以感恩之心看待世界,即使拥有的不多,也会觉得幸福。

感谢帮助你的人,是他们在你困难时给予一臂之力;感谢伤害你的人,是他们磨砺了你的意志,铸就了你的坚强。怀揣感恩之心,你会发现,世界会比想象的美好,自己会比想象中更优秀。

【点评】 文章采用对照式结构,中心明确,论证有力,文笔优美,对仗工整,是一篇优秀的应试作文。若干处有瑕疵,如"一个忘恩负义的人也定会受到世人的谩骂与唾弃",应该把"谩骂"删除。

【反例一】

积极面对挫折

英国作家萨克雷说:"生活就是一面镜子,你笑,他也笑;你哭,它也哭。"是的,我们是生活的主宰,在挫折面前,我们应该积极勇敢地面对。

只有积极向前的人才能看到壮美的景色,只有在绝望中寻找希望的人才能获得珍贵的果实。贝多芬虽丧失听力,但依然创作出了举世闻名的乐曲;海伦·凯勒虽天生失明失聪,但依然被世人所称赞;霍金虽然被病魔困在了轮椅上,但也没有终止对真理的探索……还有无数的学者、勇士,他们不怕艰难困苦,积极面对挫折,在成功的山峰上越攀越高。

反之,如果面对挫折,只会一味地埋怨生活,从此变得消沉不振,那么从古至今,就不会有什么生产上、科学上的进步,人民也不会创造出什么现代化生活了。也许有人会说:"解决挫折的办法有很多,积极面对并非就能够成功。"不错,当挫折来临时,不同的人有着不同的办法,并非积极面对就一定是强者,但是如果不积极面对挫折,那么你就一定不是强者。俞敏洪,当代新东方的创始人,他凭借在留学教育专业的杰出贡献,被社会誉为"留学之父"。但是在高中时期,俞敏洪两次高考失利,均是因为他现在的强项——英语。在复读班时,因为底子差,他从未受到过老师的鼓励,也从未得到过大家的肯定,只能凭借着积极的心态和不断地自我鼓励挺到最后。最终在经历两次磨难后以90分的英语成绩被北大录取。试想,如果当时他在两次挫折面前知难而退,变得消沉,那么还有现在这个颇负盛名的教育专家吗?失败固然可怕,但是故步自封、一蹶不振更加可怕。

作为当代有志青年,最宝贵的财富就是我们积极面对一切困难与挫折的精神。为了社会的进步,人们的幸福,更需要我们不断超越自我,积极面对挫折。

总之,人们应该发扬积极面对挫折的精神,知难而上,心怀阳光,勇于向前,不断获得新成果,开拓新领域,使我们的国家日益发展,人民生活水平更加提高,这是我们的责任,也是我们的义务。

【点评】 中心论点表达不清。比喻的目的是什么?是为了把复杂、晦涩的事情说简单、明了。文章中心论点的"主宰",表达不清。提醒考生注意,为了确保中心论点清晰、鲜明,一般不建议在中心论点中使用任何修辞手法。

在对照式文章结构中,一般以正面论述为主,正面论述的篇幅一般要大于反面论述,否则容易造成喧宾夺主的观感。

第三自然段的分论点:"反之,如果面对挫折,只会一味地埋怨生活,从此变得消沉不振,那么从古至今,就不会有什么生产上、科学上的进步,人民也不会创造出什么现代化生活了。"调整为"反之,如果面对挫折,只会一味地埋怨生活,从此变得消沉不振"。分论点指明"生产上、科学上的进步"和"创造现代化生活",而后续的论述完全没有做出回应,很明显造成分论据不足以说明分论点的问题。

文章通篇站在"个人"的角度行文,尾段却以"使我们的国家日益发展,人民生活水平更加提高,这是我们的责任,也是我们的义务"结尾,未能保持行文层次的一致,使得文章显得"虚",不落地。

修改建议:

①修改第一自然落的中心论点,使其更清晰明了。
②调整第二、三自然段的比例,使正面论述的篇幅大于反面论述。
③调整第三自然段的分论点。
④删除第五自然段,将第四自然段作为尾段。
⑤保持"干脆利落"的行文笔调,不要拖泥带水。类似于第一自然段的"是的",第三自然段反面论述的分论点的部分内容,第五自然段的"总之"都可以删除。

【反例二】
拥有一颗感恩的心

有这样一句话:"鱼之水恩,乃幸福之源也。"意思是说,感恩是幸福的源泉。因此我们应该怀有一颗感恩的心。

是的,只有怀有感恩之心才能看到最美丽的景色,只有怀有感恩之心才能获得珍贵的果实。因为感恩,让罗斯福积极面对生活;因为感恩,让海伦·凯勒创造了"盲人基金会",成为著名的慈善家;因为感恩,使诸葛亮成为一代英雄豪杰,被世人所歌颂……还有更多的人怀着一颗感恩的心,默默地奉献着自己的一份力量。

反之,如果没有一颗感恩的心,为人处世均以自己为中心,那么我们的社会将会变得多么的冷漠,我们的生活将会停滞不前。

然而如果"鱼忘水恩",那么它终究会变得郁郁寡欢。俗话说"天有不测风云",如果我们没有一颗感恩的心,把别人的帮助认为是理所当然,那么我们最终也会被别人抛弃。霍金,一位被病魔困在轮椅上的人,思想却在浩瀚宇宙的最深处遨游。当被别人问到是否认为命运让他失去了很多的时候,他说道:我的手指还能动,我的大脑还能思维,我有终生追求的理想,我还有一颗感恩的心。正是因为拥有一颗感恩的心,才使他在面对失败与挫折的时候,勇敢面对,勇往直前。试想,如果他因此埋怨生活,变得消沉,那么我们将又会失去一位旷世奇才,我们现在对宇宙黑洞的了解又有多少呢?

作为当代有志青年,最宝贵的财富就是怀有一颗感恩的心。在行动上应该感恩每一位帮助过自己的人,感恩生活,想他人之想,做他人之需。在思想上要充分发挥自己的主观能动性,心怀感恩,积极面对挫折与困难。

如果生活是一首充满诗情画意的诗,那么感恩则是其中最华丽的词藻;如果生活是一片蓝天,那么感恩则是黎明时天空中的朝霞;如果生活是一片汪洋大海,那么感恩则是海中最美的浪花。让我们心怀感恩,为社会的进步、人们的幸福发挥自己的余热。

【点评】 在对照式文章结构中,一般以正面论述为主,正面论述的篇幅一般要大于反面论述,这篇文章未能把握好这一点。这篇文章的段落划分比较随意,可以把第三、第四自然段合并。尾段的这种骈俪的结尾方式,在论说文中一般不建议使用。

【例2】 根据以下材料,自拟题目撰写一篇700字左右的议论文。

因为经常受到猫的袭击,老鼠们终日提心吊胆,非常苦恼,于是就开会商量躲避猫的办法。一只老鼠说:"猫走得那么轻,一点也听不到它的声音。如果在它的脖子上挂个铃铛,我们一听到铃声就可以逃跑了。"大家对它的提议报以热烈的掌声,并一致通过。这时,一只年老的老鼠站起来说:"这个办法是非常好的,但派谁去把铃铛挂到猫的脖子上呢?"老鼠们开始推来推去:"你去挂!""不,你去!"它们就这么互相推,所以一直到现在,猫还是照旧捉住老鼠。

【建议话题】

①知易行难,知行合一。
②方法要切合实际。

【范文一】

行动比想法更重要

老鼠为了躲避猫,想到一个在猫的脖子上挂铃铛的想法,但是因为没有老鼠去挂铃铛,最后导致直到现在猫照旧捉住老鼠,由此我们可以得出一个道理,行动比想法更重要!

列宁说:"不要做思想的巨人,行动的矮子。"想法固然重要,但是没有行动,再好的想法也只是天方夜谭。行动会让你更快一步走向成功。行动比想法更重要,如果没有行动,再美的花也结不出果实,再好的钢琴也弹奏不出美妙的乐曲,再独特的设计理念也不会成为现实。"牛仔大王"李维斯准备去西部淘金,但是河水挡住了去路,在别人苦恼之时,他想到通过开船载大家渡河不失为一个赚钱的好办法,最终,他把想法付诸行动,真的为他赚了不少钱。试想一下,假如他没有付诸行动,只是空想,然后与其他人一样无奈之下放弃,他还会到西部去,也许更不会成为"牛仔大王"。正是因为他懂得行动比想法更重要的道理,才会一步步促使他成为"牛仔大王"。

相反的,如果没有把想法付诸行动而只是空谈,那么永远也不会成功。赵括小时候学习兵法,可以说是无人能敌,并放出豪言:"若必将之,破赵军者必赵括也。"赵国派赵括替代廉颇出战,大家都以为赵国一定会大胜。然而,因为赵括从来没有实战经验,对部队行动的安排完全出于兵法书籍的理论知识,轻率任用军官,最终导致赵军大败。因为纸上谈兵,从来不实践,导致了赵军的大败,看来行动是非常重要的!

不积跬步无以至千里,不积小流无以成江海。我们应该从点滴做起,努力将自己的每个好的想法,脚踏实地地付诸行动,如此积累,我们一定会有很大的进步,不断向成功靠近。让我们一起努力,做行动的巨人!

【点评】 文章结构合理,中心突出,正反论证,较有说服力,是一篇不错的应试作文。请注意,首段对于材料的总结还可进一步提炼。

【范文二】

知行合一

老鼠们相互推脱,不将想法付诸实践,想不受到猫的袭击的愿望永远不能实现。临渊羡鱼,不如退而结网,只有做到知行合一,才能将理想变成现实。

古今中外,集大成者无不用切身经历来阐释知行合一这一真理。为了实践朱熹"格物致知"的王守仁,对着竹林推究了七日七夜,病倒后终于悟出格物不只是外在观察,而应行动起来进行实践,致知必须经过实际锻炼才能获得,最后提出"知行合一"说。哥伦布为了实践毕达哥拉斯"地球是圆的"理论,环球旅行,最后提出"地心说"。试想,他们若没有把理论与实践相结合,自以为知道了理论就懂了其中的内涵,能提出举世闻名的学说吗?一千个"0"顶不上一个"1",一千次想象不如一次实际行动。克雷诺夫曾说:"成功好比一架梯子。想法是梯子两侧的长柱,实干是两个长柱间的横木。只有横木,没有长柱是构不成梯子的,而只有长柱没有横木,梯子也是没有用的。"只有知行合一,理想的风帆才会鼓足力量,人生的帆船才能驶向成功的彼岸。只有知行合一,才能将理想变成现实,铸造辉煌。

反之,只有想法而不能付诸实际,只有理论而无法通过现实的考验,再美好的蓝图也不可能成为现实,再完美的计划也只是一纸空文。赵括虽精通兵法,但不知与实际相结合,致使40万赵兵被活埋;马谡能言善辩,畅谈军事,然而亲临战场却兵败街亭。知行合一,理想才能变成现实。

当今社会竞争激烈,如果没有实干做支撑,不管说得多华丽、想得多完美,也难以真正获得成绩、成就事业。我们要彻底摒弃好高骛远,远离眼高手低,做到脚踏实地、求真务实,做一个知行合一的实践者。行动是打向坯料的铁锤,打掉的是空谈的废屑,铸成的是自己的理想和未来!

【点评】 文章结构合理,中心突出,正反论证,有理有据,表达流畅,文辞精彩,是一篇上佳的应试作文。

【反例一】

担当的重要性

聪明的老鼠们虽然想到了一个好办法——在猫的脖子上挂个铃铛,以达到躲避猫的袭击的目的,然而老鼠们却互相推诿,没有人愿意去做那只把铃铛挂在猫脖子上的老鼠。老鼠们的不担当,使得它们直到今日仍旧是被猫捉住的老鼠。

从老鼠身上可以看出担当的重要性。就算只有一只老鼠敢于担当,承担起去猫脖子上挂铃铛的任务,那么老鼠的境况或许就会与今日不同。可见,勇于担当是一种对人十分重要的操守。

勇于担当,可以使人造就非同寻常的伟业;勇于担当,可以给人留下经久传唱的美名。木兰虽生为女儿身,却勇于担当,代父从征,从此谱写了一段传奇并被人所赞扬;王顺友不怕山路难走,勇于承担身为信使的职责,由于为人们数十年如一日地送信,而被人敬佩;而岳飞,则用自己的生命和鲜血书写了为国担当的战歌……古往今来,还有很多人由于勇于担当而流芳百世,为世人所称颂。

然而有时候,没有担当会给人乃至国家带来一些不好的结果。吴三桂放弃山海关,投降清朝,是他的不担当致使中原沦陷;张学良的东北军放弃东北,是他的不担当使东北地区落入他人之手……可见,不担当会给人带来一些不好的影响。

不担当,不去承担责任,固然落得个轻松自在,但如果人人都不担当,我们期望自己国家成为世界强国的愿望很可能会落空。华盛顿因为贪玩而砍倒了一棵优良品种的樱桃树,面对可能暴怒的父亲,他选择了担当,坦白一切。正是他的有担当,使得他后来成为美国第一任总统。

总之,我们应该努力学会担当,勇于承担责任,这样我们才能在人生的道路上走得更远更好!

【点评】 这篇文章的结构不太合理,段落划分比较随意,论证缺乏说服力。建议考生多练习如何提炼材料,如何从材料中水到渠成地导出自己的中心论点,同时可以把第一、第二自然段合并,更明确地表达中心论点。将东北的沦陷归因于张学良的不担当,将华盛顿能成为美国总统归因于其有担当,明显有归因不当的嫌疑。此类论证的问题,使得文章整体的可信度不高。

【反例二】

知行合一方得始终

当老鼠们商量得出"在猫脖子上挂个铃铛后听到声音我们就可以逃跑"的最终提议并为此热烈欢呼时,却因没人最终可以去挂铃铛而未能实现。的确,想法总是丰富多彩,可用时也不要忘记想想它是否可行。知行合一才方能始终。

正如一位名人所言:"人生伟业的建立不在能知,而在能行。"人人都想达到完美,可是不切合实际便也只是天方夜谭。这就不得不敬佩小米企业,选择适合自己企业的可行的低端市场,以低廉的价格和最高的性价比来赢得普通大众的需求,而不与苹果、三星等高端市场攀比。正因为他们懂得知行合一,选择切实可行的方向才会取得最佳的效果。

然而,如果只是设想万千,理想确实很丰满,却忘了现实的骨感,一切不切合实际的想法都只是空想,就像史玉柱的巨人集团,在众人吹捧下将原本七层的大楼计划成七十层,大兴土木,盲目扩张,毫不考虑实际,最终也黯然收场。因此,脱离实际的好高骛远注定难以成功。

诚然,我们时刻要记得理论是建立在实践的基础上,再美好的想法唯有做到能行动才是硬道理。要记得临渊羡鱼不如退而结网。希望我们可以像"老干妈"陶华碧一样有多大能力做多大的事情,选择实际的方法来开创自己的事业;希望我们可以像李时珍一样,知道仕途之路不可行就不再高攀,走自己的采药之路,并坚持付诸行动,也会实现自己的人生价值;更希望我们能像肯德基企业一样,明白一味模仿国外口味并不一定也会成功,唯有创造适合中国人需求的食品才更切实可行。所以,找实际的方法,走可行之路,才会走得更远。

人生路上,每个人都有梦想,要选择适合的方向,要走可以实现的路,否则一切只是幻想。要记住:知行合一才能走向成功。

【点评】 文章中心论点不够清晰,未能阐释清楚何谓"知行合一方得始终"。论证缺乏说服力,尤其是例证不能很好地支持论点,可信度不高。

【例3】 根据以下材料,自拟题目撰写一篇700字左右的议论文。

趴在鱼缸里晒太阳的乌龟对刚被捕捞起来的鲥鱼说:"哎,你马上就要成为盘中佳肴,再也不能像我一样呼吸自由的空气了。"鲥鱼奄奄一息:"虽然我的生命短暂,但我至少领略过江海的辽远;你的生命再长,却从未欣赏过鱼缸外的山色湖光。"乌龟悠闲地踱了几步,笑着:"连生命都没有了,还拿什么去见识外面的世界?"

【建议话题】

①生命的价值。

②正确认识自己。

【范文一】

让生命有价值

鲫鱼面对乌龟的叹息,说道:"虽然我的生命短暂,但我至少领略过江海的辽远。"生命的价值不在于长短,而在于让生命有价值。那我们该如何去实现生命的价值呢?

生命价值的实现要求我们要有明确的目标。目标是实现生命价值的保障,它指引着你前进路上的目标,鼓励你咬紧牙关战胜困难。双耳失聪的贝多芬,其心中要成为一名音乐家的梦想一直激励着他克服艰难险阻,谱写出举世闻名的乐章,实现了作为一名音乐家的价值。马克思和恩格斯秉持解放全人类的伟大历史目标,不断研究人类社会发展规律,为后人留下了巨大的理论财富和指导灼见,实现了作为思想家和政治家的价值。无数伟大前人向我们证明,生命价值的实现离不开明确的目标。

生命价值的实现需要我们具备坚持不懈的精神。柏拉图说:"坚持如船桨,丢弃船桨,也便失去了前进的动力。"驶向成功的航程,必定会遇到艰难险阻,倘若因风浪而弃船桨,又如何能到达胜利的彼岸?在生命的旅途中,不可能一帆风顺,精彩的生命正是要乘风破浪,坚持到底,不言放弃。纵使途中充满千难万险,也要有唐玄奘那般决不放弃、坚持到底的毅力,才能实现生命的价值。

生命价值的实现要求我们更加客观地认识生命本身。万事万物有始必有终,生命亦是如此。若是如同那只鱼缸里的乌龟,只为生存而苟活,还谈何实现生命的价值?史铁生面对疾病从容淡定,以一颗平常心面对生命的完结,使他对生命的价值有了更加深入的体会。无数革命先烈,英勇如杨靖宇、壮烈如黄继光、不屈如江姐……他们何尝不知生命只有一次,何尝不知生命宝贵。以客观、冷静的心态看待生命,真正明白生命短暂却宝贵,如此才懂得更加珍惜生命,全力实现生命的价值。

我们必须明确目标,坚持不懈,客观地认识生命,如此才能更好地实现生命的价值。

【点评】 本文立意深刻,中心明确,结构清晰,有理有据,语言精炼,是一篇不错的应试作文。文章结尾稍显不足。

【范文二】

生命的价值

从未见识过外面的世界的乌龟嘲笑鲫鱼即将失去生命,鲫鱼却认为自己的生命虽然短暂,但至少曾领略过江海的辽阔。有的人在碌碌无为中度过一生,有的人在怨声载道中度过一生,有的人在追求生命价值中度过一生……我们又将做何选择?追求生命价值的人生才有意义。

司马迁说:"人固有一死,或重于泰山,或轻于鸿毛。"郭永怀是对中国核弹和卫星实验做出重要贡献的科学家之一。在1968年的一天,他乘坐的飞机不幸失火坠毁。救援人员赶赴事故现场,看到眼前的一幕热泪纵横:他和警卫员紧紧抱在一起,两具烧焦的尸体之间是完好无损的装有珍贵资料的公文包。危难的一刻,郭永怀和警卫员想的是如何保护资料,而不是如何挽救自己的生命,他们的死重于泰山。动物学家施密特在观察毒蛇时被咬伤,在他知道自己即将死亡的时候写下症状,为人们留下了珍贵的资料,他以自己的生命为代价,为挽救更多生命实现了自己的价值。人的一生或长或短,有价值的生命在历史的天空划出了一道道亮丽的彩虹。

反之,无论生命长短,一生或者碌碌无为,或者怨声载道。这样对吗?显然是不对的。如果每个人都不追求生命的价值,而是庸庸碌碌,如行尸走肉般活着,那当我们死去时在这个世界不会留下一丝一毫的痕迹。每个人的积极进取,才共同推动了社会的进步、民族的发展、国家的昌盛。故而追求生命价值的人生,不光是为自己,同时也是我们作为社会一员应当承担的责任和义务。作为中国新一代的建设者,我们应该选择努力拼搏,为国家的发展做出努力,实现自己的生命价值。

积极、进取、奋发、努力,不虚度光阴,不庸庸碌碌,不犹豫迟疑,追求生命价值的人生才有意义。

【点评】 本文立意深刻,中心明确,结构清晰,论证有力,是一篇不错的应试作文。文章说理部分还有待进一步提高。

【反例一】

<h3 style="text-align:center">客观之上追求主动</h3>

鲫鱼的生命即将终结,尽管其领略过江河,可也始终敌不过存有生命,有机会见识更为广阔世界的乌龟,不由沉思,只有在客观存在的前提下,才能追求主动,谋求发展。

何谓客观存在?就是切切实实存在的物质实体以及相互间的固有联系。而何谓主观能动?不过是在人们主观意识下对于客观世界的反作用。因而无论企业还是个人唯有客观存在时,才能发挥主观能动性认识,改造世界。

反之,试想,如果没有了客观存在,人的意识又怎么能作为其反映进行实践活动呢?就如同乌龟和鲫鱼,在乌龟存留的情况下,它可以寻求机会,改变想法,认识世界,而没有了生命的鲫鱼,它的认知就止步于此,无法深入。企业亦如此,巨人集团的盲目扩张也是警示,在根基不稳,没有足够发展条件下,扩张新领域的主观能动反而不具有可行性。

究其原因,不难发现。存在了客观条件不能保证主观意识的实施,但是有可能像乌龟具有提升价值的空间,没有客观存在一定无法主观地改造世界,像是巨人集团注定要失败。

客观上追求主动,首先要求我们存有尊重客观规律的意识,无论企业还是个人,都要保全自身,立于自身不败之地,以客观存在作为基础,不断地创新钻研,提升自身内在的素养,而后发挥主观能动性,创造出与时俱进的价值。

当然,提倡的主观能动,不是不着边际的幻想,也不是一味地埋头认知,而是要切合实际将想法付诸行动,不断实践才能收获,在如今科技的时代,由于通信行业的钻研创新,使我们步入了 4G 时代;也是由于微软的钻研创新,我们接收传递信息的处理与时俱进。

注重客观,客观之上追求主动,创造出更有价值的存在。

【点评】 从材料出发得出"客观之上追求主动"的中心论点,有偏题之嫌,这是论说文的大忌。文章立意宜"求稳"。即便以此为命题作文,本篇文章并没有提出任何实质性建议。文章结构比较混乱,段落划分随意。文章说理不清,例证单薄,论证缺乏说服力。

【反例二】

<h3 style="text-align:center">生命的真谛在于追求</h3>

生命的意义又是什么?乌龟选择了鱼缸里的安逸,就算它活着,但它可能永远只拥有鱼缸那么大的一片天空;而鲫鱼选择了追求江海的辽阔,选择不息的"奔跑",它曾经拥有过整个大海的波澜壮阔。

曾经有人对我说:"生命是有限的,不是每一个人都会成为伟大的人,我们可以做一个平凡的人,但是不能平庸。"这样看来,生命的真谛应该是追求吧。

不停地奔跑,才能感受人生的多彩。阿甘若是没有追求,何来幸福的人生和美丽的妻子,也许他会永远只是那个拄着拐杖的弱智;贝多芬若是没有追求,哪会创作出"命运交响曲",也就只是一个可怜的聋子;爱迪生若是没有追求,哪有这些神奇又伟大的发明,可能我们现在还活在没有灯的黑夜里。可见,追求才是人生的真谛,人固有一死,而那些追求的信念和事物将使你永活于世。

没有追求的人生，就好比"井底之蛙"，到死也不知道世界的宽广。正像乌龟所得意的，它是没有因为追求大海而面临死亡，可它也永远不会离开鱼缸，即使有了生命也永远见不到海的辽阔，这样的生命日复一日又有什么意义呢？每天囚禁在同一个地方坐吃等死，这又与死去有什么不同呢？

一个人的生命如此，一个国家、一个民族的兴衰存亡不也是如此吗？回想闭关锁国的旧中国，不进取，无追求，只求安逸，可它安逸了吗？当外敌来袭我们却无法反抗，没有创新，没有进步，没有拓广的视野，眼前的安逸也只是暂时的。唯有不断地追求和革新，不断地前进、奔跑、向世界看齐，我们伟大的民族才能长久地繁荣昌盛。

对我来说，生命的真谛怎能不在于追求呢？所以我努力着，我走出小县城，来到大都市，我追求着各种别样的精彩，我还将跨越山和大海，去那森林和沙漠，去看圣母玛利亚的庄严和埃菲尔铁塔的奇特，这样在弥留之际，回顾我短暂的人生，我才会不留遗憾。

奔跑吧！向着远方，追求生命的真谛。

【点评】 这篇文章的立意、中心论点都没有问题，但是未能很好地把握"论说文"这一文体的特点。论说文要求使人懂、使人信、使人行，本文的现实性、可操作性较弱，整体感觉比较像散文，发表了一些感慨，而没有提出实质性的建议。这样的文章，得分一般不高。另外，第二段引用的话最好是名人名言，说明出处，如此说服力更强。

【例4】 根据以下材料，自拟题目撰写一篇700字左右的议论文。

2015年9月3日，习近平总书记在世界反法西斯战争胜利70周年庆典的讲话中指出，人类社会是命运共同体。一年前，首届世界互联网大会在浙江乌镇召开，习近平总书记在致大会的贺词中指出，互联网真正让世界变成了地球村，让国际社会越来越成为你中有我、我中有你的命运共同体。李克强总理在杭州会见出席大会的中外代表并同他们座谈，他表示，互联网是人类最伟大的发明之一，改变了人类世界的空间轴、时间轴和思想维度。中国接入互联网20年来，已发展成为世界互联网大国，不仅培育起一个巨大市场，也促生了许多新技术、新产品、新业态、新模式，创造了上千万就业岗位，很多人特别是年轻人、大学生因此实现了事业梦、人生梦。

目前，全世界网民数量达到了30亿人，普及率达40%，全球范围内实现了网络互联、信息互通。即使是世界上最偏僻的一角，只要接入互联网，就接入了人类这个大家庭。同住地球村的"居民"，借助于互联网的力量极大地拉近了距离，互联经济已经成为世界经济发展速度最快、潜力最大、合作最活跃的领域之一，形成了世界网络大市场；一个短小的视频通过全世界网民的点击，可以一夜之间成为全球流行文化的宠儿；提供高速的移动通信和无线宽带服务，几乎已是各国旅游"设施"的标配。

当然，互联网发展过程中也产生了一系类问题，如网络信息安全、网络犯罪等，甚至对国家主权、安全、发展利益形成了新的挑战。互联网到底是阿里巴巴的宝库，还是潘多拉的魔盒？这取决于"命运共同体"如何认真应对，谋求共治。从这样的视野来看，已走过20年岁月的中国互联网，站在了大有可为的新起点。

【建议话题】
①共赢。
②科技创新。
③面对机遇，迎接挑战。

【范文一】

懂得合作才能共赢

习近平总书记在纪念反法西斯战争胜利70周年大会上指出,人类社会是命运共同体。"命运共同体",顾名思义,是指命运休戚相关。在互联网信息高速发展的21世纪,世界各国文化、经济相互碰撞、融合,一个人、一个企业、一个国家想要谋求更好的发展,单单靠自己的努力是远远不够的,唯有合作,才能共赢。

在个人领域,唯有懂得与人合作,才能共赢。例如马云创办阿里巴巴,开发外经贸部官网及网上中国商品交易市场展开互联网合作模式;俞敏洪施行免费听课、无偿赠送资料等制度,并坚持以丰厚待遇聘请最好的教师,使学员、教师取得了共赢,保证教学质量的绝对领先;一代传奇乔布斯之所以能改变世界,也在于与其他创业团队合作,让全世界分享他们的成果。当然合作只是共赢的必要条件,要达到共赢还需要坚持不懈地努力。

对于企业而言,合作共赢也同样重要。一个企业再强大,故步自封也会走向灭亡。柯达公司就是如此,它最先研发出了数码相机,却试图用专利权来阻止其他企业的发展,最终申请了破产保护,而反观曾经在拍照和音乐方面极其强悍的手机品牌索爱,就是由索尼和爱立信合作的结果;苹果和魔声的合作,苹果和三星的合作都使它们达到了共赢。

对于国家来说双赢更是如此。国际关系也要双赢。例如,中法互办文化年,双方开展了广泛的经济文化合作。法国的高级时装、烹饪技术、高档化妆品流动成中国市场上一道亮丽的风景线,中国的唐装、博大精深的儒家文化也活跃在法国炫目的舞台上,双方在竞争中掺入了合作的油彩,让共赢成为画幅上最为亮丽的一笔。

在21世纪全球经济一体化的背景下,面对前所未有的挑战,我们青年应该互相帮助,企业应该精诚合作,国家应该谋求共同进步,来达到真正的命运共同体,达到共赢。

【点评】 本文从个人、企业、国家三个层面论述了"唯有合作,才能共赢",中心明确,层次清晰,论证有力,是一篇不错的应试作文。

【范文二】

善用互联网促合作共赢

互联网改变了人类世界的空间轴、时间轴和思想维度,让世界变成了地球村,让国际社会越来越成为你中有我、我中有你的命运共同体。善用互联网,促合作共赢,是世界各国面临的一个共同课题。

基于互联网的全球一体化是不可逆转的历史潮流。互联网经过几十年的发展,走进了千家万户,把世界联成一个整体,推动了各国各地区在经济、文化和政治领域的合作互通,从而促进了各国的经济发展和文化繁荣。

首先,各国应鼓励互联网技术的创新。全世界网民数量达到了30亿人,普及率达40%,全球范围内实现了网络互联、信息互通。互联经济已经成为世界经济发展速度最快、潜力最大、合作最活跃的领域之一,形成了世界网络大市场。互联网培育起一个巨大市场,各国更应当鼓励互联网技术的创新发展,促进新技术、新产品、新业态、新模式的发展,实现合作共赢。

其次,各国应制定相关法律对互联网进行有效监管。互联网发展过程中产生了一系列问题,如网络信息安全、网络犯罪等,甚至对国家主权、安全、发展利益形成了新的挑战。各国应站在"命运共同体"的角度,建立本国的互联网的相关法律和国际互联网管理公约,以应对解决新环境下的现实问题。只有通过立法共同维护互联网的秩序,净化网络环境,打击不法分子,对不法行为严惩不贷,才能实现合作共赢。

最后，各国应加强思想道德法治教育。世界各国应当加强公民特别是青少年的思想道德建设和法制教育，树立互联网时代知法、懂法、守法的意识，约束自己的行为。增强公民在互联网这个虚拟世界中的责任意识，对自己的言论行为负责，扮演好"世界公民"的角色，才能实现各国的合作共赢。

时代潮流滚滚向前，各国只有鼓励技术创新，有效立法监管，加强思想道德法治教育，才能善用互联网，促进合作共赢。

【点评】 本文中心明确，层次清晰，论证有力，是一篇不错的应试作文。

【反例一】

网络这把"双刃剑"

互联网作为新时代的产物显然给人类带来了巨大的影响，它改变了人类世界的空间轴、时间轴和思维维度，但同时它也带来了很多威胁，那么人类又将如何使用好这把双刃剑呢？

网络是推开新世界大门的钥匙，是经济发展的路灯，是全球化交流的红线。正是因为有了网络，阿里巴巴成为人类社会的宝库，马云成为新时代消费的领导者，双十一成为人类史上"厮杀"的大战，它给国家GDP带来了促进的同时，也给消费者带来便捷和优惠。这也只是互联网发展的优势之一，它在我们人类的生活、经济、文化、教育、科技等各个领域都起着不可取代的作用。固然互联网开创了一个时代，可同时它也打开了潘多拉的魔盒，个人隐私、财产安全，甚至国家政权、发展利益都受到挑战。又由于网络传播快的特性，一些恶性事件和网络流言危害着人们的生活和国家的稳定。可见，处理好网络带来的弊端是国家的重要任务之一。如何把握好尺度，谋求共治，也是国家和全人类要考虑的问题。在互联网这个地球村中，全世界人类这一"命运共同体"的利弊存亡是统一的，我们必须合作共赢，才能防止网络带来的危害，寻求其优势最大化，同时各国应该联合起来制定相关法规和措施，相互理解，相互制衡。若是利用网络恶意竞争，恶意攻击，不仅会损害自身利益，更会引得网络黑客乘虚而入，危害国土安全，而由网络引发的高科技大战，也许会造成全人类的毁灭。

即使在身边我们也能关注到网络的双刃性，有了网络，我们可以足不出户就能学到很多知识，领略各地的美景；有了网络，我们也可能沉迷于网络和虚拟世界的美好，脱离现实。这把双刃剑的影响是多么巨大啊！

因此，若想游刃有余地行走在网络中，我们必须谋求共治，利用好这把双刃剑。

【点评】 文章的中心论点是"如何使用好网络这把双刃剑"，但却未很好地从利弊两方面提出可行性的建议。文章中心论点无法统辖全文，思路不清晰，分段不合理，是一篇失败之作。

【反例二】

科技创新，时代的要求

习近平总书记在首届世界互联网大会中指出，互联网真正让世界成为地球村，成为相互制约的命运共同体。习总书记的讲话让我深刻意识到科技的发展与创新已经成为时代的要求。

首先，科技的发展创新是大势所趋。回顾过去，我国科学技术经历了从20世纪80年代的BB机、大哥大，到21世纪互联网的普及，再到现如今"一部手机走天下"的不断更新不断进步的辉煌历程。同时，购物、就医为人们带来的便利，无纸化办公为环境带来的改善，科学研究给国家带来的富强，无不得益于科技的发展。由此可见，科技的发展创新已经成为现代化社会发展进步的必然趋势。

其次，愈演愈烈的全球化竞争要求我们科技创新。在全球化浪潮席卷一切的时代，国与国之间胜负已经不是仅仅靠军事化实力、经济发展水平所能衡量的了，而更多的是科技水平的较量。美国宇航员阿姆斯特朗代表全人类第一次登月以及我国首颗绕月人造卫星嫦娥一号的诞生,无不引起了世界的轰动,开启了全世界向科技发展进军的大门。如今,各国都积极发展教育,培养科技型人才,通过科技的进步推动军事、经济的发展,从而使自己在全球化浪潮中站稳脚跟。此时,如果我们因循守旧,毫无突破,毫无创新,势必会被逐出全球化竞争的大潮而越落越远。

不得不提的是,任何事物发展都有两面性,科技发展也不例外。随着科技的不断发展,所暴露出来的问题也就越来越多,从网络犯罪到国际机密文件的窃取。此时就需要各国加强国民教育,使人们正确认识并使用科技,使科技良性发展。

科技发展,大势所趋;科技创新,时代的要求。要想做到科技创新,我们必须对自身和外部环境有深刻的认识,果断地摒弃传统守旧的科学知识,积极钻研,积极探索,与时俱进。唯有如此,才会让我们国民生活水平日益提高,国家发展繁荣富强。

【点评】 文章的中心论点过于宽泛,不深刻。第二自然段"科技的发展创新是大势所趋"这一分论点的论述,过于浅显,缺乏说服力。第三自然段未能表达出国与国之间的全球化竞争。某些地方表述欠妥当,如尾段"果断地摒弃传统守旧的科学知识",科学知识具有客观真理性,而"传统守旧"是主观的价值判断。

【例5】 根据以下材料,自拟题目撰写一篇700字左右的议论文。

亚投行带来的"鲶鱼效应"意味着未来国际经济秩序的变革可能会遵循着"以竞争求合作"的原则,多边组织之间的竞争在一定意义上也缓和了大国竞争,淡化了地缘政治竞争的色彩。亚投行的意向成员国就亚投行的章程进行的谈判意外的顺利,年底之前将投入运营,从倡议到实施再到运营,亚投行也成为多边金融合作平台的高效率的典范。与此同时,日本首相安倍宣布未来5年将投入1 100亿美元用于亚洲基础设施建设。此外,世界银行行长金庸也宣布在未来3~4年向印尼提供110亿美元贷款,支持该国的公路、港口等基础设施建设。在亚洲基础设施建设领域,亚投行、亚行和世行呈现出相互竞争的态势,对于这种局面,亚洲国家当然是乐见其成。就在半年前,这种场景是难以想象的,亚投行的出现就像一条鲶鱼一样,让世行和亚行放下了傲慢与偏见,为亚洲的基建和经济发展带来了新的活力。

【建议话题】
①合作共赢。
②竞争带来进步。

【范文一】

竞争合作创共赢

亚投行带来的"鲶鱼效应"不仅让我们看到了竞争的魅力,也让我们深刻体会到只有在竞争中的合作才是共赢的基础。尤其是在高新技术飞速发展的今天,几乎在每一个社会领域都存在着竞争与合作。只有竞争与合作同时发挥作用,才能实现共赢。

竞争是社会进步的基础。现代社会一切产物都离不开竞争。从濒临倒闭的海尔冰箱厂,到如今远销海外的著名跨国企业海尔集团;从最初的无声电影《定军山》到现代的平板电脑、电视,无一不是竞争的产物。正是源自对竞争的重视,才有了不断涌现的新技术、新发明、新产品,人们才会想要做得更好,更快地超越,可见是竞争推动了人类的进步,也为我们进一步的合作打下了良好的基础。

合作是取得双赢的必要保证。所有人类的一切成果都离不开合作的结果。合作可以在取对方之长、补自身之短的同时,实现双赢。我们曾记得篮球场上那些队员之间的密切合作,为团队赢得了极大的荣誉；优酷与土豆的合作，让两个新型的互联网企业一跃成为国内视频直播网站的佼佼者；宝洁公司与沃尔玛的合作，使两个古老的企业都迎来了灿烂的明天，实现了真正的合作共赢。可见，合作，尤其是竞争中的合作，可以最大限度地实现信息共享，资源整合，优势互补。尤其在经济发展日益快速的今天，唯有合作才能实现真正的共赢。

竞争与合作几乎是密不可分的。如果缺少了竞争，我们也便失去了前进的动力，社会的发展必然停滞；同样，如果没有合作，那所有的成果都是自私的，不会取得永久的成功。人与人之间，企业与企业之间，乃至国家与国家之间，只有在竞争中合作，在合作中竞争，才能达到社会的和谐，国家的安定，世界的和平与发展。

面对全球化的发展，面对机遇与挑战，作为新时代的有志青年，更应以竞争求合作，通过和谐竞争，创造合作共赢，为世界经济的进步做出贡献。

【点评】 本文立意深刻，中心明确，结构思路清晰，分论点设计合理，是一篇不错的应试作文。本文的本论部分较多的是立足企业角度，而结尾段放在了"有志青年"这一角度，不是特别合理，建议修改为"人和企业"。

【范文二】

以竞争促发展

鲶鱼效应是指将鲶鱼放入小鱼群中，小鱼受到鲶鱼的追赶而四处游动，从而保持了生命活力。而将亚投行比作鲶鱼一点都不为过。亚投行的诞生，让世界银行和亚行放下了傲慢与偏见，扩大对各国的基建和经济的投资，从而与亚投行共同为亚洲的成长做出贡献。

从这个例子中我们可以得出，要想提高一个企业，机构或市场的活力、积极性，我们可以通过鲶鱼效应，发挥竞争的积极作用，以竞争促发展。

在企业中发挥竞争的积极作用。现在的企业越来越重视鲶鱼效应在企业中的作用，逐渐引进鲶鱼型人才。鲶鱼型员工熟练高超的工作技巧、工作能力，给其他员工带来压力，从而提高企业员工工作积极性，改变企业中无生机的状态。但企业应在充分发挥鲶鱼型员工积极作用的同时，处理好鲶鱼型员工的出路问题，过度的竞争会导致竞争恶化而产生反作用，因此合理放置鲶鱼型人才在公司中的位置也至关重要，这是个关于竞争的把握的度的问题。

用竞争提高市场积极性。当市场中的企业都处于垄断地位，专权独大时，就会轻视消费者的权益，甚至危害到消费者合法权益，打压中小企业的发展，阻碍国家经济的发展。因此发挥竞争在市场中的作用，需要国家扶持中小企业的发展，用法律法规限制企业垄断的发展趋势，营造良好的竞争环境，用竞争提高市场活力，促进经济发展。

通过竞争提高各国经济繁荣。自我国改革开放以来，国内市场向国外市场开放，引进了大量的国外技术、人才和产品。国外企业也纷纷进入中国市场争夺经济利益。对外国也是如此，中国的经济对它们也产生了竞争的作用。各国间的竞争，促使各国都积极寻找获得利益的新途径，发展新的经济模式，在竞争中求合作，极大地促进了各国经济的发展。

竞争无处不在，面对竞争的压力，我们要积极面对，找寻战胜对手的方法，在竞争中相互学习，相互借鉴，以竞争促发展。

【点评】 这篇文章立意深刻，中心明确，思路清晰，结构合理，是一篇不错的应试作文。三个分论点的表述若修改为"竞争促进企业发展、竞争促进市场进步、竞争促进国家繁荣"，则更佳。

【反例一】

在竞争中合作

亚投行带来的"鲶鱼效应"告诉我们,在当今国际经济发展体制多元化的背景下,单凭相互竞争是无法生存的,有时还会伤及自身利益,所以,在竞争中寻求合作才是当今经济市场中的主流趋势。

生活不是童话,竞争无处不在。竞争是人向上的不竭动力,是选拔人才的最佳方式,是完善自我、实现民族自强的根本途径。社会对每个人都是公平的,每一瞬间,我们若消极懈怠,安于现状,不思进取,必将被时代抛得老远或是淘汰。就像鱼缸里的那些小鱼一样,只有放入鲶鱼才能激起它们的斗志,在竞争中存活,而不是在麻木中等死。一个企业要在竞争中不断地完善自我,提高生产率,加强管理才能获得效益;一个国家要在竞争中寻找不足,加强各项建设,提高国民素质才能占有一席之地。可见,竞争对于人类发展必不可少。

过度竞争,有害无益。竞争并不意味着不择手段,盲目的过度竞争只会使自己陷入孤立,不仅伤害别人的利益,也损害自己的利益。众所周知,周瑜和诸葛亮都是一代奇才,不巧偏偏生在一个时代又各为两国效力,免不了相互竞争,诸葛亮是一个大气的人只当是寻常,而周瑜每次定要分个输赢,一味地只寻求竞争,最后因为自己的失败,活活被气死。世人无不感叹"既生瑜何生亮"。这样适得其反的竞争后果想必是每个人都不愿意看到的。

在竞争中求合作,才能创造共赢。世行和亚行显然懂得"一味竞争会带来损害的道理,所以它们愿意放下傲慢与偏见,与亚投行在竞争中创合作,一同为亚洲的基建和经济发展做贡献。在全球联系日益紧密,相互融合的大舞台上,只有用合作削去竞争的锋芒才能使利益最大化,让中国的京剧走入俄国,让美国的科技走入中国,实现"以我之美,美人之美,美美与共,美美大同"。

在竞争中合作,让我们微笑竞争,携手同行。

【点评】 本文的标题为"在竞争中合作",侧重点在于在竞争背景下的"合作",但文章未能体现出这一点。文章缺乏说服力,例如第二个分论点"过度竞争,有害无益"用诸葛亮和周瑜来论证,明显欠妥当。

【反例二】

以竞争促合作

亚投行带头的"鲶鱼效应",缓和了各区域间的竞争,促成了多边金融合作平台,为亚洲基建和整体发展注入了新的活力。国家如此,企业亦然。以竞争促合作,方能成就大业。

每个人都有着不同的欲望,驱使着企业获取利益最大化的愿望,进而产生一系列的竞争。但是社会的资源是有限的,各方争夺总会枯竭。为避免后力不足的发展才衍生了合作的意向。无疑,企业间的合作会合理配置资源,达到互惠共赢的局面。

合作不仅是一种意识,更是一种收益。正如亚投行的做法团结了亚洲各方区域,制定了共同奋斗的基建目标。与此同时,基建的发展也会推动各区域的经济发展。万丈高楼平地起,根基越稳,也就意味着高楼的可能性越大。由此可见,合作可以减少区域之间、企业之间相互竞争的成本,进而有利于双方的发展。同时,互助的方式也可以赢得双方的好感,更有利于双方的长期合作,因此合作意识产生的效益远大于它自身。

反之,如果双方仅是空谈合作意识却无所作为,反而会引起隔阂,适得其反。就好比齐楚联盟,却受秦的轻易离间,最终融入秦土,不复存在。显然,表面上的合作不具有任何实质性的作用,只有像世行提供印尼贷款,日本向亚洲基建投入上千亿资金,用具体行动征服众人,才能向世人展现合作的魄力,在大范围的竞争中拉拢盟友,求得共存。

要真正实现合作,区域、企业首先要确立合作的信心,然后切合实际将想法分解成各种方案,稳步执行。除此之外,也要像亚投行制定章程一样,以成员通过的相关制度来监督投资者的具体实施,以及规范使用者使用资源的方式和程度,避免资源过度使用和浪费,实现最优发展。

天时不如地利,地利不如人和,以竞争促合作,以合作促共赢!

【点评】 本文的中心论点是"以竞争促合作",但是文章只谈了合作,而并未谈如何通过竞争的方式来促进合作。中心论点不足以统辖全文,题文不符,没有说服力。另,结尾段"天时不如地利,地利不如人和"与"以竞争促合作"有何关系?此类问题不应出现。

【例6】 根据以下材料,自拟题目撰写一篇700字左右的议论文。

2007年1月29日下午,年仅23岁的雅典奥运会100米蛙泳冠军罗雪娟正式宣告退役,一代蛙后就此告别泳坛!在2004年雅典奥运会上,罗雪娟以1分06秒64的成绩勇夺100米蛙泳金牌,达到了个人运动生涯的巅峰。本来她被寄予厚望,能够在2008北京奥运会上为中国游泳队完成夺金重任,但是由于心脏疾病导致她不能进行大强度的训练和比赛,在生命与荣誉面前,罗雪娟选择了前者,带着遗憾结束了运动生涯!

【建议话题】
①取舍。
②生命与荣誉。

【范文一】

企业应学会取舍

蛙泳皇后罗雪娟宣布退役,意味着她在生命和荣誉面前选择了前者,从而放弃了能给她带来荣誉的运动生涯。这给了现代管理者一个深刻的启示,即企业应学会取舍。

对于企业来说,学会取舍对于其长久的生存和发展是至关重要的。IBM在技术革新浪潮中,选择了专一发展其所擅长的软件资讯服务,果断放弃了自己并不赚钱但市场形势大好的PC客户终端,最终诞生了"蓝色巨人"的传奇,不像"贝尔实验室"那样早早消失在浪潮之中。苹果公司选择了只做一款机型,只做一个市场定位,而放弃了不同款式带来的市场占有份额,但却最终占据了移动终端的半壁江山。无论是"蓝色巨人"还是苹果,其成功都离不开其善于取舍。有舍才有得,这是哲学的不变真理,是多少个人、企业参不透、悟不明的道理。毕竟,我们所处的时代是一个充满选择、机遇,充满诱惑的竞争时代,要想把握时代的脉搏,与时俱进地发展,学会取舍是企业拥抱成功的关键,是企业百尺竿头更进一步的最优选择。学会取舍,要求企业认清市场发展规律,结合自身实际,将有限的资源集中运用到企业的优秀领域,从而实现资源的优化配置,实现企业的长久发展。

反之,不善于取舍而消失在时代浪潮中的企业比比皆是,除了上文提到的曾经的华尔街霸主"贝尔实验室"之外,众所周知,诺基亚不愿意放弃已经落后的塞班系统,同时又开发Windows系统,两头兼顾显然已经耗尽了诺基亚所剩无几的能力。倘若诺基亚能够认清时代的趋势,及时选择跟上技术的革新,果断放弃曾经辉煌实际已经落后的塞班系统,那么估计现在的手机市场又是另外一番景象。

企业成功的因素有很多,而学会"智慧地取、果断地舍"无疑是最重要的因素之一。学会取舍,助企业腾飞,也使国家日益发展,社会永葆生机。

【点评】 这篇文章中心明确,思路清晰,正反论证,结构合理,是一篇不错的应试作文。

【范文二】
取舍得当，与成功干杯

奥运冠军罗雪娟因心脏疾病而选择退役，与2008年夺金失之交臂，在生命与荣誉的取舍之间她选择了前者。古语云："取舍之道，不必在时，因势而导之，竭诚而进之。"可见取舍得当，对于成功至关重要。

个人的成败关乎取舍。取仁义而舍奸佞，取长远而舍当下，取大我而舍小我，方为君子的取舍之道。李时珍潜心三十年著《本草纲目》，放弃了科举仕途，只为造福世人，在真知与名利的取舍之间他选择了真知。徐霞客游历祖国山川而著《徐霞客游记》，鸿篇巨制不愧为中国历史上的丰碑，徐霞客出身豪门贵族本可安逸一生，他却立下了"大丈夫当朝碧海而暮苍梧"的宏图伟志，在艰苦和安逸享乐的取舍之间选择了一条艰辛却又意义深远的道路。取舍得当的人，无异于在人生岔路上选择了正途，从此所谋之事坦荡，立足之地磊落光明。

企业的发展关乎取舍。在物欲横流的当今社会，不难看到黑心商户为贪眼前利益而将人民健康置之度外，蝇营狗苟之事屡禁不止。蒙牛创始人牛根生曾说："要想赢个三五年，有点智商就行，但想做百年老店，没有德行绝对不行。"可见德行是企业发展中不可舍弃的砝码。同样，在企业的取舍之中，顺丰董事长王卫的选择也让人敬佩，他不上市，因为上市后企业为了对股民负责只好一味追求利益，企业将会变得浮躁而失去本心。这样的选择让顺丰成为快递行业的龙头老大。

国家的兴旺关乎取舍。夜郎自大的清王朝在西方国家快速发展之时闭关自守，使中国匍匐在洋人的铁蹄之下。而新中国成立后邓小平带领中国改革开放，东方巨龙苏醒腾飞。不一样的取舍，不一样的结局，治国之道胜在取创新、舍自满，长路漫漫，上下求索方可得民心得天下。

无论个人、企业，还是国家，取舍得当，方能与成功干杯！

【点评】 这篇文章中心明确，分论点清晰，有理有据，结构合理，是一篇不错的应试作文。

【反例一】
学会放弃

古人云，鱼与熊掌不可兼得，人在一生中会面临重大抉择，放弃一些东西，才能得到一些东西。放弃不是无意义的退却，它或是大成就前面的小牺牲，或是为了顾全大局而做的壮士断腕，学会放弃，有时会带来峰回路转的无限可能。

放弃，是为了更大目标而做的牺牲。古语说，破而后立，没有旧事物的消亡就没有新事物成长的土壤。高盛亚洲高层柳青，为了成就一番事业，毅然放弃高盛职位，加入滴滴打车，实现了打车软件的整合；史玉柱复兴巨人公司，毅然放弃曾经涉足的领域与资源，全力打造网络游戏，终于成功上市身价暴增。

放弃，是为了顾全大局做出的壮士断腕。一个人、一个企业或者一个国家，总会面临一些困难，壮士断腕有时是渡过难关最好的办法。游泳健将罗雪娟为了保全生命，毅然放弃热爱的事业；陈光标为了保障灾区人民生活的大局，大义舍弃了上亿资产雪中送炭；黄继光、邱少云等无数战斗英雄为了新中国的独立与昌盛，牺牲个人性命，放弃个人幸福。有时就是因为放弃，个人、家庭、企业乃至国家才能继续存在并发展下去。

我们作为未来的管理人才，必须学会放弃，才能成为一名合格的管理者。放弃眼前利益，为长远利益考虑；放弃个人恩怨，为集体和谐考虑；放弃对自身的爱惜，为国家发展、民族振兴考虑。只有如此，我们才能成为一名合格的管理者，因此我们必须学会放弃。

当今社会，各种诱惑和挑战充斥着我们的生活，我们也将面临许多抉择，因此我们要学会放弃,向更好的明天前进吧!

【点评】 这篇文章的中心论点是"学会放弃",但论述主要围绕"为什么放弃"展开,出现了分论点与论据不匹配的情况,如罗雪娟的例子并不能很好地支撑"放弃,是为了顾全大局做出的壮士断腕"。同时这篇文章只有600字不到,字数没有达到要求。

【反例二】

人生有"舍"才有"得"

一代蛙后罗雪娟本可以再创佳绩,但却因心脏病选择了退役。她放弃了荣誉却因此获得了健康的生命,这看似遗憾的舍弃实则是充满智慧的选择。因为人生中,有"舍"才有"得"。

放下"守旧思想"才能拥有"创新精神"。只有先"腾笼",将固有的陈旧事物舍弃,才能"换鸟",即接纳崭新的先进事物。中国从最初严格遵循计划经济体制到改革开放,实行社会主义市场经济体制,这一思想观念的转变推动了经济制度的变革,更促进了国家经济的蓬勃发展。因此,舍弃旧想法才能获得新制度。

放下个人得失才能推动国家发展。从近代到现代,中国有许许多多的有识之士为了国家的复兴与发展舍弃了个人利益,甚至将生死置之度外。鲁迅在日本弃医从文,决心以文字唤醒国民麻木的灵魂,救民族于存亡之际;钱学森、施一公等科学家舍弃美国的优厚待遇,坚定回国,为祖国的航天事业效力一生。正因为他们舍弃了个人得失,不被危难所惧,不被物质所惑,才推动了国家的繁荣发展。

放下"过去"才能拥有"未来"。德国政府承认纳粹在"二战"中的罪行,并向犹太民族谢罪,以最诚恳的忏悔告慰逝者的灵魂,使民族放下仇恨,共同开启新的外交篇章。而日本始终不承认罪行,更试图掩盖、曲解历史。该国政府不坦然面对过去、放下过去,因此无法打开国家外交的新局面。

当今社会存在太多诱惑、机遇与选择。面对抉择我们应始终保持理智的头脑,冷静地分析,最重要的是清楚自己的目标,适当舍弃才能有所收获。

所谓"舍得",有舍才有得。让我们把握好人生的舵轮,牢记"舍得",拥抱成功吧!

【点评】 文章的中心论点是"人生中有舍才有得",而通篇论述主要围绕社会、国家等层面展开,中心论点无法统辖全文,是一篇失败之作。

【例7】 根据以下材料,自拟题目撰写一篇700字左右的议论文。

牵牛花是缠绕茎草本花,夏季长成即攀附在篱笆和架上,为人们送来一道绿色的瀑布。花开季节,紫的、红的映着霞光,如同绿色缎中的彩色宝石。对于牵牛花,有人贬斥,有人赞美。

【建议话题】

①善于借助外力。

②人格独立、行事灵活。

【范文一】

借助外力,未尝不可

牵牛花攀附在篱笆上方可绽放美丽,设想它若不借助篱笆的外力,便成为匍匐于墙角土堆旁黯然失色的野花。可见善于借助外力,是走向成功的垫脚石。

善于借助外力者,往往事半功倍,荀子曰:"假舆马者,非利足也,而致千里;假舟楫者,非能水也,而绝江河。君子生非异也,善假于物也。"即说明了借助外力的必要性。纵观古今,多少王侯将相善借外力而名垂千古。汉高祖刘邦若无张良的智慧、韩信的英勇,难以成就大汉江山;诸葛孔明草船借箭,方显过人之才。反之,若有外力而不知借助,无异于故步自封。在原始社会,倘若我们的祖先不知借助石器的外力,赤手空拳何以与虎狼之躯搏斗？西楚霸王项羽,刚愎自用,骄傲自大,不善于借助范增的谋略,落得四面楚歌、自刎乌江的下场。

借助外力并非是将自己的成败系于他物,而是以自己的努力为主,借外力为辅,奋勇向前,一马当先。"金无足赤,人无完人",宇宙之浩渺无垠,物质之极大丰富,我们个人的力量无异于沧海一粟,我们不应该囿于"小我",借助外力可以弥补自身的不足,使自身能力倍增而决胜于千里。当然,借助外力更需要智慧和勇气,我们需要审时度势、判断利弊,而不是无条件地一味依靠外力。

年青一代,如何从当下激烈的竞争环境中脱颖而出,是让很多人彷徨、困惑、痛苦的话题。那些职场失意的青年们,是否自省只知埋头苦干不知抬头环顾周围？是否错过了很多本可为我们用的外力而闭门造车呢？向优秀的同事学习其成功经验,向前人求教其失败的教训,从经典的理论中寻找方案,从成功的案例中找出共性,这些又何尝不是我们可以借助的外力。

总之,借助外力,未尝不可。只要自身奋勇向前,再加之外力之便,成功与我们而言便是指日可待。

【点评】 这篇文章立意深刻,中心明确,分论点清晰,有理有据,结构合理,是一篇不错的应试作文。

【范文二】
企业应善于借用外力

牵牛花借着篱笆和架的力量,生生不息,花开灿烂。这给了我们现代管理者深刻的启示,即企业应善于借用外力。

自然界的万物相生相克,相辅相成,"人无完人"说的就是这个道理。这是事物发展的普遍规律,是不能随意创造和消灭的,具有不可违抗性。企业作为依托自然发展的一部分,也应熟知这个规律,善于借用外力来弥补自身的不足之处,促进自身的发展。通用公司广泛地将汽车各零部件外包到各国,借用各国的优势特长使其从未跌出世界五百强的绝对地位;索尼、三星等电子巨头,将其手机的一些非核心部件分包给专业厂商,借助它们精细专业的制造,为其产品的精益求精推波助澜,成就其发展的辉煌。

无论是通用,还是索尼、三星,其成功都与其善于借助外力有着密不可分的联系。毕竟,我们身处的时代是一个竞争日益激烈,形势愈发复杂的时代,要想把握时代的脉搏与时俱进,企业就要善于借助外力。借助外力,可以利用外部优势力量来支撑弥补企业自身发展的不足;借助外力,有利于企业将有限的资源集中地运用到企业自身的发展之中;借助外力,是企业百尺竿头更进一步的最优选择,是企业实现腾飞、长久发展的必要手段。

反之,如果企业不善于借助外力,固执己见,不知变通地"自我封闭"发展,其最终很可能造成企业负担过重,步履维艰,甚至亏损破产。试想,如果雄鹰不借助风力,它怎能在天空之自由地翱翔;如果鱼类不借助水的浮力,它如何在水中自在地畅游,如果猎豹不借助地面的摩擦力,它怎能在草原上驰骋。因此,善于借助外力是企业成功的推动力。

总而言之,企业在结合自身情况的同时,要善于借用外力,实现外力与自身动力的有效结合。只有这样,企业才能在资源有限、竞争激烈的环境中脱颖而出,为社会、为国家创造真正的价值。

【点评】 这篇文章的中心明确,正反论证,表达清晰。但是,文章的说理部分有待加强,反面论证部分最好能给出企业实例。

【反例一】

成功需要借外力

夏季牵牛花展现给人们如绿色瀑布般的美景。有人感叹,小小的一朵花而已,它是如何做到错落有致的呢?因为牵牛花学会了借用外力,它攀附于篱笆和架上。这启示我们:巧借外力,助你成功。

善于借用天时、地利、人和,走向成功之路更加容易。三国时期的大军师诸葛亮正是这种巧借外力的高手。在周瑜的故意刁难之下,他表示只需三天便可造十万支箭。诸葛亮先是借用鲁肃的兵力装备好草垛的船,然后在大雾弥漫的天气中假装偷袭曹营,最后轻而易举地获取了曹军射过来的十万支箭。若不是诸葛亮巧借外力,又怎能在三日之内造箭十万?

无独有偶,在现代的商战中,也有很多企业意识到了巧借外力的重要性。当发展到一定阶段,以自身之力无法取得质的飞跃时,许多公司想到了诸如上市、融资、寻求战略伙伴等借助外力的方式,以突破自身发展瓶颈获得更大成功。"超人"李嘉诚在 1981 年仅以不到 2 亿港币的资金入主价值 60 多亿的和记黄埔,完成了"小鱼吃大鱼"的奇迹,一时被传为商界美谈。这就是典型的企业巧借外力成功的案例。如果单凭李嘉诚一个人、一个公司的力量,这无异于癞蛤蟆想吃天鹅肉的天方夜谭。但他却做到了,为什么?这和他巧借银行、政府等各外力是分不开的。

这其中的道理正如荀子所阐述的:"登高而招,臂非加长也,而见者远。顺风而呼,声非加疾也,而闻者彰。假舆马者,非利足也,而致千里。假舟楫者,非能水也,而绝江河。君子性非异也,善假于物也。"大鹏展翅,还需培风而起;蛟龙显威,亦待腾云驾雾。"善假于物"让我们离成功更近一步。

让我们学习牵牛花的方法,利用外物,巧借外力,去拥抱成功吧。

【点评】 这篇文章的中心论点清晰,但欠说服力。第二自然段,草船借箭的例子不必用这么多文字,如果罗列若干例子,使用略例,则说服力更强。而第三自然段李嘉诚入主和记黄埔的例子,未能充分表达"借助外力"的作用。说理的部分主要是大篇幅引用荀子原文,一般不建议这样写。结尾无力,也需要加强。

【反例二】

智者当借力而行

牛顿曾经说过:"如果说我比笛卡尔看得更远一些,那是因为我站在了巨人的肩膀上。"正如牛顿所说,人的成长需要学会借力。

个人的成功需要借力。人生在世,想要凭借一己之力成功是难上加难的,或许是你没有良好的起步条件,没有被赏识,或许没有被认可,这无一不是外部的力量。如果你可以学会并且善于借力,或许会有意想不到的收获。借力不是弱者寻求的依靠,而是智者成功的捷径。牛顿在前人的研究成果下发现了万有引力定律,哥白尼在前人的发现上创立日心学说,即使是借助了外人和前人的力量,他们的成功依然不可磨灭。

企业的成功需要借力。每一个企业由小到大的发展过程是无比艰难的,但每一个知名的大企业在壮大的过程中都借助和利用了一切可以利用的力量,正如阿里巴巴借助融资获得了充足的发展资金,又正如诺基亚通过收购塞班系统而成为霸主,又通过借助和微软的合作而起死回生。不难看出,企业可以通过借力而取长补短获得更好的发展。

国家同样需要借力。世界是一个大家庭,每个国家都拥有自身独特的地方,如资源,如科技,如劳动力,等等。借力可以使资源合理配置,中国借力外国资本使经济腾飞,"二战"中苏联借力欧美的经济援助、武器补给而战胜了侵略者。不善于借力的国家经济将走向毁灭,想起拿破仑治下的法国破解了七次反法联盟,大家也许只看到法国的强大,又怎么会想到,如果它可以借助他国之力又怎么一败涂地呢？

无论个人、企业和国家，如果你想成为智者，企业壮大，国家繁荣，那么请学会借力吧，智者当借力而行！

【点评】 这篇文章以"智者当借力而行"为题，以"人的成长需要学会借力"为中心论点，本论部分却又从个人、企业、国家三个层面进行了分析，未能保持一致性，文题不符，是一篇失败之作。

【例8】 根据以下材料，自拟题目撰写一篇700字左右的议论文。

趴在鱼缸里晒太阳的乌龟对刚被捕捞起来的鲥鱼说："哎，你马上就要成为盘中佳肴，再也不能像我一样呼吸自由的空气了。"鲥鱼奄奄一息："虽然我的生命短暂，但我至少领略过江海的辽远；你的生命再长，却从未欣赏过鱼缸外的山色湖光。"乌龟悠闲地踱了几步，笑着："连生命都没有了，还拿什么去见识外面的世界？"

【建议话题】

①生命的价值。

②正确认识自己。

【范文】

追求生命的厚度

乌龟嘲笑即将成为菜肴的鲥鱼生命短暂，而鲥鱼为自己那已领略过江海辽远的生命而骄傲。生命的长度和厚度孰轻孰重，是亘古不变的话题。在我看来，有志之士应追求生命的厚度。

追求生命的厚度即是追求生命的质量，做有意义的事，立有建树之功。毕淑敏曾说："生命的长短并不能决定它的质量。"诚然，有质量有厚度的生命才更具内涵、更有魅力。古往今来，成功之士多追求生命的厚度，而将生命的长短置之度外。南宋文天祥忠心爱国，被俘后面对高官厚禄的诱惑，仍不为所动，宁死不屈，终在牢狱之中备受折磨而死。在文天祥看来，忠于国家的生命远比叛国苟且而活的生命更有意义，也正是这样的英雄才会写出"人生自古谁无死，留取丹心照汗青"的慷慨恢宏之作。放眼当代文坛，被病痛折磨的史铁生早已看透了生死，他说："再长的生命若一生无半点作为，又有什么意义呢？"所以他选择用笔来超越生命的困境。在他看来，生命的长度轻如鸿毛，让有限的生命发挥无限的光热才会使灵魂安息。

反之，历史上也不乏一些蝇营狗苟的小人。他们或是贪生怕死、卖国求荣，或是损公肥私、中饱私囊，或是尸位素餐、庸庸碌碌。他们是活了一辈子，可一生的厚度已薄如蝉翼、轻若蒲苇。回顾这样的人生，既没有对自己负责，更谈不上为他人的福祉而奋斗。就像历史唾弃阴险残忍的秦桧、贪得无厌的和珅那样，所有没有厚度的生命终会淹没在历史的洪流里，激不起一朵浪花，而那些有厚度的生命将成为一座座丰碑，挑起民族的脊梁，在人性的光辉里熠熠生光。

对于我们年轻人而言，更当立下"大丈夫当朝碧海而暮苍梧"的宏图伟志，并付诸实践，放手去追逐有厚度的人生，如此理想才能实现，民族和国家也方能不断向前！

【点评】 这篇文章中心清晰，结构严谨，正反论证，有理有据，结尾有力。但是文章的反面论证部分还有待加强。

【反例】

对自己负责

每个人在这个社会中都不是一个独立的个体，因为情感、利益等原因我们会对不同的人、不同的事承担起自己的责任，而责任感也成为这个社会维系的基石。但是，每个人在承担起自己责任的基础又是什么呢？那便是要对自己负责。

对自己负责是一切的基础。对得起自己才能对得起他人。人生在世,求的是问心无愧,一辈子没有追求理想,混吃等死,和咸鱼又有什么区别?对自己负责,就是对自己在乎的人负责,一个对自己负责的人,又怎么会对自己在乎的人不负责呢?

古往今来,成大事者或有大成就者,哪个是对自己不负责的?牛顿、达尔文、爱迪生等伟大科学家哪个不是对自己有极高要求,努力奋斗之后打开了人类文化生活科技的新局面?孙中山、毛泽东等伟大革命家哪个不是为理想抛头颅、洒热血,奋斗拼搏之后打开了中国历史的新篇章?林丹、科比、C罗等伟大运动员哪个不是为梦想付出许多汗水,刻苦锻炼之后无一不是各自领域的领头羊?由上可知,成大事者必对自己负责。

反之,对自己不负责的人,又怎能获得成功,又怎能实现自己的价值?蜀王刘阿斗一心只贪图享乐,甚至沉迷于他国游乐无意返回自己的国家,可惜蜀国先人们那可歌可泣的奋斗史,一个对自己都不负责的人又怎能承担起对国家、对江山、对人民和诸臣的责任呢?

对自己负责,说来简单,短短五个字,做起来却是非常困难。对自己负责,不求对世界对国家起到深远影响,但至少要让自己活得有意义才不枉来这世间走一遭。要对自己负责一定要有自己的理想,并且有一颗可以为之努力的心,奋斗过那便无愧了,如果我们每一个人都对自己负责,那这世间将会多么美好啊!

【点评】 从乌龟和鲫鱼的对话可以看出,它们的分歧在于价值观的不同,它们都始终坚持自己的选择,认为自己的选择是对的,从这个角度看,它们对自己都是负责的。而很明显,材料希望的是考生从两者的对话中,选择某种观点作为中心论点,即考生需要有所抉择。所以本文有偏题之嫌。另外,文章结尾的最后一句欠妥当,建议删除。

【例9】 根据以下材料,自拟题目撰写一篇700字左右的议论文。

材料一:《资治通鉴》:杨震累迁荆州刺史、东莱太守。当之郡,道经昌邑,故所举荆州茂才王密为昌邑令,夜怀金十斤以遗震。震曰:"故人知君,君不知故人,何也?"密曰:"暮夜无知者。"震曰:"天知,地知,我知,子知,何谓无知者!"密愧而出。

材料二:每个人都可以根据对规则、制度的认可,在自省与感知的基础上,在内心构建一种秩序。规则可以突破,但内心的秩序却不会轻易改变。要对自己的人生负责的,是自己,而不是别人。

【建议话题】
①慎独。
②君子当自省。

【范文一】

谈慎独

慎独是指人们在独自活动无人监督的情况下,凭借高度自觉,按照一定的社会秩序和道德规范行动,而不做任何与之相违背的事情。慎独是一种良心的坦荡,一种守身之本,更是一种自强之道。

慎独则心安。曾国藩曾在其家书中写道,"自修之道,莫过于养心",旨在告诫家人为人处世要始终遵循内心准则,这样便可心中坦荡而无愧疚之事,从而获得一份内心的宁静。香港教育界的传奇——钟期荣、胡鸿烈夫妻二人贤者伉俪,本可锦衣玉食,却散尽家产,奔波一生,为创办树人大学奉上毕生积蓄。这一切都只为一份心安——对教育事业始终不改的初心。他们慎始敬终,无愧于学生,让我们相信慎独令人心安。

慎独则身守。慎独能够令人始终坚守原则,不为外物所诱惑、动摇,从而以坚定的信念、独立的人格矗立于世界。沃尔玛的创始人——山姆·沃尔顿先生虽然早已成为亿万富翁,却始终以朴素、务实的准则要求自己。其一生未曾有过豪宅,直至 60 岁仍坚持工作。正因如此,他能够一生专注办好企业而不受外界干扰。正是慎独助其身守,从而实现其自我价值。

慎独则自强。慎独不仅是对自身的规范,更是给予他人的承诺,以此鞭策、反思自身,从而实现自我完善。作为快递行业的巨头,顺丰始终没有上市,这便意味着没有投资者在监督其运营。但也正因如此,顺丰更加自律地做好每一笔业务,牢牢占据该行业的巨头地位。

作为浮躁社会中的新一代青年,我们要坚守慎独,就要时刻坚守内心原则,时常反躬自省,要辩证地看待事物,切莫受外物动摇。让我们坚守慎独,收获心安,坚守本心,最终实现自强!

【点评】 这篇文章审题精准、立意深刻、中心明确、论证有力,是一篇佳作。

【范文二】

将慎独进行到底

国有国法,家有家规,外在环境中有很多法律、制度和规则约束着我们。但是,在接受外部力量的约束之余,同时我们应该依靠自律精神,从内心出发对自己的人生负责,将慎独进行到底。

为人应慎独。当今社会充斥着形形色色的事物和各种各样的诱惑,唯有保持慎独,才能战胜这些挑战。"感动中国"的王顺友便是"慎独"的典范。工作十余载,尽管山路漫漫、条件艰苦,但他没有丢失过一封邮件,没有延误过一个班期。在遥远的山区无人监管,但他仍尽职尽责地为所有人服务。而我们在工作、生活中也应如此,小到街边不乱扔垃圾,大到工作中为人民服务,为集体谋利益,我们都应做到慎独。慎独是一个人对自己的诚实,只有对自己诚实,才能对他人守信,做一个有价值的人。

经商应慎独。无论是企业还是企业家,都应主动做到慎独,而不是靠政府的监管、人民的监督。前者是主动的,它能促进一个企业长足发展;而后者是被动的,它终将成为企业进步的绊脚石。由三鹿奶粉事件引起的食品安全问题至今仍是消费者关注的热点,现在回想起都仍为死者遗憾,为自己后怕。若每个企业都做到慎独,主动管理自身,以消费者利益为先,拒绝生产假货、次品,那么我国的企业竞争力将是不可抵挡的。

从政应慎独。习近平总书记谈到慎独时说,为官者应台上台下一个样。在台上,有群众和媒体的监督,做得好那是自然的。在台下,为官者更应慎独,严于律己,不伸手多拿一分好处,一切以国家、人民的利益为先。唯有此,我国的政治根基才能稳固,社会才能稳定和谐。为官者慎独,不仅是一种修养,更是一种态度,是一个为官者对自己的审视。

无论是做人做事,还是经商从政;无论当下,还是未来;慎独都十分重要,我们应保持清醒的自律精神,将慎独进行到底。

【点评】 这篇文章审题精准、立意深刻,从三个方面论证了慎独的重要性,是一篇不错的文章。

【反例一】

论慎独的重要性

慎独,是自己在内心构建的一种秩序。这种秩序不以外界事物的影响而轻易改变,是一种对人生负责的态度。将慎独放到我们现如今日趋复杂的社会环境中,其对慎独的坚守就显得尤为可贵,且意义非凡了。

慎独是个人信仰坚守的坚实堡垒。从古至今,无数仁人志士用其亲身经历告诉我们坚守慎独。如果没有陶渊明对慎独的坚守,又哪儿会有"采菊东篱下,悠然见南山"的豁达淡泊;如果没有周敦颐对慎独的追求,又怎会有"出淤泥而不染"的精神支柱;如果没有孔老夫子对慎独的重视,又如何会有"吾日三省吾身,勿以恶小而为之"的为人之道。《礼记·大学》中明确地指出了鸿鹄之志最根本的就在于"修身",然后才是"齐家、治国、平天下"。而修身中慎独是其重中之重。

慎独是企业长久发展的航标。面对这个充满诱惑、物欲横流的时代,企业要坚守慎独,也就是要坚守住行业道德,在灯红酒绿中谨慎独行。海尔集团在大多数企业选择牺牲产品质量换取更多利益的物欲之风横行下,坚守住了其企业的良心,最终成就了家电王国的传奇;而反观三鹿集团,在市场利益的诱惑下丢失对自我道德的坚守,最终带着臭名退出了历史的舞台。这一荣一损,此番对比很形象地说明了企业坚守慎独的重要性。

慎独是社会和谐稳定的基石。倘若国家没有"有法可依,执法必严,违法必究"的内部秩序,那么杀人放火者逍遥法外,贪污滥权者横行霸道,国家必将陷入一片混乱之中。而有了强有力的内部秩序,有了慎独的自我监督,社会可以有序地行进,国家可以蓬勃地发展。

因此,慎独是现代社会中,个人、企业、国家的必然选择,是个人实现价值、企业长久发展、国家日新月异的基础。只有真正做到了慎独,对自我进行自我监督,我们的社会才能源远流长地长久发展下去。

【点评】 材料观点强调的是"人"的自律和内省,"慎独"也是针对"人"来谈的,而这篇文章第三、四自然段针对企业、国家来谈"慎独",明显偏题。

【反例二】

慎独——构建内心的秩序

每个人都可以根据规则、制度的认可,在自省与感知的基础上,在内心构建一种不会轻易改变的秩序。我想,这样的行为便是儒家中的重要概念——"慎独"。

慎独,指的是人们在独自居处的时候,也能自觉地严于律己,谨慎地对待自己的所思所行,防止有违道德的欲念和行为发生,从而使道义时时刻刻伴随主体一身。慎独于个人、于企业、于国家而言,都具有重要的意义。

慎独的人是道德高尚的人。一个人若是处在社会的大环境中,有法律、规则的约束,旁人的监督,能够严于律己是一件不难的事。但倘若失去了外力的监督,恪守内心的准则便成为一件难事,这需要高尚的情操和坚定的信念。荆州刺史杨震在夜深人静之时拒绝受贿,送礼之人说:"夜黑风高,没有人会知晓此事。"正直的杨震铮铮铁言,认为这是天理不容、法理不容,其"慎独"精神可嘉。可见"慎独"于人而言,是不可或缺的立世之道。

慎独的企业是富有责任感的企业。当今社会逐利之风盛行,许多企业为追逐利润而舍本逐末,甚至以牺牲顾客利益为代价。究其原因不难发现,这样的企业是因为缺乏"慎独"精神而走偏方向的。一个企业在经商销售这些环节上需要与外界接触,企业不得不遵守规则,但生产环节正是企业"独处"的环节,也是考验企业是否有"慎独"精神的环节。在震惊中外的"三聚氰胺"事件中,多家牛奶生产商在生产环节中添加违规化学制剂,只有三元集团严于律己,成为为数不多的质量过关的企业。

慎独的国家是干实事的国家。空谈误国,实干兴邦,慎独的国家法制严明,恪守治国之根本是为人民谋福祉的原则,不断将政策落在实处,不断使自身变得强大。放眼望去,在国际舞台上,拥有慎独精神的国家非中国莫属,它不欺凌弱小也不依附强权,有自己的原则,有自己的风骨,踏石留印,抓铁有痕。

让我们成为一位有"慎独"精神的智者,构建内心的秩序,谱写人生的华彩篇章!

【点评】 文章首先解读慎独是"人"的行为规范,若是文章明确将慎独中的"自律"点出来,接着论述"企业"层面,还未为不可;但是文章在"国家"层面来论述时,则完全无法与材料有相同之处。文章的中心论点是"慎独于个人、于企业、于国家而言,都具有重要的意义",本章的尾段是"让我们成为一位有慎独精神的智者",明显出现不一致。另外,文章"只有三元集团严于律己,成为为数不多的质量过关的企业"的论述明显有自相矛盾的漏洞。

第六章 论说文主题预测

一、谈关系

【例1】 下面是2015年管理类专业学位联考(199科目)的论说文。

根据下述材料,写一篇700字左右的论说文,题目自拟。

孟子曾引用阳虎的话:"为富,不仁矣;为仁,不富矣。"(《孟子·滕文公上》)这段话表明了古人对当时社会上为富为仁现象的一种态度,以及对两者之间关系的一种思考。

【解析】 为富不仁矣,为仁不富矣,孟子的意思是,君王要施行仁政就得限制税赋,不能与民争利,而是藏富于民。孟子表达了其施政的观点,"施行仁政"与"国库充盈"就如同鱼和熊掌,二者不可兼得。所以材料实际上谈的是"富"与"仁"二者之间的关系。

下面给出参考框架。

中心论点:现代社会,富与仁二者并不矛盾,二者可以兼得。

分论点1:为富者未必不仁。

分论据:比尔·盖茨、巴菲特、邵逸夫

分论点2:为仁者未必不富。

分论据:袁隆平以解决中国和全世界人的吃饭问题为本心成为"杂交水稻之父";马云以"让天下没有难做的生意"为初衷而收获成功;俞敏洪以帮助中国年轻人学好英语而成就事业。

总结:富与仁不可偏废,个人应该追求仁富兼得,社会应该追求精神财富和物质财富并重,国家应该物质文明、精神文明两手都要硬。

二、谈选择

【例2】 下面是2016年经济类专业学位联考(396科目)的论说文。

阅读下面的材料,以"延长退休年龄之我见"为题,写一篇不少于600字的说论文。

自从国家拟推出延迟退休政策以来,就受到了社会各界的广泛关注,同时也引起激烈的争论。为什么要延长退休年龄?赞成者说,如果不延长退休年龄,养老金就会出现巨大缺口;另外,中国已经步入老年社会,如果不延长退休年龄,就会出现劳动力紧缺的现象。反对者说,延长退休年龄就是剥夺劳动者应该享受的退休福利,退休年龄的延长意味着领取养老金时间的缩短;另外,退休年龄的延长也会给年轻人就业造成巨大压力。

【解析】 考生需要明确地就"延迟退休"问题表达自己的看法并进行论证。

下面给出参考框架。

中心论点:应当延长退休年龄。

分论点1:中国逐步成为老龄化国家,延长退休年龄有利于提供必要的劳动力资源。

分论点2:现代人的平均寿命明显提高,延长退休年龄有利于实现自我价值,促进社会进步。

分论点3：中国的养老金储备压力较大，延长退休年龄有利于减缓压力。

总结：支持延长退休年龄。

中心论点：不应当延长退休年龄。

分论点1：中国人口多、基数大，青壮年劳动力资源的绝对数量较大，延长退休年龄将造成更大的就业压力。

分论点2：对于中国目前实施的经济结构调整和战略行业的发展而言，年龄较大的劳动者的重要性远低于高素质的青壮年劳动力资源。

分论点3：社会福利具有刚性，延长退休年龄将造成一部分民众反感，难以获得所有人的支持。

总结：不建议延长退休年龄。

【例3】 下面是2014年管理类专业学位联考（199科目）的论说文。

根据下述材料，写一篇700字左右的论说文，题目自拟。

生物学家发现：雌孔雀都会寻找伟大而艳丽的雄孔雀为配偶，因为尾巴越大越艳丽的，证明其生命越有活力，后代也就越健康。这一选择也会产生一个问题：那就是尾巴越大越艳丽的孔雀越容易被天敌发现和捕获，从而更易死亡。

【解析】 雄孔雀选择了大而艳丽的尾巴以遗传基因，却也因此承担了更大的风险。很多时候没有完美的解决方案，往往是有利有弊。但我们应该权衡比较，若利大于弊，则应克服困难，坚定不移地朝着目标前进。

下面给出参考框架。

中心论点：前行路上面临很多选择，我们应该权衡比较，若利大于弊，则应克服困难，坚定不移地朝着目标前进。

分论点1：对选择面临的利弊有清楚的认知。

分论点2：权衡利弊，若利大于弊，则应当克服困难坚持到底。

总结：重申主论点。

【例4】 下面是2011年管理类专业学位联考（199科目）的论说文。

根据以下材料，写一篇论说文，题目自拟，700字左右。

众所周知，人才是立国、富国、强国之本，如何使人才尽快地脱颖而出，是一个亟待解决的问题。人才的出现有多种途径，其中有"拔尖"，有"冒尖"。"拔尖"是指被提拔而成为尖子，"冒尖"是指通过奋斗取得成就而得到社会的公认。有人认为我国当今某些领域的管理人才，拔尖的多而冒尖的少。

【解析】 很明显，材料本身已经带出了一种价值倾向："冒尖"要优于"拔尖"，所以"冒尖"是文章最好的立意方向。

下面给出参考框架。

中心论点：成为"冒尖"人才。

分论点1：企业的发展、社会的进步更需要冒尖人才。

分论点2：于个人而言，认真努力、坚韧不拔是成为冒尖人才的基础。

分论点3：于社会而言，构建创新型人才培养机制是培养冒尖人才的关键。

总结：重申主论点。

三、论成功

【例5】 下面是2013年经济类专业学位联考(396科目)的论说文。

根据下述材料,写一篇700字左右的论说文,题目自拟。

被誉为清代"中兴名臣"的曾国藩,其人生哲学很独特,就是"尚拙",他曾说:"天下之至拙,能胜任天下之至巧,拙者自知不如他人,自便会更虚心。"

【解析】 曾国藩的一席话,重点在最后一句话的最后一个词,即"虚心"。因此在立意时反映"谦虚使人进步"的类似题意即可。

下面给出参考框架。

中心论点: 虚心是成就事业的重要品质。

分论点1: 虚心使我们更好地汲取别人的优点,更好地完善自己。

分论点2: 虚心使我们在取得阶段性成功时,不得意忘形而继续进步。

分论点3: 虚心使我们能集合智慧,成就大事。

总结: 重申主论点。

【例6】 下面是2014年经济类专业学位联考(396科目)的论说文。

根据下述材料,写一篇600字左右的论说文,题目自拟。

我懂得了,勇气不是没有恐惧,而是战胜恐惧。勇者不是感觉不到害怕的人,而是克服自身恐惧的人。——南非前总统纳尔逊·曼德拉

【解析】 本文立意是要有战胜恐惧的勇气。文章更侧重的是真正的勇者是需要具有对于恐惧的无所畏惧的态度,切忌把重点落在勇气上面,而抛开恐惧,空谈勇气,否则会有跑题之嫌。

下面给出参考框架。

中心论点: 拥有战胜恐惧的勇气,是我们实现目标的关键。

分论点1: 正面论述,拥有战胜恐惧的勇气,方能实现目标。

分论点2: 反面论述,没有战胜恐惧的勇气,最终一事无成。

总结: 重申主论点。

【例7】 下面是2015年经济类专业学位联考(396科目)的论说文。

根据下述材料,写一篇600字左右的论说文,题目自拟。

孔子云:"求其上者得其中,求其中者得其下,求其下者无所得。"由此得出如何确定你的人生目标?

【解析】 无论做任何事情,一定要以优秀的标准来要求,经过努力才能取得成功。如果只是追求过得去,很难取得好成绩。

下面给出参考框架。

中心论点: 只有用优秀作为标准,才能取得成功。

分论点1: 正面论述,以"优秀"为标准,使人更好地努力学习,取得成功。

分论点2: 反面论述,以"及格"为标准,使人懈怠、守旧,不易取得成绩。

总结: 重申主论点。

四、合作、共赢

【例 8】 下面是 2013 年管理类专业学位联考(199 科目)的论说文。

根据下述材料,写一篇 700 字左右的论说文,题目自拟。

上世纪中叶,美国的波音和麦道两家公司几乎垄断了世界民用飞机的市场,欧洲的制造商深感忧虑。虽然欧洲各国之间的竞争也相当激烈,但还是采取了合作的途径,法国、德国、英国和西班牙等决定共同研制大型宽体飞机,于是"空中客车"便应运而生,面对新的市场竞争态势,波音公司和麦道公司于 1977 年一致决定组成新的波音公司,以此抗衡来自欧洲的挑战。

【解析】 材料涉及"竞争"和"合作"两个关键词,但明显最终落脚于"合作",所以"合作""共赢"为最佳立意。

下面给出参考框架。

中心论点:合作共赢是现代企业发展的重要趋势。

分论点 1:合作可以发挥企业各自的专业优势,实现共赢。

分论点 2:合作可以降低企业间的竞争成本,实现共赢。

分论点 3:合作可以构建规模优势,更好地应对全球竞争,实现共赢。

总结:重申主论点。

五、创新

【例 9】 下面是 2012 年管理类专业学位联考(199 科目)的论说文。

根据以下材料,写一篇论说文,题目自拟,700 字左右。

中国现代著名哲学家熊十力先生在《十力语要》(卷一)中说:"吾国学人,总好追逐风气,一时之所尚,则群起而趋其途,如海上逐臭之夫,莫名所以,曾无一刹那,风气或变,而逐臭者复如故。此等逐臭之习,有两大病:一、个人无牢固与永久不改职业,遇事无从深入,徒养成浮动性;二、大家共趋于世所矜尚之一途,则其余千途万途,一切废弃,无人过问。此二大病,乃中国学人之死症。"

【解析】 十力先生讨论了国人好追逐风气的问题,材料的立意角度较多,如"专业性"、"结构完整性"、"坚持"等。如果从问题产生的原因出发,则是缺乏创新精神造成的。所以"创新"为可写性较强的立意。

下面给出参考框架。

中心论点:创新是进步的重要驱动力。

分论点 1:创新有利于文化进步

分论据:14 世纪欧洲文艺复兴;春秋战国时期中国百家争鸣。

分论点 2:创新有利于科技发展。

分论据:科技是第一生产力,创新则是科技发展的关键。

分论点 3:创新有利于国家繁荣。

分论据:日本明治维新;中国改革开放。

总结:重申主论点。

六、针对热点问题分析原因或提建议

【例10】 下面是2012年经济类专业学位联考(396科目)的论说文。

根据下述材料,写一篇不少于700字的说论文,题目自拟。

中国大陆500毫升茅台酒价格升至1 200元,纽约华人聚居区华盛顿,1 000毫升装的同度数茅台酒价格为220~230美元,500毫升约合670元人民币。因海外茅台价格便宜、质量有保证,华人竞相购买,回国送人。

这些年,中国游客在海外抢购"MADE IN CHINA"商品的消息已不是什么新鲜事了。服装、百货、日用品,中国造的东西,去了美国反而更便宜。有媒体报道Levis505牛仔裤,广东东莞生产,在中国商场的价格是899元人民币,在美国的亚马逊网站的价格是24.42美元,合人民币166元,价格相差5.4倍。

(摘自《茅台酒为何美国更便宜?》,《新京报》2011年1月7日)

【解析】 材料提出当时的一个热点问题:中国原产或制造的某些商品在国外反而比国内便宜。考生可以针对热点问题分析原因或提建议。

下面给出参考框架。

主论点:如何解决中国商品在国内比国外更贵的问题。

分论点1:减少商品从厂商到消费者的中间环节。

分论点2:中国出口商应改变相互压价的竞争模式。

分论点3:消费者应更多地树立理性的消费观。

总结:重申主论点。

【例11】 下面是2011年经济类专业学位联考(396科目)的论说文。

根据下述材料,写一篇不少于700字的论说文,题目自拟。

自2007年以来,青年学者廉思组织的课题组对蚁族进行了持续跟踪调查。廉思和他的团队撰写的有关蚁族问题的报告多次得到中央领导的批示和高度重视。在2008年、2009年对北京蚁族进行调查的基础上,课题组今年在蚁族数量较多的北京、上海、广州、武汉、西安、重庆、南京等大城市同时展开调查,历时半年有余,发放问卷5 000余份,回收有效问卷4 807份,形成了第一份全国范围的蚁族生存报告。此次调查有一些新发现,主要有:随着高校毕业生就业形势的日趋严峻,蚁族的学历层次上升;蚁族向上流动困难,"三十而立",五成蚁族否认自己属于弱势群体等。

(摘自《调查显示:蚁族学历层次上升 五成人否认自己弱势》,《中国青年报》2010年12月10日)

【解析】 材料提出一个热点问题——"大城市的蚁族"。考生可以针对热点问题分析原因或提建议。

下面给出参考框架。

中心论点:大学生应理性选择城市,避开北上广等大城市或为蚁族出路。

分论点1:北上广等大城市人才众多,大学生面临激烈的就业竞争。

分论点2:大城市安家成本高,要真正扎根或将降低生活质量。

分论点3:大学生应理性选择,人生的目标不在于城市大小,而在于更好地实现自己的价值。

总结:重申主论点。

第七章 论说文写作素材

一、人物类素材

01 邵逸夫

【慈善】【教育】【责任】【方法】【价值】

邵逸夫,1958年于香港成立邵氏兄弟电影公司,拍摄过逾千部华语电影,另外他旗下的电视广播有限公司(TVB,惯称无线电视)主导着香港的电视行业。

自1985年以来,邵逸夫通过邵逸夫基金与教育部合作,连年向内地教育捐赠巨款建设教育教学设施,截至2012年赠款金额近47.5亿港元,建设各类教育项目6 013个。历年捐助社会公益、慈善事业超过100亿港元。1974年获英女王颁发的CBE勋衔。1977年,邵逸夫获英女王伊丽莎白二世册封为下级勋位爵士,成为香港娱乐业获"爵士"头衔的第一人。1990年,中国政府将中国发现的2899号行星命名为"邵逸夫星"。1991年,美国旧金山市(三藩市)将每年的9月8日定为"邵逸夫日"。2002年,创立有东方诺贝尔之称的邵逸夫奖,每年选出世界上在数学、生命科学与医学及天文学卓有成就的科学家进行奖励。2011年正式退休,邵逸夫也是截至目前全球最长寿、任期时间最长的上市公司CEO。2014年1月7日,邵逸夫逝世,享寿107岁。中国国家主席习近平在唁电中写道:"邵逸夫先生一生热爱国家,关心民祉,慷慨捐赠,惠及多方。其爱国之情,其为国之志,人们将铭记在心。"香港《南华早报》则用"慈善传奇"来形容他的非凡一生。

邵逸夫将慈善事业中的企业家精神发挥得淋漓尽致。钱往哪儿花,才能让慈善资源发挥最大的社会效用,正是邵逸夫将资金重点投入教育事业的原因。"中国要强大,教育太重要了。我看到国家教育事业在进步,心里很高兴呀!我的捐款重点在教育,培养人才,做些实际的事情,这是我的最大心愿!"邵逸夫曾这样说。邵氏基金有完善的捐款标准和原则。小学项目是1 020万港元,中学是6 080万港元,所兴建项目的使用期要在50年以上。对学生人数、兴建规模甚至具体流程,邵氏基金也都有明确要求。很多时候,邵逸夫并不是以一己之力来捐建教学项目,而是"抛砖引玉",用一部分资金撬动更多的社会资金和公共资金参与。1986年,邵逸夫第一次向内地11所大学捐款1.1亿港元。每所大学在接受1 000万港元的捐款后,再由国家教委或省市地方政府拨款或自筹剩余部分,合资建造图书馆、教学楼和科学馆。邵逸夫捐赠的另一个原则是,"捐实物不捐现金"。他的捐款被指定用来修建图书馆和实验室,然后是教学楼,却不包括宿舍、食堂和体育馆。这样一来,这些捐款可以直接惠及教师和学生,而不会被挪用建设展馆、形象建筑或被花在餐饮、观光上。

02 比尔·盖茨

【责任】【生命】【慈善】【价值】

比尔盖茨是微软联合创始人,全球知名富豪之一。

在一次访谈中,盖茨表示金钱对他个人来说没有太多意义。盖茨说:"我当然衣食无忧,当财富多到一定程度,金钱对我来说就没用了。我的财富完全是用来构建一个机构,来将资源分配到世界上最穷的地方去。"盖茨提到的机构指的是比尔·梅林达·盖茨基金会,该机构利用其掌握的资源帮助消灭第三世界的致命疾病,以及改善美国的教育。截至目前,基金会已经捐赠出惊人的 280 亿美元。盖茨表示他 95% 的个人财富都会进入基金会,并且将在他和妻子去世后的 20 年内全部捐赠出去。盖茨表示他做慈善并没有宗教方面的原因,他说,"是为了人类的尊严和平等。人生而平等,我们希望别人怎么对待自己,就应该怎么对待别人"。

2016 年 3 月比尔·盖茨在 Reddit 网站上进行了一次问答式交流。其中的一个问题是"比尔,你为何不竞选美国总统?"对此问题,盖茨回答称,他更加喜欢通过其比尔·梅琳达·盖茨基金会来从事慈善事业,而不是更喜欢政治。盖茨表示:"我喜欢我目前在基金会的工作,胜过了当总统。"

03 马云
【责任】【生命】【慈善】【价值】

"做公益和慈善,在我看来是人生一种很大的福报,我们努力的结果,既能帮助自己,也能帮助别人。我们今天捐赠的任何一笔钱,不管多与少,对改变世界甚至别人都是微不足道的,但帮助别人是改变自己,让自己的内心发生变化,更加丰富。"马云这样说。

2014 年度中国慈善榜在北京水立方发布。因为 124 亿的捐款额和国际视野的公益方式,阿里巴巴董事局主席马云成为新一届的"中国首善"。中国慈善榜由民政部、中央综治委办公室、全国总工会、团中央、全国妇联联合指导,《公益时报》社编制发布的。马云说:"15 年前,阿里巴巴在公司成立之时,就确立了以社会责任为核心的价值观体系和行为准则。'回馈社会'的理念已成为阿里巴巴企业文化的一部分。阿里人为改善社会生活环境做出的贡献,让我无比自豪。"

04 沃伦·巴菲特
【责任】【生命】【慈善】【价值】

虽然早已坐拥亿万家产、名列全球顶级富豪,但沃伦·巴菲特对慈善事业的热衷,却绝非一般富豪能比。早在几年前,他就已经承诺,要将自己名下 99% 的资产捐献给慈善事业,截至目前(注:2014 年 7 月)他已捐出近 230 亿美元。"就我自己而言,1% 的个人财富就已经足够我和家人使用,留下更多的钱既不会增强我们的幸福感,同时也不会让我们更加安康。"巴菲特这样表示。

不仅如此,在 2010 年,巴菲特还和他的好友盖茨一起发起了"捐赠誓言"活动,号召亿万富翁生前或者死后至少用自己的一半财富来做慈善。除了带头捐款,并积极游说其他富豪加入捐赠行列之外,巴菲特另一项最著名的慈善活动就是每年一次的"巴菲特慈善午餐"了。这项始于 2000 年的"和股神吃饭"活动,在最初两三年里并没有激发太多人的热情。但在近几年,尤其是 2008 年金融危机爆发后,却一下子炒得火热。有媒体统计过,"巴菲特慈善午餐"截至目前拍出的历史最高价是 2012 年的 345 万美元。而 2014 年这顿饭拍出的价格则在 217 万美元左右。据悉,截至目前,"巴菲特慈善午餐"活动已经累积募集了超过 1 600 万美元的善款。而这些善款,将会捐给美国慈善机构格莱德基金会(Glide Foundation),主要用于帮助旧金山地区的穷人和无家可归者。

05 袁隆平
【责任】【创新】【合作】【团队】

2014 年 1 月,袁隆平第二次登上国家最高科技奖"国家科技进步特等奖"的领奖台。面对鲜花、镜头和祝福的人群,83岁的袁隆平院士说:"这个奖属于杂交水稻中心,属于全体农业科技人,国家给了我们最大的鼓励!"

32年前,在马尼拉召开的一个重大国际会议上,时任国际水稻研究所所长的斯瓦米纳森博士,在会场大屏幕上用英文打出"杂交水稻之父袁隆平"几个字,同时说道:"我们把袁隆平先生称为'杂交水稻之父',他的成就给人类带来了福音。"会场立刻响起热烈的掌声,完成了对这位中国科学家走上世界舞台的"加冕"。正如美国著名农业经济学家帕尔伯格所言:袁隆平把西方国家远远甩到了后面,为中国争取到了宝贵的时间,并将引导中国和世界过上不再饥饿的美好生活。目前,中国杂交水稻已在世界上30多个国家和地区进行研究和推广,并被冠以"东方魔稻""巨人稻""瀑布稻"等美称。2005年年底,联合国世界粮食计划署在北京正式宣布从2006年起停止对华粮食援助。这标志着中国26年的粮食受援助历史画上了句号,并开始成为一个重要援助国。中国以占世界不到10%的耕地养活了占世界20%多的人口,其中杂交水稻立下了汗马功劳。

在理论上,袁隆平早已是中国名义"首富",因为这位特殊"富翁"的价值,主要是靠公式计算出来的。早在1999年,经专业资产评估事务所评估,仅"袁隆平"这个品牌,市值就达1008.9亿元。但他的衣柜里,多数是大众品牌的普通衣服。他用个人获得的各类奖金设立的科技奖励基金,颁给他人从不吝啬。

06　俞敏洪

【教育】【创业】【合作】【团队】

俞敏洪,1962年10月15日出生于江苏省江阴市,新东方教育集团创始人。1985年,毕业于北京大学,之后留校任教。1991年,俞敏洪从北大辞职,和女友租下一间农民房。女友给房东的孩子做家教,俞敏洪在社会上的培训学校打工,随后发现观念相差颇大,于是萌发了自立门户的念头。1993年,俞敏洪正式创办北京新东方学校。2006年,新东方在纽约证交所正式挂牌上市。2013年5月17日由陈可辛执导的青春励志喜剧《中国合伙人》上映,电影是以新东方的创业故事为主线,以俞敏洪和徐小平、王强三人在新东方的共同奋斗、兄弟情谊为蓝本创作的。电影中成东青这个角色就是俞敏洪的原型。2014年11月,俞敏洪携手华泰联合证券有限责任公司前董事长盛希泰共同创立洪泰基金,通过这只天使基金的资本力量,支持互联网教育创新,扶持更多年轻人走向创业道路。

07　莫言

【文学】【民族】【学习】【坚韧】

莫言,原名管谟业,1955年2月17日出生,祖籍山东高密,是第一个获得诺贝尔文学奖的中国籍作家。莫言在小学五年级时辍学,在农村劳动长达10年,主要从事农业,种高粱、种棉花、放牛、割草。辍学期间无书可看时,他甚至看《新华字典》,尤其喜欢字典里的生字。1976年莫言加入中国人民解放军,历任班长、保密员、图书管理员、教员、干事等职。在部队担任图书管理员期间,莫言阅读了大量的文学书籍,将图书馆里1 000多册文学书籍全部看过。他也看过不少哲学和历史书籍,包括黑格尔的《逻辑学》、马克思的《资本论》等。他自20世纪80年代以一系列乡土作品崛起,充满着"怀乡"以及"怨乡"的复杂情感,被归类为"寻根文学"作家。2000年,莫言的《红高粱》入选《亚洲周刊》评选的"20世纪中文小说100强"。2005年《檀香刑》全票入围茅盾文学奖初选。2011年莫言荣获茅盾文学奖。2012年莫言获得诺贝尔文学奖。据不完全统计,莫言的作品目前至少已经被翻译成40种语言。莫言说:"因为我的小说有个性,语言的个性使我的小说中国特色浓厚。我小说中的人物确实是在中国这块土地上土生土长起来的。土是我走向世界的一个重要原因。"

08 屠呦呦
【合作】【团队】【创新】【坚持】

2015年10月,屠呦呦获得诺贝尔生理学或医学奖,理由是她发现了青蒿素,这种药品可以有效降低疟疾患者的死亡率。她成为首获科学类诺贝尔奖的中国人。

1967年5月23日,我国政府启动"523项目",旨在找到克服抗药性的新型抗疟药物。科研人员筛选了4万多种抗疟疾的化合物和中草药,但没有得到令人满意的结果。1969年1月,年轻的实习研究员屠呦呦以组长的身份加入该项目。通过翻阅历代本草医籍,四处走访老中医,甚至连群众来信也没放过,屠呦呦终于在2 000多种方药中整理出一张含有640多种草药,包括青蒿在内的《抗疟单验方集》。可在最初的动物实验中,青蒿的效果并不出彩,屠呦呦的寻找也一度陷入僵局。到底是哪个环节出了问题呢?屠呦呦再一次转向古老的中国智慧,重新在经典医籍中细细翻找,突然,葛洪《肘后备急方》中的几句话牢牢抓住了她的目光:"青蒿一握,以水二升渍,绞取汁,尽服之。"一语惊醒梦中人,屠呦呦马上意识到问题可能出在常用的"水煎法"上,因为高温会破坏青蒿中的有效成分,她随即另辟蹊径,采用低沸点溶剂进行实验。成功,在190次失败之后。1971年,屠呦呦在第191次低沸点实验中发现了抗疟效果为100%的青蒿提取物。1972年,该成果得到重视,研究人员从这一提取物中提炼出抗疟有效成分——青蒿素。这些成就并未让屠呦呦止步,1992年,针对青蒿素成本高、对疟疾难以根治等缺点,她又研制出双氢青蒿素这一抗疟疗效为前者10倍的"升级版"。

屠呦呦在获奖感言中表示:"我想这个荣誉不仅仅属于我个人,也属于我们中国科学家群体,还有我的团队,以及全国的同志们。"

09 史蒂夫·乔布斯
【创新】【科技】【创业】【合作】【团队】

史蒂夫·乔布斯,1955年2月24日生于美国加利福尼亚州旧金山,美国发明家、企业家、美国苹果公司联合创办人。乔布斯被认为是计算机业界与娱乐业界的标志性人物,他经历了苹果公司几十年的起落与兴衰,先后领导和推出了麦金塔计算机(Macintosh)、iMac、iPod、iPhone、iPad等风靡全球的电子产品,深刻地改变了现代通信、娱乐、生活方式。乔布斯同时也是前Pixar动画公司的董事长及行政总裁。1976年4月1日,乔布斯、沃兹尼亚克及乔布斯的朋友龙·韦恩签署了一份合同,决定成立一家电脑公司。随后,21岁的乔布斯与26岁的斯蒂夫·沃兹尼亚克在自家的车房里成立了苹果公司。

创新决定了你是领袖还是跟随者。乔布斯认为创新是无极限的,有限的是想象力。他认为,如果是一个成长性行业,创新就是要让产品使人更有效率,更容易使用,更容易用来工作。如果是一个萎缩的行业,创新就是要快速地从原有模式退出来,在产品及服务变得过时、不好用之前迅速改变自己。

和最优秀的人一起工作。乔布斯认为,一个创业公司的前10个员工决定了这个公司的水平,因为每个人都要能负担公司十分之一的工作。他也常用甲壳虫乐队比喻团队的力量:没有一项主要工作可以由单独的一个,或者两个、三个、四个人来完成。为了把事情办好,工作不能仅仅由一个人完成,必须找到能力非凡的人来合作。最终把个体互动产生的力量汇总,这样整体的力量就会远远大于个体的力量的总和。

10 李明博
【奋斗】【坚韧】【创新】

2008年,李明博在首尔正式宣誓就任第17届韩国总统。

初中时的李明博成绩优异,但却因贫困而一度放弃升学,在老师的劝说下,母亲让他进入可半工半读的商业高校就读。毕业后从事体力工作积攒学费,1961年进入高丽大学商学部。与生俱来的认真勤奋和敢于提出问题的性格,使得他在进公司不到两年就晋升为组长,并在29岁时晋升为理事,1977年,年仅36岁的李明博成为公司有史以来最年轻的社长。此后几年,他还担任过现代集团10家下属企业的领导人。辉煌的领导经历使得李明博成为韩国企业界的传奇,被誉为"工薪族的神话"。

李明博是具有不断大胆创新精神的代表人物。在泰国工作期间,李明博被委任为现代重工业的科长,并在回国后负责向京釜高速公路建设项目提供装备的工作。当时,推土机几乎每天都出现故障,加上技术人员蛮横的态度,工程进度一再被推迟。气愤的李明博一天晚上将出现故障的所有推土机拆掉,然后重新组装,完全掌握了其构造。技术工人们被他执着坚韧的精神所折服,此后开始听从李明博的指示,而这件事情无意间被现代集团会长郑周永知道,为年轻的李明博日后在现代集团铸就辉煌成功奠定了基础。李明博20多年的集团总裁生涯,为其积累巨大财富,使其摆脱了贫穷的生活,其现有资产按标准市价计算,超过了330亿韩元(约合人民币2.7亿元)。据悉,李明博上述资产中的大部分是在现代集团任总裁期间成功竞标并成功运作建设诸多中东地区大型工程项目的奖金。

11 史铁生
【生命】【价值】【奋斗】【磨砺】

史铁生,中国作家、散文家。1951年出生于北京,2010年12月史铁生因突发脑溢血逝世,享年59岁。史铁生21岁双腿残疾,30岁身患尿毒症,从1998年起,每周要去医院进行3次透析,命运对史铁生不可谓不残酷。就是这样每天被疾病折磨着的人,却用笔来超越生命的困境,写出了《我遥远的清平湾》《我与地坛》《病隙碎笔》《务虚笔记》等作品,其诗性的语言和深邃的哲思打动了千千万万读者。对于史铁生来说,生命的意义更加特别,在他的作品中,思考着生与死、残缺与爱、苦难与信仰、写作与艺术等重大问题,并展现了他自己如何在生活中活出了意义,这些或许都是他过往经历留给他的精神财富。史铁生完成了许多身体正常的人都做不到的事,他对于人的命运和现实生活的冲突,没有停留在表面进行思考,而是去拷问存在的意义。"史铁生是一个生命的奇迹,在漫长的轮椅生涯里至强至尊,一座文学的高峰,其想象力和思辨力一再刷新当代精神的高度,一种千万人心痛的温暖,让人们在瞬息中触摸永恒,在微粒中进入广远,在艰难和痛苦中却打心眼里宽厚地微笑。"

12 陶华碧
【奋斗】【变换角度看问题】【诚信】【授权】

说起陶华碧大家可能不知道,但是说起她的"老干妈",却是无人不知的。她42岁创业,平均每天卖出130万瓶辣椒酱,一年销售额高达25亿。68岁的陶华碧和她的家族拥有公司超过90%的股权,她是这个"辣椒酱帝国"金字塔尖上的女皇。

陶华碧是从卖米豆腐开始自己的"经商"生涯的。因为家里穷没有钱读书,过早从事农活,陶华碧比别人更能吃苦。1989年,她用省吃俭用积攒下来的一点钱,用四处捡来的砖头在贵阳市南明区龙洞堡的一条街边盖起了一间房子,开了家"实惠餐厅",专卖凉粉和冷面。为了佐餐,她特地制作了麻辣酱,专门用来拌凉粉,结果生意十分兴隆。后来,她看准了麻辣酱的潜力,从此潜心研究起来。生意越做越大,在她办起食品加工厂专门生产辣椒调味品后,陶华碧仍然保持着不怕吃苦的本色,一心扑在事业上。白天,她亲自把产品送到各食品商店和单位食堂进行试销,晚上就睡在厂里。

她以一个农民的朴实本质,坚持了商业世界中最重要却也最难实现的诚信;她不懂得新词"凝聚力",只会和大家一起干;她不识字,不懂账,但她信任专业管理人员。如今的陶华碧在国外被称为"教母",在国内她尊为"老干妈"。她却说自己就是个炒辣椒的。

13 岳飞

【教育】【爱国】【责任】【精神】

岳飞(1103—1142年),字鹏举,南宋杰出的军事家、战略家,中国历史上著名的抗金将领。他重视人民的抗金力量,缔造了"连接河朔"之谋,主张黄河以北的民间抗金义军和宋军互相配合,夹击金军,以收复失地。岳飞治军,赏罚分明,纪律严格,又能体恤部属,以身作则,他率领的"岳家军"号称"冻死不拆屋,饿死不掳掠",金人流传有"撼山易,撼岳家军难"的评语,表达对"岳家军"的由衷敬畏。岳飞的精神已经化为我们中华民族的一种可贵精神。

岳飞母亲姓姚,是母教的典范。在国家危亡之秋,励子从戎,教子精忠报国,"岳母刺字"成为中华民族母教的经典。岳飞作为中国历史上的一员名将,其精忠报国的精神深受中国各族人民的敬佩。

岳飞廉洁奉公、行若明镜、事母至孝、严于律己、厚以待人、令出如山、赏罚分明、身先士卒、骁勇善战等优良品质,是我们中华民族的传统美德,值得我们今人继承和发扬。

14 曾国藩

【自律】【责任】【教育】

曾国藩(1811—1872年),汉族,中国近代政治家、战略家、理学家、文学家,湘军的创立者和统帅。曾国藩与胡林翼并称曾胡,与李鸿章、左宗棠、张之洞并称"晚清四大名臣"。

曾国藩出生于晚清一个地主家庭,自幼勤奋好学,6岁入塾读书。8岁能读四书、诵五经,14岁能读《周礼》《史记》文选。太平天国运动时,曾国藩组建湘军,力挽狂澜,经过多年鏖战后攻灭太平天国。曾国藩一生奉行为政以耐烦为第一要义,主张凡事要勤俭廉劳,不可为官自傲。他修身律己,以德求官,礼治为先,以忠谋政,在官场上获得了巨大的成功。

曾国藩的崛起,对清王朝的政治、军事、文化、经济等方面都产生了深远的影响。在曾国藩的倡议下,建造了中国第一艘轮船,建立了第一所兵工学堂,印刷翻译了第一批西方书籍,安排了第一批赴美留学生。可以说曾国藩是中国近代化建设的开拓者。

15 司马迁

【教育】【学习】【磨砺】【实践】

司马迁(公元前145—公元前90年),字子长,中国西汉伟大的史学家、文学家、思想家。司马迁因替李陵败降之事辩解而受宫刑,后任中书令。

司马迁的父亲司马谈,曾任太史令,是一位刻苦勤奋的学者。司马迁在史官家庭中长大,受到良好的文化熏陶,自幼就养成了读书的习惯,从小就打下了坚实的古文基础。他还转益多师,向儒学大师孔安国学习古文《尚书》,向董仲舒学习公羊派《春秋》。后来担任太史令,他又利用工作上的方便,翻阅由国家收藏的各种文献资料。司马迁对于文献不是浮光掠影式地浏览,而是认真地鉴别真伪,比较同异。比如,对于九州山川的记载,他认为《尚书·禹贡》是可靠的,而《山海经》等书则不可信。

司马迁在20岁时有过游历的经历,到过东南一带许多地方。在会稽(今浙江绍兴)探访大禹陵,在长沙水滨凭吊屈原,在登封瞻仰许由的坟墓,在楚地参观春申君的宫殿。在刘邦发迹的丰沛之地,司马迁参观萧何、曹参、樊哙、夏侯婴等人故居,听故老讲述楚汉相争时这些开国功臣的逸闻轶事。司马迁入仕之后,曾出使西南,远到昆明。又侍从武帝东达于碣石,见到了大海;西至空峒(今甘肃平凉),搜集黄帝的传说;到过北部边塞,登上了秦时所筑的长城;还参加了武帝带领群臣负薪塞河的活动。司马迁在广阔的地域留下了自己的足迹,大大地拓展了他的视野,为《史记》的写作搜集了许多新鲜的材料,他在游览过程中的真切体验和亲身感受后来也一道写入书中。

司马迁创作了中国第一部纪传体通史《史记》,被公认为是中国史书的典范,该书记载了从上古传说中的黄帝时期,到汉武帝元狩元年,长达3 000多年的历史,是"二十五史"之首,被鲁迅誉为"史家之绝唱,无韵之离骚"。

16 李时珍

【学习】【实践】【磨砺】【责任】

李时珍(1518—1593年),明代著名医药学家。1556年李时珍被推荐到太医院工作。太医院的工作经历,给李时珍的一生带来了重大影响,为编写《本草纲目》打下基础。这期间,李时珍积极地从事药物研究工作,经常出入太医院的药房及御药库,认真仔细地比较、鉴别各地的药材,搜集了大量的资料,还有机会饱览了王府和皇家珍藏的丰富典籍,与此同时从宫廷中获得了当时民间的大量本草信息,并看到了许多平时难以见到的药物标本。

李时珍自1565年起,先后到武当山、庐山、茅山、牛首山及湖南、湖北、安徽、河南、河北等地收集药物标本和处方,并拜渔人、樵夫、农民、车夫、药工、捕蛇者为师,参考历代医药等方面书籍925种,考古证今、穷究物理,记录了上千万字札记,弄清了许多疑难问题,历经27个寒暑,三易其稿,于1590年完成了192万字的巨著《本草纲目》。

《本草纲目》共16部52卷,约190万字。全书收纳诸家本草所收药物1 518种,在前人基础上增收药物374种,合1 892种,其中植物1 195种;共辑录古代药学家和民间单方11 096则;书前附药物形态图1 100余幅。这部伟大的著作吸收了历代本草著作的精华,尽可能地纠正了以前的错误,补充了不足,并有很多重要发现和突破。是到16世纪为止中国最系统、最完整、最科学的一部医药学著作。

《本草纲目》不仅为中国药物学的发展做出了重大贡献,而且对世界医药学、植物学、动物学、矿物学、化学的发展也产生了深远的影响。先后被译成日、法、德、英、拉丁、俄、朝鲜等十余种文字在国外出版。书中首创了按药物自然属性逐级分类的纲目体系,这种分类方法是现代生物分类学的重要方法之一,比现代植物分类学创始人林奈的《自然系统》早了一个半世纪,被誉为"东方医药巨典"。

17 徐霞客

【教育】【立志】【实践】【坚韧】

徐霞客(1587—1641年),名弘祖,字振之,号霞客,明朝南直隶江阴(今江苏江阴市)人,地理学家、旅行家和文学家。他经30多年考察撰成的60万字地理名著《徐霞客游记》,记录了观察到的各种现象、在人文、地理、动植物等领域有较高的参考价值。

徐霞客出生在南直隶江阴一个有名的富庶之家,祖上都是读书人。受耕读世家的文化熏陶,徐霞客幼年好学,博览群书,尤钟情于地经图志,少年即立下了"大丈夫当朝碧海而暮苍梧"的旅行大志。

徐霞客游历考察的30多年间,在完全没有他人资助的情况下,先后四次进行长途跋涉,足迹遍及相当于现在的江苏、浙江、山东、山西、陕西、河北、河南、安徽、江西、福建、广东、湖南、湖北、广西、贵州、云南和北京、天津、上海等21个省、市、自治区,走遍了大半个中国。更可贵的是,在30多年的旅行考察中,他主要是徒步跋涉,连骑马乘船都很少,还经常自己背着行李赶路。他寻访的地方多是荒凉的穷乡僻壤,或是人迹罕至的边疆地区,几次遇到生命危险,出生入死,尝尽了旅途的艰辛。徐霞客在跋涉一天之后,无论多么疲劳,无论是露宿街头还是住在破庙里,他都坚持把自己考察的收获记录下来,为后人留下了珍贵的地理考察记录。

18 曼德拉
【磨砺】【宽恕】【辩证】

纳尔逊·罗利赫拉赫拉·曼德拉(1918—2013年)于1994年至1999年任南非总统,被尊称为南非国父。

在任总统前,曼德拉是积极的反种族隔离人士,同时也是非洲国民大会的武装组织民族之矛的领袖。当他领导反种族隔离运动时,南非法院以密谋推翻政府等罪名将他定罪。依据判决,曼德拉在牢中服刑了27年。

漫长的监狱生活不仅打造了曼德拉宽容、坚毅的个性。在狱中时,他曾将一方菜园作为自己的精神家园,这让他忘却了外界的种种烦扰,从痛苦中得到解脱。1990年,曼德拉走出罗宾岛监狱时已经72岁了。他曾说:"当我走出囚室,迈过通往自由的监狱大门时,我已经清楚,自己若不能把悲痛与怨恨留在身后,那么我其实仍在狱中。"1994年5月,在曼德拉总统就职典礼上,他特别邀请了看押他27年还虐待过他的3名狱警,并拥抱了他们。据报道,在出狱后,曼德拉曾公开感谢格雷戈里,认为是他让自己的精神世界发生了凤凰涅槃般的变化,让他激进的心渐渐变得温和。

曼德拉在40年中获得了超过100项奖项,其中最显著的便是1993年的诺贝尔和平奖。2004年,他被选为最伟大的南非人。

19 朱丹
【自省】【定位】【坚持】

朱丹,浙江卫视节目主持人、影视演员。主持过《我爱记歌词》《中国最强音》等节目,出演过《爱上女主播》《爱的妇产科》《金牌律师》《待嫁老爸》《爱的妇产科2》等多部影视剧。2014年,朱丹又成功跻身《福布斯》中国名人榜。

朱丹曾经一周主持四档节目,一天穿高跟鞋站立10小时以上,她需要始终保持招牌式的微笑。频繁出镜让朱丹渐渐被称作"一姐",而被加上的"桂冠",有时候却是不能承受之重。舞台灯光一打,她被置于焦点之中,是必须发光发亮的角色。这个角色曾经是她的梦想,后来却慢慢成为她的负担。直到有一天,发现自己抑郁倾向越来越严重的朱丹做出了从浙江卫视辞职的决定。

10年,成就了一个被公众熟知的朱丹,也让她的焦虑无处逃匿。索性坦然面对焦虑,不再将自己与"一姐"的称号捆绑,她也真就释怀了。"有一些路走得太用力的时候,就会耗尽能量。

我需要一点时间弥补给我自己去填充力量。"朱丹有着一种真实的自信,这种自信不是曲意逢迎,而是学会坦然面对自己的不足。"人生的成长就是自己撞墙撞出来的,迷茫的时候,没有人会准确地告诉你怎么不迷茫,没有任何人会为你指路,心灵鸡汤完全没有用。如果窝在家里什么都没干,只会越来越迷茫,一定要做事情才会有机会。比如你开出租车,如果认认真真开,首先可以熟悉整个城市的地形,还有机会认识不同的人,也许就打开一扇窗了。"

35岁时,朱丹在北大的讲台上做了一次讲座,她没有叙述功成名就的光环,而是讲述了自己一路走来的迷惑困惑,踏踏实实地做了一回"失败者"。

20 童文红

【换位思考】【坚持】【团队】【责任】

从前台干到亿万富豪的童文红,被称为阿里巴巴的"最励志合伙人"。2000年,童文红进入阿里的第一个职位是公司前台,之后陆续负责集团行政、客服、人力资源等部门的管理工作,现任阿里集团资深副总裁兼菜鸟首席运营官。阿里上市后,她成为马云背后9位亿万富豪的女性合伙人之一。童文红以事实证明,坚持和努力比什么都重要。

童文红说:企业招聘员工最重要的不是看员工的学历、年龄、经验、身高、长相,而是看这个员工是否有一个好的思想观念,最重要的一点就是看他是否能站在企业、老板的角度思考问题。虽然这些是最基本的道理,但是往往很多员工就没有弄明白。他们一到公司上班,不是在想着如何为公司创造价值、创造财富,而是想着我这个月工资是多少、多久放假、几点下班等。如果一个员工以一个打工仔的思维方式在应付工作,那么这个员工学历再高、工作时间再长也不见得会有多少出息。同样的道理,即使你是一个低学历的新员工,如果你以主人的心态思考问题,随时为老板出谋划策、排忧解难,那么有一天企业有什么好的发展机会,老板第一个想到的就是你。因为人都是相互帮助的,越是为老板着想的员工越能得到老板的重用,越是自私自利的员工越得不到老板的认可或提拔。因此,今天的求职者,他们之所以失业,不是他们能力不行,而是思想不对。

21 王健林

【诚信】【创新】【培训】【企业文化】

王健林,大连万达集团股份有限公司董事长,2005年、2012年两次被评为"CCTV中国经济年度人物",2009年被评为"CCTV十年商业领袖",2005年、2008年、2013年分别获得由国家民政部颁发的"中华慈善奖"。

王健林的成功与以下要点分不开。

第一,高度重视诚信。王健林把诚信经营和狠抓工程质量作为开创事业的立足点。1991年,王健林带领大连市西岗区住宅开发公司(万达集团前身)开发的大连市民政街小区成为全东北第一个住宅工程质量全优小区,被首届"中国质量万里行"活动组委会授予当年全国唯一一块"优质住宅工程"奖牌。1996年初,针对当时房地产行业质量低劣、面积短缺、欺诈销售的普遍现象,王健林在全国房企中率先提出"三项承诺",保护消费者利益。

第二,富有创新精神。王健林具有强烈的创新精神,把创新作为企业发展的核心动力。万达是行业中国内首家旧城改造、首家跨区域发展、首家开发商业地产、首创"订单地产"和"城市综合体"商业模式的企业。万达在国内最先规模投资文化产业,现在成为中国最大的文化企业,并首家跨国并购美国大型文化企业。万达还在全国成立首家奢华酒店管理公司。

第三,企业管理卓越。王健林始终倡导和推进企业管理的现代化。他带领万达编纂了几百万字且操作性极强的企业经营管理制度汇编,其中绝大部分是万达拥有自主知识产权的独创制度;他在业内首创了财务和成本系统由集团总部垂直管理的管理体系;打造全国领先的企业信息管理系统,获得众多信息技术专利。

第四,注重企业文化。王健林把"人生追求的最高境界是精神追求,企业经营的最高层次是经营文化"作为自己经营企业的座右铭,十分重视企业文化建设。他每年都带头宣讲企业文化,每年数次专题研究企业文化建设;他建立了万达集团企业文化理念体系和完备的组织体系,增强了企业凝聚力,提升了企业竞争力,使万达企业文化建设走在全国企业的前列。

第五,真情关爱员工。在万达的发展中,王健林始终坚持"以人为本"的理念,倾心关爱员工,广纳八方人才。万达集团的骨干员工流失率在全国大型企业中最低,王健林被全国工商联和全国总工会评为"全国关爱员工优秀民营企业家"。王健林的做法:一是提供一流待遇,万达员工的薪酬水平属于国内同行业的高水准。二是建立培训机制,每年投入上亿元用于员工培训,并在廊坊投资7亿元建立了国内一流的万达学院。三是注重人文关怀。王健林要求总部和子公司都建立员工食堂,为员工提供免费工作餐;推出幸福假期制度,给予集团评选的优秀员工及其家人报销两人往返机票及住宿费,任选各地万达酒店度假。

22 杰夫·贝佐斯

【互联网】【创业】【创新】

杰夫·贝佐斯,1964年生于美国新墨西哥州。贝佐斯的外祖父是美国前原子能委员会的一名管理人员,他培养了贝佐斯对科学的热爱。14岁时,贝佐斯就立志要当一名宇航员或物理学家。他家里的车库就是他做工程实验或科学试验的场地,堆满了他的工程项目:有真空吸尘器做成的水翼船和雨伞加工成的太阳能灶具。1986年,贝佐斯在美国名校普林斯顿大学毕业。两年后,贝佐斯跳槽到纽约一家银行信托公司,操作管理价值2 500亿美元资产的电脑系统,25岁时便成了这家银行信托公司有史以来最年轻的副总裁。

从20世纪90年代开始,互联网使用人数每年飞速增长,贝佐斯希望自己像微软的盖茨一样,在IT行业取得成功,做网络浪尖上的弄潮儿。贝佐斯列出了20多种商品,然后逐项淘汰,只剩下书籍和音乐制品,最后他选定了先卖书籍。书籍特别适于在网上展示,而且美国作为出版大国,图书有130万种之多。几周后,他就放弃丰厚的待遇,踏上了创业之路。贝佐斯用30万美元的启动资金,在西雅图郊区租来的车库中,创建了全美第一家网络零售公司亚马逊公司(Amazon.com)。在公司起步阶段,为了让亚马逊在传统书店如林的竞争压力中站稳脚跟,贝佐斯花了一年时间来建设网站和数据库。同时,他对网络界面进行了人性化的改造,给顾客舒适的视觉效果,使顾客能方便地选择。而在设立数据库方面,他更是小心谨慎,光软件测试,就用了三个月。时间证明了贝佐斯的做法极其正确。凭着这些优势,1995年7月,亚马逊正式打开了它的"虚拟商务大门"。

在市场的竞争中,亚马逊的优势渐渐显出。第一,亚马逊是最便宜的书店之一,它不像传统的书店经营,少了中间商抽成剥削,使亚马逊销售的书籍或其他商品有着较为便宜的价格。第二,亚马逊拥有远超传统书店的更方便快捷的服务和更全的书目。在亚马逊网上购书,因为有强大的技术支持,一般三秒钟之内就可得到回应,大大节省了顾客的时间。竞争对手巴诺书店最多只能有25万种书目,而在网络上,亚马逊却可以拿出250万种书目来。第三,速度也同样表现在库存货物的更新上。亚马逊除了200种畅销书外,几乎不存在库存。但即使是这个库存,亚马逊更新的频率还是让人吃惊。有个数据显示,亚马逊每年更换库存达150次之多,而巴诺书店只有 3~4 次。这个数据不仅表现了亚马逊的速度,也表现了它的销量。第四,创新。贝佐斯是互联网上货真价实的革新者。亚马逊拥有 3 万个"委托机构",这些"委托机构"在各自的网站上,为亚马逊推出的书籍进行推荐工作。当上网的访客在它们的网站上以点选的方式购买推荐的书籍时,这些机构可以向亚马逊抽取 15% 的佣金。同时,贝佐斯还协助定义了一个以购物网站为中心的互联网社区。这个社区的编辑内容每天都会更新,同时还提供了"读者书评"和"续写小说"的服务,他是第一个在网络上采用这种方式的人,仅这两项小创新,为亚马逊增加了近 40 万名顾客。

贝佐斯不断快速扩充,他的经营已经不仅仅限于书籍了,他志在建立一个最大的网络购物中心。通过这一系列的努力,亚马逊渐渐强大起来,贝佐斯的眼光也放得更远。当所有人都还不知道"电子商务"是什么东西时,贝佐斯已经用自己的行动证实了什么是电子商务。"亚马逊"是网络上第一个电子商务品牌。在 1995 年 7 月,亚马逊还只是个小网站,但到了 2000 年 1 月,亚马逊的市价总值已经达到了 210 亿美元,是老对手巴诺的 8 倍。五年不到的时间,亚马逊以惊人的成长速度创造了一个网络神话。

23 钱锺书

【价值】【低调】【原则】

当代大学者钱锺书终生淡泊名利,甘于寂寞。他谢绝所有新闻媒体的采访,中央电视台《东方之子》栏目的记者,曾千方百计想冲破钱锺书的防线,最后还是不无遗憾地对全国观众宣告:钱锺书先生坚决不接受采访,我们只能尊重他的意见。

20 世纪 80 年代,美国著名的普林斯顿大学特邀钱锺书去讲学,每周只需钱锺书讲 40 分钟课,一共只讲 12 次,酬金 16 万美元,食宿全包,可带夫人同往。待遇如此丰厚,可是钱锺书却拒绝了。钱锺书的著名小说《围城》发表以后,不仅在国内引起轰动,而且在国外反响也很大。新闻和文学界有很多人想见见他,一睹他的风采,都遭他的婉拒。有一位女士打电话说,她读了《围城》非常想见他。钱锺书再三婉拒,她仍然执意要见。钱锺书幽默地对她说:"如果你吃了个鸡蛋觉得不错,何必要一定认识那只下蛋的母鸡呢?"

1991 年 11 月钱锺书 80 诞辰的前夕,家中电话不断,亲朋好友、学者名人、机关团体纷纷要给他祝寿,中国社会科学院要为他开祝寿会、学术讨论会,钱锺书一概坚辞。

24 居里夫妇

【教育】【荣誉】【心态】【价值】

居里夫妇都是世界上知名的科学家,居里夫人是世界上唯一两次获得诺贝尔奖的女科学家,但他们生活俭朴,不求名利。各种勋章、奖章是荣誉的象征,是许多人梦寐以求的宝物,可居里夫妇视之如废物。1902 年,居里先生收到了法兰西共和国大学理学院的通知,说是将提出申请,颁发给他荣誉勋章,以表彰他在科学上的贡献,务请他不要拒绝接受。居里和夫人商量以后,写了一封回信:"请代向部长先生表示我的谢意。并请转告,我对勋章没有丝毫兴趣,我只急需一个实验室。"

居里夫人的一位朋友应邀到她家做客,进屋后看见居里夫人的小女儿正在玩弄英国皇家协会刚刚授予居里夫人的一枚金质奖章,惊讶地说:"这枚体现极高荣誉的金质奖章,能得到它是极不容易的,怎么能够让孩子玩呢?"居里夫人却说:"就是要让孩子从小知道,荣誉这东西只是玩具而已,只能玩玩,绝不可以太看重它,如果永远守着它,就不会有出息。"

25 富兰克林

【尊老】【勤奋】【学习】

美国18世纪著名政治家、科学家富兰克林,参加过独立战争,参加过起草独立宣言,代表美国同英国谈判,后签订巴黎和约,曾创办《宾夕法尼亚报》,建立美国第一个公共图书馆。他在研究大气电方面有重要贡献,发明了避雷针。著有《自传》。

富兰克林自幼酷爱读书,家贫无钱上学,从少年时代起,就独自谋生,常常饿肚子省钱买书读。某一天,富兰克林在路上看到一位白发老妪,已饿得走不动了,于是将自己仅有的一块面包送给她。老妪看富兰克林的样子也是一个穷人,不忍接受他的面包。"你吃吧,我包里有的是。"富兰克林说着拍拍那只装满书籍的背包。老妪吃着面包,只见富兰克林从背包里抽出一本书,津津有味地读起来。"孩子,你怎么不吃面包啊?"老妪问道。富兰克林笑着回答说:"读书的滋味要比面包好多了!"

富兰克林经济拮据,购书能力有限,他只得经常借书读。他常向朋友敲门借书,连夜点起一盏灯,专心读书,疲乏了就以冷水浇头提提神,坐下继续阅读完,第二天一早,准时把书还给朋友,从不失信。

26 哈伦德·山德士

【坚持】【挫折】【创业】

5岁时,他父亲就去世了;14岁时,他从学校辍学,开始了流浪生活;16岁时,他谎报年龄参了军,而军旅生活也是处处不顺心;18岁时,他娶了个媳妇,可只过了几个月,媳妇就变卖了他所有的财产逃回了娘家;他曾通过函授学习法律,可不久又放弃了;后来,他卖过保险,卖过轮胎,还经营过一条渡船,开过一家加油站,但都失败了。人到中年,他成了一家餐馆的主厨和洗瓶师,可因政府修公路而拆了那家餐馆,他又失业了;时光飞逝,眼看一辈子就这样过去了,而他仍一无所有。65岁那年,邮递员给他送来了他的第一份社会保险支票,他用这105美元保险金创办了自己的一份崭新的事业。88岁高龄时,他的事业终于大获成功。

他,就是肯德基创始人——哈伦德·山德士!

27 肖邦

【爱国】【价值】【信念】

世界著名大音乐家、波兰人费列德利克·肖邦由于受到波兰反动政府的残酷迫害,先后流亡法国、德国、英国等地,时间长达十九年。在这期间,他的许多贵重东西都散失了,唯独将出国时带出来的一个装满家乡泥土的银杯,朝夕不离一直带在身边。1849年,肖邦在巴黎一病不起,生命快到尽头了。临终前,他对从华沙赶来探视的妹妹说:"波兰反动政府是不允许把我的遗体运回华沙的。我死后,至少把我的心脏带回祖国。"

在安葬肖邦的那天,送葬的人在他的墓穴里撒上了那把在银杯里珍藏了十九年的泥土,又按他的遗愿解剖了尸体,把肖邦的心脏带回了华沙,存放在圣十字大教堂里。

肖邦的心,是一颗永远向着祖国的心,是一颗比金子还珍贵的心。在这颗心脏里,蕴含着对祖国深情的眷恋,回荡着强烈的爱国主义旋律。

28 张自忠

【爱国】【价值】

1940年5月,担任第三十三集团军上将总司令的张自忠亲自率领一支部队在湖北宜城与敌军血战九昼夜。在日寇的重兵包围中,他身先士卒,带领部队奋勇冲杀,连中七弹,壮烈牺牲。临终前,他向随从说:"我力战而死,自问对国家、对民族、对长官可告无愧,良心平安。"

周恩来同志曾把张自忠誉为"全国军人的楷模",说"其忠义之志,壮烈之气,直可以为我抗战军人之魂"。曾到湖北前线访问过的美国作家史沫特莱,在《中国战歌》一书中将张自忠称为"有良心的将军",并写道:"人们都说他视死如归,以求良心得到安慰。"张自忠将军是抗日英烈中的一位。他以身殉国的壮举,正是他内心深处不可动摇的民族良心的体现。

29 戴维

【敬业】【专心】【坚持】

英国化学家戴维是一位木器雕刻匠的儿子,虽然他小时候家境并不富裕,但他贫穷不改凌云志,坚持刻苦学习,20岁时就发现了一种能使人发笑不已的气体——笑气(一氧化二氮),从此闻名于世。在进行这次实验时,他差点因吸进过多的笑气而丧命。29岁时,戴维又用电解法制得了金属钠、镁、钙、锶、钡,于是声名显赫。

戴维发表演讲,口若悬河,广征博引,许多文学家、科学家、时髦女士、达官阔佬都恭维他,有的送他礼物,有的以认识他为荣幸。然而,戴维却依旧埋头于科学实验,甚至冒着生命危险进行剧毒和爆炸性实验。有人劝他道,如今功业成就,该坐享清福了。戴维却说:"我以科学为职业,以造福人类为本分。"一息尚存,就兢兢业业去做。人当有荣耀之实,不当有荣耀之名。有贡献而没有荣誉,比有荣誉而没有贡献好些。

二、企业类素材

01 三鹿

【食品安全】【责任】【监管】

石家庄三鹿集团股份有限公司,简称三鹿,是集奶牛饲养、乳品加工、科研开发为一体的大型企业集团,早期发展良好,曾获得国家科学技术进步奖。2005年8月,"三鹿"品牌被世界品牌实验室评为中国500个最具价值的品牌之一,2007年被商务部评为最具市场竞争力的品牌。"三鹿"商标被认定为"中国驰名商标";产品畅销全国31个省、市、自治区。2006年位居国际知名杂志《福布斯》评选的"中国顶尖企业百强"乳品行业第一位。经中国品牌资产评价中心评估,三鹿品牌价值达149.07亿元。后期因为管理不善,不法奶农在牛奶中掺加三聚氰胺,导致全国发生婴儿肾结石事件,最终于2009年2月12日宣布破产。

反思三鹿毒奶粉事件,我们不难发现,造成三鹿悲剧的,三聚氰胺只是个导火索,而事件背后的运营风险、管理失控才是真正的罪魁祸首。作为与人们生活息息相关的乳制品企业,本应加强奶源建设,充分保证原奶质量,然而在实际执行中,三鹿仍将大部分资源聚集到了保证原奶供应上。三鹿集团的"奶牛+农户"饲养管理模式在执行中存在重大风险。三鹿的散户奶源比例占到一半,且形式多样,要实现对数百个奶站在原奶生产、收购、运输环节实时监控已是不可能的任务,只能依靠最后一关的严格检查,加强对蛋白质等指标的检测,但如此一来,反而滋生了层出不穷的作弊手段。但是三鹿集团的反舞弊监管不力。企业负责奶源收购的工作人员往往被奶站"搞"定了,这样就形成了行业"潜规则",不合格的奶制品就在商业腐败中流向市场。另外,三鹿集团对贴牌生产的合作企业监控不严,产品质量风险巨大。贴牌生产能迅速带来规模的扩张,可也给三鹿产品质量控制带来了风险。至少对个别贴牌企业的监管,三鹿不严格。

02 海底捞

【服务】【监管】【特色】

海底捞成立于1994年,是一家以经营川味火锅为主、融各地火锅特色为一体的大型直营餐饮品牌火锅店,在北京、上海等中国各大城市和韩国、日本美国等国家有百余家直营连锁餐厅。经过二十年发展,海底捞逐步从一个不知名的小火锅店起步,发展成为今天拥有近2万名员工的大型企业。总结海底捞的发展过程与成功经验,有如下四点:

第一,监管严格,卫生有保障。海底捞始终坚持"无公害,一次性"的选料和底料原则,严把原料关、配料关。十九年来历经市场和顾客的检验,成功地打造出信誉度高、颇具四川火锅特色的火锅品牌。

第二,服务态度特别好。因为顾客很多,经常要排队,餐厅就为等待的顾客提供免费美甲、美鞋、护手服务和免费饮料、零食、水果。服务员来自五湖四海,顾客可以找老乡服务,态度很热情。服务周到,甚至在卫生间里都会有专人服务,包括开水龙头、挤洗手液、递擦手纸等。

第三,味道地道,特色突出。海底捞火锅有10多种锅底,如:牛油火锅、鸳鸯火锅等。大部分店有自助调料台,有约20余种调料,顾客可根据自己的口味喜好,任意调配;另外,还有免费水果,季节不同,水果也有所不同,如:圣女果、哈密瓜、西瓜等。

第四,物美价廉。海底捞所有的菜品都可以要半份,半份半价。这样顾客就可以品尝更多种类的菜品,而且价格不高。

03 小米

【互联网】【创新】【换位思考】

北京小米科技有限责任公司成立于2010年4月,是一家专注于智能产品自主研发的移动互联网公司。小米认为用户就是驱动力,"为发烧而生"是小米的产品理念。小米公司首创了用互联网模式开发手机操作系统、发烧友参与开发改进的模式。2015年小米手机出货量超7 000万台。

小米靠什么成功?性价比还是营销?至少在小米看来,创新才是他们成功的根本。小米崇尚创新、快速的互联网文化,讨厌冗长的会议和流程,强调在轻松的伙伴式工作氛围中发挥自己的创意。小米公司曾表示,"技术创新是小米产品最核心的发动机",而在接受新华社采访时,小米的创始人雷军阐述了自己对创新的理解,他表示:"创新就是做别人没做过的事情,或是做了别人没做成的事情。这两样事都不会容易。我们在对成功者鼓掌时不要忘记无数的铺路石。对成功者顶礼膜拜,对失败者嗤之以鼻,会打击创业者积极性。"

04 华为

【创新】【策略】【奋斗】

华为技术有限公司是一家生产销售通信设备的民营通信科技公司,总部位于中国广东省深圳市,于1987年成立。华为抓住中国改革开放和ICT行业高速发展带来的历史机遇,坚持以客户为中心,以奋斗者为本,基于客户需求持续创新,赢得了客户的尊重和信赖,从一家立足于中国深圳特区,初始资本只有21 000元人民币的民营企业,稳健成长为年销售规模超过2 880亿人民币的世界500强公司。如今,华为的电信网络设备、IT设备和解决方案以及智能终端已应用于全球170多个国家和地区。

作为全球领先的信息与通信解决方案供应商,华为为电信运营商、企业和消费者等提供了有竞争力的ICT解决方案和服务,帮助客户在数字社会获得成功。华为坚持聚焦战略,对电信基础网络、云数据中心和智能终端等领域持续进行研发投入,以客户需求和前沿技术驱动的创新,使公司始终处于行业前沿,引领行业的发展。华为每年将销售收入的10%以上投入研发,在近17万华为员工中,有超过45%的员工从事创新、研究与开发。华为在170多个标准组织和开源组织中担任核心职位,已累计获得专利授权38 825件。

今天来看,华为的海外战略是成功的。这不仅仅是因为华为海外市场的销售收入已经突破20亿美元,占了总销售收入的四成,而更值得欣慰的是,华为的所有出口产品均为高科技产品,均为华为的自主品牌。也就是说,华为的海外战略从一开始就选择了一条最艰难的道路——自主品牌出口。

品牌出口的重要基础之一是技术,特别是高科技行业,没有核心技术,品牌会空壳化,没有生命力。所以,华为从一开始就非常重视自主的技术路线。华为要在核心技术上取得突破的思路可以说是与生俱来。华为成立伊始,当时的中国电信设备市场几乎完全被跨国公司瓜分,初生的华为只能在跨国公司的夹缝中艰难求生。一开始的华为只是代理香港一家企业的模拟交换机,根本没有自己的产品、技术,更谈不上品牌。但志存高远的华为义无反顾地把代理所获的微薄利润,都放到小型交换机的自主研发上,利用压强原理,局部突破,逐渐取得技术领先,继而带来利润;新的利润再次投入升级换代和其他通信技术的研发中,周而复始,心无旁骛,为今后华为的品牌战略奠定了坚实的技术基础。

华为的海外战略是从亚非拉市场开始的。1995年,华为启动了拓展国际市场的艰苦漫长旅程,起点就是非洲和亚洲的一些第三世界国家。从1995起,经历了六年的时间,一直到2001年华为在国际市场才真正有了成效。这一年,华为的产品已经进入非洲、亚洲等十几个国家,年销售额超过3亿美元。华为的品牌也开始在这些第三世界国家逐步叫响。

没有人永远甘心看别人吃肉自己啃骨头,雄心勃勃的华为更是如此。其实,从1998年开始,华为就把触角探向世界的核心市场欧美。如今,华为海外销售额就已达到220亿美元,产品已经进入包括德国、法国、英国、葡萄牙、荷兰、美国、加拿大等欧美14个发达国家。

05 海尔

【创新】【人才选拔机制】【监管】

中国海尔创立于1984年,经过三十年创业创新,从一家资不抵债、濒临倒闭的集体小厂发展成为全球家电第一品牌。2015年8月,海尔集团荣登中国制造企业协会主办的"2015年中国制造企业500强"榜单,排名第24位。

1984年,张瑞敏临危受命,接任当时已经资不抵债、濒临倒闭的青岛电冰箱总厂厂长。张瑞敏始终以创新的企业家精神和顺应时代潮流的超前战略决策引领海尔持续发展。张瑞敏是走上哈佛讲坛的第一位中国企业家,以海尔的卓著业绩和精辟经营理念让世界认识了中国企业与成功的海尔文化。海尔文化的核心是创新。它是在海尔二十年发展历程中产生和逐渐形成的特色文化体系。海尔文化以观念创新为先导,以战略创新为方向,以组织创新为保障,以技术创新为手段,以市场创新为目标。

海尔的发展观念:

(1)"人人是人才,赛马不相马"

当下缺的不是人才,而是出人才的机制。管理者的责任就是要通过搭建"赛马场"为每个员工营造创新的空间。赛马机制具体而言,包含三条原则:一是公平竞争,任人唯贤;二是职适其能,人尽其才;三是合理流动,动态管理。

(2)授权与监督相结合

海尔集团制定了三条规定:在位要受控,升迁靠竞争,届满要轮岗。

"在位要受控"有两个含义:一是管理层主观上要能够自我控制、自我约束,二是集团要建立控制体系;再就是控制财务,避免违法违纪。"升迁靠竞争"是指有关职能部门应建立一个更为明确的竞争体系,让优秀的人才能够顺着这个体系上来,让每个人既感到有压力,又能够尽情施展才华,不至于埋没人才。"届满应轮岗"是指主要干部在一个部门的时间应有任期,届满之后轮换部门。这样做是防止干部长期在一个部门工作,思路僵化,缺乏创造力与活力,导致部门工作没有新局面。轮流制对于年轻的干部还可增加锻炼机会,使其成为多面手,为企业今后的发展培养更多的人力资源。

(3)人材、人才、人财

张瑞敏对何为企业人才进行了分析,他提出企业里人才大致可由低到高分为如下三类:人材——这类人想干,也具备一些基本素质,但需要雕琢,企业要有投入,其本人也有要成才的愿望。人才——这类人能够迅速融入工作,能够立刻上手。人财——这类人通过其努力能为企业带来巨大财富。

对海尔来说,好用的人就是"人才"。"人才"的雏形是"人材",这是"人才"的毛坯,是"原材料",需要企业花费时间去雕琢。"人才"的发展是"人财"。"人才"是好用的,但是好用的人不等于就能为企业带来财富;作为最起码的素质,"人才"认同企业文化,但有了企业文化不一定立刻就能为企业创造价值。光有企业文化还不行,还要能为企业创造财富,这样的人方能成为"人财"。

(4)今天是人才,明天未必还是人才

人才的定义,就要看为社会创造价值的大小,每一个人都应该而且能够成为人才,为社会创造更大的价值。人才是一个动态的概念,市场竞争非常激烈,今天是人才,明天就未必还是人才,海尔人应该不断自我超越,不断提高自身素质。如何不断提高自身素质,做永远的人才?一定要有自己的理想、自己的目标。如果没有坚定的目标,在提高自身素质、自我挑战的过程中就会彷徨、动摇。

06 格力

【创新】【奋斗】【科技】

珠海格力电器股份有限公司成立于1991年,是目前全球最大的集研发、生产、销售、服务于一体的专业化空调企业。1991年成立的格力电器当时只是一家默默无闻的小厂,只有一条简陋的、年产量不过2万台窗式空调的生产线,但格力人发扬艰苦奋斗、顽强拼搏的精神,克服创业初期的种种困难,开发了一系列适销对路的产品,抢占了市场先机,初步树立格力品牌形象,为公司后续发展打下良好的基础。

全球知名财经媒体《福布斯》公布的"2015全球企业2000强"榜单,珠海格力电器股份有限公司位列第385名,首度进入前500名,较2014年的501名上升了100多个名次。《福布斯》"全球企业2000强"是根据企业营收、利润、资产和市值进行综合评选,且四项指标分配同等权重,也是公认的权威排名。依靠科技创新的格力能够入围500强,无论对于"中国制造",还是民族品牌的发展,显然更具深层意义,至少表明中国技术完全可以立足于全球经济的巅峰。以百年企业为目标的格力,已经被注入了科技创新的基因,科技创新带来的效益正在逐步显现。董明珠曾多次表示,科技创新投入上不封顶,需要多少就投入多少。近几年来,格力的科研投入均有数十亿元,科研人员有8 000多名。一个例证是,2014年,格力电器凭借"基于掌握核心科技的自主创新工程体系建设"项目荣获国家科学技术进步奖二等奖。

"一个没有创新的企业,是一个没有灵魂的企业;一个没有核心技术的企业是没有脊梁的企业,一个没有脊梁的人永远站不起来。"展望未来,格力电器将坚持"自我发展,自主创新,自有品牌"的发展思路,以"缔造全球领先的空调企业,成就格力百年的世界品牌"为目标,为"中国创造"贡献更多的力量。

07 三星

【创新】【责任】【教育】【战略】

三星集团是韩国最大的企业集团,业务涉及电子、金融、机械、化学等众多领域,是世界500强企业之一,三星在世界百大品牌中也位居前列。三星有近20种产品世界市场占有率居全球企业之首,在国际市场上彰显出雄厚实力。以三星电子为例,该公司在美国工业设计协会年度工业设计奖的评选中获得诸多奖项,连续数年成为获奖最多的公司。这些证明三星的设计能力已经达到了世界级水平。

1938年,三星前会长李秉喆先生以3万韩元(按当今汇率约为人民币200余元)在韩国大邱市成立了"三星商会"。早期三星的主要业务是将韩国的干制鱼、蔬菜、水果等出口到中国的北京及满洲里。不久之后,三星又建厂开始了面粉和糖的生产及销售。1948年,三星让员工参与投资及利润分成,并对有成绩的员工进行奖励,三星与众不同的管理风格开始闻名韩国。在20世纪50年代中期,大多数韩国公司还是通过学校、家庭和亲戚中的关系雇用员工。三星率先建立了公开招聘的人事制度,并努力提高劳动效率、改善员工福利。

1969年,三星电子正式成立。根据当时李秉喆先生的分析,从技术、劳动力状况、附加值、出口预期等方面考虑,电子业是最适合韩国国情的行业。从这时起,三星不仅专注于企业经营,也开始着眼于韩国社会教育和文化的发展。公司投入大量资金到大丘和成均馆大学以加强人才培养。为了回报社会,1964年1月三星建立了三星奖学会。在1965年4月又成立了三星文化财团并开始在韩国社会和文化发展中扮演重要角色。

三星实施技术领先战略,通过引领尖端技术,占据至关重要的高端市场。20世纪90年代后期,三星电子的自主技术开发和自主产品创新的能力进一步提升,它的产品开发战略除了强调"技术领先,用最先进技术开发处在导入阶段的新产品,满足高端市场需求"的匹配原则外,同时也强调"技术领先,用最先进技术开发全新产品,创造新的需求和新的高端市场"的匹配原则。在这一时期中,三星电子开发的多项产品在高技术电子产品市场已占世界领先地位,赢得多项世界第一,其中包括:世界第一台硬盘数码摄像机、世界第一款具有光学变焦功能的300万像素的照相手机、GSM/CDMA双模手机、UniJa手机、世界第一台高清电视用DVD,世界第一面高清电视机用57英寸TFT-LCD显示屏等。

08 诺基亚

【创新】【创业】【辩证】【人才】

2001年顶峰时期的诺基亚市值逼近2 500亿美元。2008年,诺基亚售出4.68亿部手机,市场占有率39%。诺基亚最高为芬兰贡献过4%的GDP和25%的出口额,有全球员工12万人,光是芬兰就有25 000人。在诺基亚上班曾经对芬兰人是一件很光荣的事,如今这种场景一去不复返,随着诺基亚在移动市场的落后,公司不断裁员,到了2013年初,诺基亚员工已经不到

9.3万人。在手机部门卖给微软之后,微软就宣布裁员1.8万人,大部分都是芬兰员工。从云端跌落的诺基亚,一度让全球诺基亚的"粉丝"们唏嘘不已。

　　诺基亚的衰落激活了芬兰的创业公司,原本一家独大的产业格局变成了诸多创业公司百家争鸣。而越来越多的证据也表明,诺基亚的衰落对于芬兰来说,最开始大家都以为是噩梦,现在看反而是拯救了芬兰。在诺基亚时代,芬兰只为全球制造手机,而没有了诺基亚,芬兰为全球用户开发游戏、智能硬件、软件服务,提供了更丰富多样的产品。这些员工从诺基亚出走后,并未失业,他们在手机制造和无线通信领域都有很深的技术积累,于是组建了无数个基于移动互联网的初创公司,诞生的知名公司包括"愤怒的小鸟"、"部落冲突"、Jolla等移动互联网新贵,复活了就业和芬兰经济。

　　在这个过程中,诺基亚充分体现了大公司的社会责任感,对这些初创企业进行了大力扶持,加上政府的支持,使得芬兰的创业氛围空前高涨。诺基亚做出的很重要的一个贡献就是,很多对诺基亚没有用处的技术,让员工免费拿着这些技术、专利直接到外面创业,这对于缺乏核心技术的小公司尤为关键。比如开发通信产品的初创公司Piceasoft,就免费使用了诺基亚的无线数据传输技术,另一家做智能可穿戴设备的公司PulseOn也拿到了诺基亚的心跳监测技术,它比市面上同类产品的技术更为先进。除了专利,在芬兰政府的促动下,诺基亚还对初创公司提供资金支持,诺基亚从2011年开始,开展了三年期的转职桥接计划,提供诺基亚员工创业的财务支援、银行贷款、创业资讯、创业课程等,并且帮助离职的诺基亚员工顺利找到理想的新工作。

　　当然,诺基亚最直接的贡献还是人,这些员工都拥有十分扎实的技术,但由于诺基亚的陨落而不得不失业,他们的出走极大地刺激了创业市场,许多初创公司得以成立,它们广泛分布在游戏、洁净科技、生物、健康与教育等领域,其中移动游戏已经独树一帜,成为芬兰的新名片。

09　蒙牛

【竞争与合作】【共赢】

　　蒙牛是一家总部位于中国内蒙古自治区的乳制品生产企业,是中国牛奶、酸奶和乳制品的领头企业之一。蒙牛于1999年成立,至2005年时已成为居中国奶制品营业额第二位的公司。蒙牛以其优良的品质荣获"中国名牌""民族品牌""中国驰名商标""中国品牌500强"等荣誉称号,是中国最具价值的品牌之一。

　　蒙牛人明白,只有营造出和谐的生存环境,才可能获得顺利发展的机会。在蒙牛诞生和发展的过程中,一度和伊利的关系十分紧张。但是蒙牛认为,竞争可以双赢,一山可以容多虎。既然"奔驰"和"宝马"可以在德国并驾齐驱,百事可乐和可口可乐可以共同引领全球饮料市场,蒙牛就可以和伊利等草原乳业品牌一起发展、一起壮大。于是,蒙牛喊出"草原品牌一荣俱荣,一损俱损"的口号,进而提出"为内蒙古喝彩"的口号,努力寻求与竞争对手和睦相处之道,实施"共生共赢战略"。从2000年9月至2001年12月,蒙牛推出了公益广告——《为内蒙古喝彩,中国乳都》。在所投放的300多幅灯箱广告中,蒙牛不仅宣传了内蒙古企业团队,也借势提升了自己的形象,蒙牛的最大竞争对手伊利赫然排在首位。此外,在冰淇淋的包装上,蒙牛直接打出了"为民族工业争气,向伊利学习"的字样。今日的蒙牛集团和伊利集团比肩而立,并称为"草原奶业双雄"。

　　2010年11月22日,蒙牛乳业集团和君乐宝乳业在北京联合召开战略合作新闻发布会,标志着中国乳业第一品牌与酸奶市场第四品牌的合作拉开序幕:蒙牛将投资4.692亿元持有君乐宝乳业51%的股权,成为君乐宝的最大股东。此次合作成为中国乳业当时影响最大的一次合作,预示着中国乳业联合、重组、兼并收购"浪潮"的来临。君乐宝是华北地区最大的酸奶生产基地,酸奶市场占有率居全国前列,在其年营业额中,超过50%来自酸奶。

2013年6月18日,中国蒙牛乳业有限公司与雅士利国际控股有限公司联合宣布,蒙牛乳业向雅士利所有股东发出邀约收购,并获得控股股东张氏国际投资有限公司和第二大股东凯雷亚洲基金全资子公司 CA Dairy Holdings 接受邀约的不可撤销承诺,承诺出售合计约75.3%的股权。这是迄今为止,中国乳业最大规模的一次并购,也是蒙牛乳业在奶粉领域发力的重要信号。两大乳业巨头联手后,将通过资源整合与互补,利用双方在产品、品牌、渠道等方面的优势,加快高端奶粉行业整体升级的速度。

10 沃尔玛

【共赢】【管理】【培训】【人才】

沃尔玛公司是一家美国的世界性连锁企业,以营业额计算为全球最大的公司。沃尔玛主要涉足零售业,是世界上雇员最多的企业,连续三年在美国《财富》杂志评出的世界500强企业中居首位。沃尔玛公司有8 500家门店,分布于全球15个国家。

(1)理念和行动上:客户第一、员工第二、领导第三

沃尔玛是全球最大的私人雇主,但从不把员工当作"雇员"来看待,而是视为"合伙人"和"同事"。领导和员工及顾客之间呈倒金字塔的关系,顾客放在首位,员工居中,领导则置于底层,认为"接触顾客的是第一线的员工,而不是坐在办公室里的官僚"。员工直接接触顾客,其工作质量至关重要。领导就是给予员工足够的指导、关心和支援,让员工更好地服务顾客。员工包括总裁佩带的工牌都注明"我们的同事创造非凡",下属对上司也直呼其名,营造上下平等、随意亲切的气氛。

沃尔玛对员工利益的关心有详尽的实施方案。公司将"员工是合伙人"这一概念具体化为三个互相补充的计划:利润分享计划、员工购股计划和损耗奖励计划。1971年,沃尔玛开始实施第一个计划,保证每个在沃尔玛公司工作了一年以上以及每年至少工作1 000个小时的员工都有资格分享公司利润。沃尔玛运用一个与利润增长相关的公式,把每个够格的员工的工资按一定百分比放入这个计划,员工离开公司时可以取走这个份额的现金或相应的股票。沃尔玛还让员工通过工资扣除的方式,以低于市值15%的价格购买股票,现在,沃尔玛已有80%以上的员工借助于这两个计划拥有了沃尔玛公司的股票。另外,沃尔玛还对有效控制损耗的分店进行奖励,使得沃尔玛的损耗率降至零售业平均水平的一半。

(2)实行门户开放,让员工参与管理

门户开放是指在任何时间、地点,任何员工都可以口头或书面形式与管理人员乃至总裁进行沟通,提出自己的建议和关心的事情,包括申诉受到的不公平待遇,而不必担心受到报复。若他的上司本身就是问题的源头或员工对答复不满意,还可以向公司任何级别的管理层汇报。门户开放政策保证员工有机会表达他们的意见,对于可行的建议,公司会积极采纳。任何管理层人员如有借门户开放政策实施打击报复行为,都将受到相应的纪律处分甚至解雇。

沃尔玛与员工之间的沟通方式不拘一格,从一般面谈到公司股东会议乃至卫星系统都有。沃尔玛非常愿意让所有员工共同掌握公司的业务指标,每一件有关公司的事都可以公开。任何一家分店都会公布该店的利润、进货、销售和减价的情况,并且不只是向经理及其助理们公布,而且向每个员工包括计时工和兼职雇员公布各种资讯,鼓励他们争取更好的成绩。沃尔玛认为员工们了解其业务的进展情况是让他们最大限度地干好其本职工作的重要途径,它使员工产生

责任感和参与感,意识到自己的工作在公司的重要性,觉得自己得到了公司的尊重和信任。

(3)用人不拘一格,即使不是职员也是顾客

沃尔玛给每一位应聘人员提供相等的就业机会,并为每位员工提供良好的工作环境、完善的薪酬福利计划和广阔的人生发展空间。一般零售企业没有数年以上工作经验的人很难提升为经理,沃尔玛哪怕是新人经过六个月的训练后,如果表现良好,具有管理好员工和商品销售的潜力,公司就会给予一试身手的机会,如做经理助理或去协助开设新店等。干得不错的,就会有机会单独管理一间分店。沃尔玛的经理人员大都产生于公司的管理培训计划,从公司内部提拔起来的。沃尔玛还设立离职面谈制度,确保每一位离职员工离职前有机会与公司管理层坦诚交流和沟通,从而使管理层能够了解到每一位同事离职的真实原因,有利于公司制定相应的人力资源挽留政策,将员工流失率降到最低程度,也使离职人员成为公司的一名顾客。公司设有专业人员负责员工关系工作,受理投诉,听取员工意见,为员工排忧解难。

(4)培训就是交流,培训就是认同

常用交叉培训的方式让不同部门的员工交叉上岗,实岗培训学习,以使他们获得更多的职业技能和经验。让员工掌握多种技能具有不可低估的优势,当员工一人能做多种工作时,工作团队的灵活性和适应性就会大为提高。如有人度假或因病或任务临时改变时,随时有人可以代替其工作。新店开业,新招聘的员工常会因经验不足而无法提高工作效率,此时让老员工支援,可避免这样的问题。注重加强员工对整体工作运行的认识和多技能培训,保证了员工工作的高质高效,防止了因工作单调乏味造成的人员流失,也有利于不同部门的员工从不同角度考虑问题,降低了不必要的内耗。例如让采购部门的人进入销售部门,让销售部门的到采购部门工作,既丰富了其工作经验又强化了其全局观念,有利于人才脱颖而出。

11 顺丰

【制度】【专业】【换位】

顺丰速运是目前中国速递行业中投递速度最快的公司之一。下述策略或许是顺丰成功的关键:

第一,让工作有尊严。它首先基于顺丰董事长王卫反复公开倡导的理念:一线收派员才是"最可爱的人"。这一理念直接提升了收派员的岗位自信和荣誉感,也导致了顺丰内部的管理重心向收派员群体倾斜。

第二,让工作更时尚。在收派员的着装上,顺丰也彻底颠覆了我们对"绿衣使者"的刻板印象。类似户外登山休闲的制服、时尚的双肩背包、黑灰红的经典色彩搭配,配上山地车、电动车等交通工具,使得穿梭于水泥丛林的收派员们有了一种都市越野的感觉,也令城市拥有了一道独特的风景线。

第三,让工作更专业。在某种意义上,顺丰更愿意把自己定义为一个技术公司,而非劳动力密集型企业。除了制服、背包,巴枪也是顺丰收派员的另一重要标志。这个长得像POS机的机器价值在2 000~3 000元,主要有三个功能:打印凭条、运单、发票,是每个顺丰收派员的专属标配。凭借巴枪,顺丰收派员第一时间收到客服中心发来的下单信息,快递单经巴枪扫描后形成条形码。因此,你看见的收派员更像一名技术员。

第四,让工作变事业。顺丰的划片包干和计件工资制对于调动收派员的工作积极性有着重要作用,使得每个收派员变成了给自己打工。

三、事件类素材

01 伤仲永

【教育】【努力】【谦虚】

《伤仲永》选自《临川先生文集》,是北宋王安石创作的一篇散文。文中讲述了江西金溪一个名叫"方仲永"的神童因父亲不让他学习和被父亲当作造钱工具而最终沦落为一个平凡人的故事。文章以方仲永为例,告诫人们绝不可单纯依靠天资而不去学习新知识,必须注重后天的教育和学习,强调了后天教育和学习对成才的重要性。

王安石说:方仲永的通达聪慧,是先天得到的,他的天赋比一般有才能的人要优秀得多,但最终成了一个平凡的人,是因为他后天所受的教育还没有达到要求。他的天资是那样的好,没有受到正常的后天教育,尚且成为平凡的人;那么,现在那些本来就不天生聪明,本来就是平凡的人,又不接受后天的教育,恐怕连普通人的水平都达不到了。

02 百家争鸣

【创新】【民族】

百家争鸣是指春秋(前770年—前476年)战国(前475年—前221年)时期知识分子中不同学派的涌现及各流派争芳斗艳的局面。

春秋战国时期,社会处于大变革、大动荡之中,各诸侯国为富国强兵,招贤纳士。在经济上,铁器牛耕推广,生产力的提高为社会经济发展提供了物质条件。在科技、天文学、医学等领域取得较大进步。在文化上,私学兴起,出现许多学者和思想流派。这是百家争鸣形成的原因。诸子百家的学说在政治、思想、文化领域对后世影响深远。

据《汉书·艺文志》的记载,数得上名字的流派一共有189家,著作4 324篇。其后的《隋书·经籍志》《四库全书总目》等书则记载"诸子百家"实有上千家,但流传较广、影响较大、较为著名的不过几十家而已,被发展成学派的只有10家。西汉刘歆在《七略·诸子略》中将小说家去掉,称为"九流"。俗称"十家九流"就是出自这里。汉族在古代创造了灿烂的文化艺术,具有鲜明的特色,文化典籍极其丰富。

春秋战国时期各种思想学术流派的成就,与同期古希腊文明交相辉映;以孔子、老子、墨子为代表的三大哲学体系,形成诸子百家争鸣的繁荣局面。

03 文艺复兴

【创新】

文艺复兴是盛行于14—17世纪的一场欧洲思想文化运动,最先在意大利各城市兴起,以后扩展到西欧各国,于16世纪达到顶峰,揭开了近代欧洲历史的序幕,被认为是中古时代和近代的分界。文艺复兴是西欧近代三大思想解放运动(文艺复兴、宗教改革与启蒙运动)之一。

14世纪时,随着工场手工业和商品经济的发展,资本主义生产关系已在欧洲封建制度内部逐渐形成;在政治上,封建割据已引起普遍不满,民族意识开始觉醒,欧洲各国民众表现了要求民族统一的强烈愿望,从而在文化艺术上也开始出现了反映新兴资本主义势力的利益和要求的新时期。新兴资产阶级认为中世纪文化是一种倒退,而希腊、罗马古典文化则是光明发达的典范,他们力图复兴古典文化——而所谓的"复兴"其实是一次对知识和精神的空前解放与创造。

表面上是要恢复古罗马的进步思想,实际上是新兴资产阶级在精神上的创新。

文艺复兴的核心是人文主义精神,人文主义精神提出以人为中心而不是以神为中心,肯定人的价值和尊严,主张人生的目的是追求现实生活中的幸福,倡导个性解放,反对愚昧迷信的神学思想,认为人是现实生活的创造者和主人。文艺复兴的先驱包括但丁、达·芬奇、莎士比亚等。

04 印度的创新型国家战略
【创新】【科技】【人才】

创新已成为提高国家竞争力的核心,印度的国家创新体系较有效率,这在国际上已经得到了公认。智库"经济学人信息部"评价印度是最具创新性的国家,其排名从2002—2006年的第58名上升到了2009—2013年的第54名。世界经济论坛发布的"全球竞争力指数"同样认为印度是最具创新性的国家。

为实现"依靠科技创新实现国家发展"的雄心,印度政府在国家和部委两个层面都加强了科技创新的规划部署,包括从国家层面强化科技创新战略规划、增大对创新的投入、选择重大关键领域加强前瞻部署。同时,印度政府不断强化科技创新的协调管理,以集群方式推动成立大学创新集群和产业创新集群,进一步加强了科技创新管理的统筹力度。最后,印度政府采取了一系列措施,加大科技创新教育和人才培养力度,围绕建立可持续的人才培养体系,动员地方开展人才培养,完善教育体系,激励大学开展研究。

05 阿尔法围棋
【科技】【创新】【辩证】

2016年3月,韩国九段棋手李世石与谷歌计算机Alpha Go举行人机对弈的围棋比赛。经过五轮较量,人机对弈终以李世石1胜4负的总成绩收尾。"人机大战"将飞速进步的人工智能带到了人类社会发展的聚光灯下。有人憧憬未来人工智能的美好,也有人产生了被机器人淘汰的焦虑。"世界上真正的挑战不是'人类对机器',而是人类利用机器与那些全球性难题之间的对决。"谷歌CEO桑达·皮查对此表达了看法,"阿尔法围棋"对人工智能的发展和人类的发展都是积极的一步,今后它的水平还可能应用到医疗等其他领域,这便能更好地造福人类,"我们更希望人们对这类技术能抱有一种期待态度"。

06 苏丹红事件
【食品安全】【监管】【责任】

苏丹红一号是一种红色染料,用于为溶剂、油、蜡、汽油增色以及鞋、地板等的增光。有关研究表明,苏丹红一号具有致癌性,我国和欧盟都禁止其用于食品生产。

2005年3月15日,上海市相关部门在对肯德基多家餐厅进行抽检时,发现新奥尔良鸡翅和新奥尔良鸡腿堡调料中含有苏丹红一号成分。16日上午,百胜集团上海总部通知全国各肯德基分部,"从16日开始,立即在全国所有肯德基餐厅停止售卖新奥尔良鸡翅和新奥尔良鸡腿堡两种产品,同时销毁所有剩余调料"。3月16日下午,百胜发表声明,宣布新奥尔良鸡翅和新奥尔良鸡腿堡调料中被发现含有苏丹红一号,并向公众致歉。百胜表示,将严格追查相关供应商在调料中违规使用苏丹红一号的责任。3月17日,北京市食品安全办紧急宣布,该市有关部门在肯德基的原料辣腌泡粉中检出可能致癌的苏丹红一号,这一原料主要用在"香辣鸡腿堡""辣鸡翅"和"劲爆鸡米花"三种产品中。期间还发生了消费者持发票向肯德基索赔时遭遇刁难的情况。对此,肯德基的解释是,这是他们自查的结果。3月17日肯德基在记录中发现宏芳香料(昆山)有限公司提供的含苏丹红一号的辣椒粉也用在了这三种调料中。随后,他们采取紧急措施,用现存经过验证不含苏丹红一号的调料取代原来的调料。恰恰在这时,3月18日,北京有关部门抽查到了这批问题调料,19日向媒体公布,并责令其停售。这次事件极大地提高了国人的消费者权益保护意识。

07 一马失社稷
【细节】【多尼诺效应】

1485年,英国国王理查三世在波斯沃斯战役中被击败,莎士比亚的名句"一马失社稷"使这一战役永载史册。

国王理查三世准备拼死一战。李奇蒙德伯爵亨利带领的军队正迎面扑来,这场战斗将决定谁统治英国。战斗进行的当天早上,理查派了一个马夫备好自己最喜欢的战马。

"快点给它钉好马蹄铁,"马夫对铁匠说,"国王希望骑着它打头阵。"

"你得等等,"铁匠回答,"我前几天给国王全军的马都钉了马蹄铁,现在我得多找点铁片来。"

"我等不及了,"马夫不耐烦地叫道,"敌人正在推进,我们必须在战场上迎击敌兵,有什么你就用什么吧。"

铁匠埋头苦干,用一根铁条弄好了四个马蹄铁,把它们砸平、整形,固定在马蹄上,然后开始钉钉子。钉了三个马蹄铁后,他发现没有钉子来钉第四个马蹄铁了。

"我需要一两枚钉子,"他说,"得需要多一点时间砸出两个。"

"我告诉过你我等不及了,"马夫急切地说,"我听见军号了!你能不能找东西凑合凑合?"

"我能把马蹄铁钉上,但是不能像其他几个那么牢固。"

"能不能撑住?"马夫问。

"应该能,"铁匠回答,"但我没把握。"

"好吧,就这样,"马夫叫道,"快点,要不然国王会怪罪到我们头上的。"

两军交锋,理查国王就在军队的阵中,他冲锋陷阵,鞭策士兵迎战敌人。"冲啊!冲啊!"他喊着,率领部队冲向敌阵。

远远地,他看见战场另一头自己的几个士兵退却了。如果别人看见他们这样,也会后退的,所以理查策马扬鞭冲向那个缺口,召唤士兵掉头战斗。

他还没走到一半,一个马蹄铁掉了,战马摔倒在地,理查也从马背上摔下来跌到地上。

国王还没有抓住缰绳,惊恐的牲畜就跳起来逃走了。理查环顾四周,他的士兵们纷纷转身撤退,亨利的军队包围了上来。

他在空中挥舞宝剑,"马!"他喊道,"一颗钉子亡了一个帝国!"

理查的军队分崩离析,士兵们自顾不暇。不一会儿,亨利的士兵俘获了理查,战斗结束了。

失了一颗马蹄钉,丢了一个马蹄铁;丢了一个马蹄铁,折了一匹战马;折了一匹战马,损了一位国王;损了一位国王,输了一场战争;输了一场战争,亡了一个帝国。

08 巨鹿之战
【坚持】【信心】【勇气】

巨鹿之战是秦末大起义中,项羽率领数万楚军(后期各诸侯义军也参战)同秦将章邯、王离所率40余万秦军主力在巨鹿(今河北平乡)进行的一场重大决战性战役,也是中国历史上著名的以少胜多的战役之一。

秦二世二年(公元前208年),楚怀王以卿子冠军宋义为上将军,鲁公项羽为次将,亚父范增为末将,率军数万北上以解巨鹿之困。楚国援赵大军进至安阳(现在山东曹县东南)后,宋义称最好等秦赵两败俱伤后楚军再收渔人之利,故逗留46天不前进。秦二世三年(公元前208年)十一月,项羽痛斥宋义并杀死了他。楚怀王遂封项羽为上将军,并令英布和蒲将军两支楚军也归其指挥。

项羽先派遣部将英布、蒲将军率领2万人为先锋,渡过黄河(一说为漳水),切断秦军运粮通道。然后,项羽亲率全部主力渡河,并下令全军将士破釜沉舟,每人只携带三天的干粮,以示决一死战之决心。项羽破釜沉舟的决心和勇气,极大地鼓舞了将士们的士气。楚军个个士气振奋,以一当十,奋勇死战,九战九捷,大败秦军。齐、燕、魏等各路救赵军队皆作壁上观,待楚军大破秦军时,也纷纷冲出营垒助战,最后俘获了秦军统帅王离,杀死秦将苏角,迫使秦将涉间自杀。巨鹿之困因而得解。

项羽破釜沉舟,以大无畏的精神在各诸侯军畏缩不前时率先猛攻秦军,带动诸侯义军一起最终全歼王离军,并于数月后迫使另20万秦军投降。从此项羽确立了在各路义军中的领导地位。经此一战,秦朝主力尽丧,名存实亡。

09 鲍叔荐管仲
【宽容】【识人】【人才】

春秋时,齐襄公被杀后,公子白和公子纠为争夺王位而战。鲍叔助小白,管仲助纠。双方交战中,管仲曾用箭射中了公子白衣带上的钩子,小白险些丧命。后来公子白做了齐国国君,即齐桓公。

齐桓公执政后,任命鲍叔为相国。可鲍叔心胸宽广,有知人之明,坚持把管仲推荐给桓公。他说:"只有管仲能担任相国要职,我有五个方面比不上管仲:宽惠安民,让百姓听从君命,我不如他;治理国家,能确保国家的根本权益,我不如他;讲究忠信,团结好百姓,我赶不上他;制作礼仪,使四方都来效法,我不如他;指挥战争,使百姓更加勇敢,我不如他。"齐桓公也是宽容大度的人,不记射钩私仇,采纳了鲍叔的建议,重用管仲,任命他为相国。管仲担任相国后,协助桓公在经济、内政、军事方面进行改革,数年之间,齐转弱为强,成为春秋前期中原经济最发达的强国,齐桓公也成就了"九合诸侯,一匡天下"的霸业。

10 澡盆读书
【专注】【勤奋】

我国杰出的现代剧作家曹禺,在23岁时就写出了《雷雨》,震撼了当时的戏剧界,后又写出了《日出》《原野》等很有影响的作品,此外还有剧作《蜕变》《北京人》《家》《王昭君》以及同别人合写的《胆剑篇》。他之所以有如此辉煌成就绝非偶然,这与他勤学苦读是分不开的。

有这样一件趣闻:有一次曹禺的家人准备好澡盆热水,催正在读书的曹禺洗澡。他进内室以后,很长时间不见人出来,家人在内室外听听,房内不时传出水声。又过了好久,仍不见人出来。曹禺的夫人生疑,推门过去一看,嗨!原来曹禺坐在盆里,正读书入迷呢。他一手握着书本聚精会神地看着,另一只手拿着毛巾下意识地拍打着水面。他根本没洗,可水早冰凉了。

11 商鞅变法
【创新】【不畏强权】【进步】

商鞅是我国战国时期著名思想家、改革家。他帮秦孝公进行改革,"开阡陌封疆",废止井田制度,承认土地私有而创立按丁男征赋办法;奖励农战,凡从事耕织缴纳粮食布帛多者,可以改变原来身份,有军功者还可以受爵位;实行郡县制,由秦王直接委任官吏。商鞅后来虽被守旧的反动势力车裂而死,但他的改革奠定了秦国富强的基础。

12 爱迪生的灾难

【挫折】【坚持】【心态】

1914年12月,爱迪生的实验室在一场大火中化为灰烬,直接经济损失超过200万美元,他多年的科研成果也在大火中付之一炬。大火最凶的时候,爱迪生24岁的儿子在浓烟和废墟中发疯似的寻找他的父亲。他最终找到了:爱迪生平静地看着火势,他的脸在火光摇曳中闪亮,他的白发在寒风中飘动。爱迪生在灾难面前,表现出了惊人的冷静。他看着一片废墟说道:"灾难自有它的价值,瞧,这不,我们以前所有的谬误过失都给烧了个一干二净。感谢上帝,这下我们可以从头再来了。"火灾刚过去三个星期,爱迪生就开始着手推出他的第一部留声机。

13 程门立雪

【谦虚】【好学】【认真】

宋朝有个著名的学者杨时,字中立,号龟山先生,南剑将乐(今属福建)人。宋神宗时,他中进士第。当时河南程颢与弟弟程颐讲学很有名望,四方之士争相求教,于是杨时辞官不做,慕名到程颢门下求教。

后来程颢死了,杨时很悲痛,为了进一步深造,他又拜程颐做老师,此时他已经是40岁的人了。一天中午,他在学习上碰到疑难问题,便和同学游酢一起去请教老师。当他们到达程颐家门时,看到程颐正在午睡,为了不影响老师休息,他们就不声不响地站在大门外等候。刚巧那天下起鹅毛大雪,程颐醒来后,发现学生站在门外,赶快把他们请到屋里,这时门外的积雪已有一尺多厚了。杨时和游酢立过的地方,留下了两对深深的脚印。这就是"程门立雪"这一典故的由来。

附录 考试大纲说明

报考所有学校管理类专业硕士学位(会计硕士MPAcc、审计硕士、图书情报硕士、工商管理硕士MBA、公共管理硕士MPA、旅游管理硕士、工程管理硕士)的考生,需要参加管理类综合能力(199科目)考试。报考部分学校经济类专业硕士学位(金融硕士、应用统计硕士、税务硕士、国际商务硕士、保险硕士、资产评估硕士)的考生,需要参加经济类综合能力(396科目)考试。

两类考试均包含三个部分。

第一部分,数学基础。管理类综合能力主要考核初等数学的内容,全部是选择题;经济类综合能力主要考核高等数学的内容,也全部是选择题。

第二部分,逻辑推理。管理类综合能力和经济类综合能力的考核内容完全一致,管综逻辑30题,经综逻辑20题,全部是选择题。

第三部分,写作。管理类综合能力和经济类综合能力的考核内容完全一致,均包含论证有效性分析(600字左右)和论说文(700字左右),分值不同。详见下述《考试大纲》正文。

管理类综合能力考试大纲

Ⅰ. 考试性质

综合能力考试是为高等院校和科研院所招收管理类专业学位硕士研究生而设置的具有选拔性质的全国招生考试科目,其目的是科学、公平、有效地测试考生是否具备攻读专业学位所必需的基本素质、一般能力和培养潜能,评价的标准是高等学校本科毕业生所能达到的及格或及格以上水平,以利于各高等院校和科研院所在专业上择优选拔,确保专业学位硕士研究生的招生质量。

Ⅱ. 考查目标

1. 具有运用数学基础知识、基本方法分析和解决问题的能力。
2. 具有较强的分析、推理、论证等逻辑思维能力。
3. 具有较强的文字材料理解能力、分析能力以及书面表达能力。

Ⅲ. 考试形式和试卷结构

一、试卷满分及考试时间

试卷满分为200分,考试时间为180分钟。

二、答题方式

答题方式为闭卷、笔试。不允许使用计算器。

三、试卷内容与题型结构

数学基础　　　　　75分，有以下两种题型：
问题求解　　　　　15小题，每小题3分，共45分
条件充分性判断　　10小题，每小题3分，共30分
逻辑推理　　　　　30小题，每小题2分，共60分
写作　　　　　　　2小题，其中论证有效性分析30分，
论说文35分，共65分

Ⅳ．考查内容

一、数学基础

综合能力考试中的数学基础部分主要考查考生的运算能力、逻辑推理能力、空间想象能力和数据处理能力，通过问题求解和条件充分性判断两种形式来测试。

试题涉及的数学知识范围有：

(一)算术

1.整数

(1)整数及其运算

(2)整除、公倍数、公约数

(3)奇数、偶数

(4)质数、合数

2.分数、小数、百分数

3.比与比例

4.数轴与绝对值

(二)代数

1.整式

(1)整式及其运算

(2)整式的因式与因式分解

2.分式及其运算

3.函数

(1)集合

(2)一元二次函数及其图像

(3)指数函数、对数函数

4.代数方程

(1)一元一次方程

(2)一元二次方程

(3)二元一次方程组

5.不等式

(1)不等式的性质

(2)均值不等式

(3)不等式求解

一元一次不等式(组),一元二次不等式,简单绝对值不等式,简单分式不等式。

6.数列、等差数列、等比数列

(三)几何

1.平面图形

(1)三角形

(2)四边形

矩形,平行四边形,梯形

(3)圆与扇形

2.空间几何体

(1)长方体

(2)柱体

(3)球体

3.平面解析几何

(1)平面直角坐标系

(2)直线方程与圆的方程

(3)两点间距离公式与点到直线的距离公式

(四)数据分析

1.计数原理

(1)加法原理、乘法原理

(2)排列与排列数

(3)组合与组合数

2.数据描述

(1)平均值

(2)方差与标准差

(3)数据的图表表示

直方图,饼图,数表。

3.概率

(1)事件及其简单运算

(2)加法公式

(3)乘法公式

(4)古典概型

(5)伯努利概型

二、逻辑推理

综合能力考试中的逻辑推理部分主要考查学生对各种信息的理解、分析和综合,以及相应的判断、推理、论证等逻辑思维能力,不考查逻辑学的专业知识。试题题材涉及自然、社会和人文等各个领域,但不考查相关领域的专业知识。

试题涉及的内容主要包括:

(一)概念

1. 概念的种类
2. 概念之间的关系
3. 定义
4. 划分

(二)判断

1. 判断的种类
2. 判断之间的关系

(三)推理

1. 演绎推理
2. 归纳推理
3. 类比推理
4. 综合推理

(四)论证

1. 论证方式分析
2. 论证评价
  (1)加强
  (2)削弱
  (3)解释
  (4)其他
3. 谬误识别
  (1)混淆概念
  (2)转移论题
  (3)自相矛盾
  (4)模棱两可
  (5)不当类比
  (6)以偏概全
  (7)其它谬误

三、写作

综合能力考试中的写作部分主要考查学生的分析论证能力和文字表达能力,通过论证有效性分析和论说文两种形式来测试。

1. 论证有效性分析

论证有效性分析试题的题干为一篇有缺陷的论证，要求考生分析其中存在的问题，选择若干要点，评论该论证的有效性。

本类试题的分析要点是：论证中的概念是否明确，判断是否准确，推理是否严密，论证是否充分等。

文章要求分析得当，理由充分，结构严谨，语言得体。

2. 论说文

论说文的考试形式有两种：命题作文、基于文字材料的自由命题作文。每次考试为其中一种形式。要求考生在准确、全面地理解题意的基础上，对命题或材料所给观点进行分析，表明自己的观点并加以论证。

文章要求思想健康，观点明确，论据充足，论证严密，结构合理，语言流畅。

经济类综合能力考试大纲

Ⅰ. 考试性质

经济类综合能力考试是为高等院校和科研院所招收金融硕士、应用统计硕士、税务硕士、国际商务硕士、保险硕士和资产评估硕士而设置的具有选拔性质的全国招生考试科目，其目的是科学、公平、有效地测试考生是否具备攻读相关专业学位所必需的基本素质、一般能力和培养潜能，评价的标准是高等学校本科毕业生所能达到的及格或及格以上水平，以利于各高等院校和科研院所在专业上择优选拔，确保专业学位硕士研究生的招生质量。

Ⅱ. 考查目标

1. 具有运用数学基础知识、基本方法分析和解决问题的能力。
2. 具有较强的逻辑分析和推理论证能力。
3. 具有较强的文字材料理解能力和书面表达能力。

Ⅲ. 考试形式和试卷结构

一、试卷满分及考试时间

试卷满分为150分，考试时间为180分钟。

二、答题方式

答题方式为闭卷、笔试。不允许使用计算器。

三、试卷内容与题型结构

数学基础　　35 小题,每小题 2 分,共 70 分
逻辑推理　　20 小题,每小题 2 分,共 40 分
写作　　　　2 小题,其中论证有效性分析 20 分,
论说文 20 分,共 40 分

Ⅳ. 考查内容

一、数学基础

综合能力考试中的数学基础部分主要考查考生对经济分析常用数学知识中的基本概念和基本方法的理解和应用。

试题涉及的数学知识范围有:

(一)微积分部分

一元函数微分学,一元函数积分学;多元函数的偏导数、多元函数的极值。

(二)概率论部分

分布和分布函数的概念;常见分布;期望和方差。

(三)线性代数部分

线性方程组;向量的线性相关和线性无关;行列式和矩阵的基本运算。

二、逻辑推理

综合能力考试中的逻辑推理部分主要考查学生对各种信息的理解、分析、综合和判断,并进行相应的推理、论证、比较、评价等逻辑思维能力。试题内容涉及自然、社会的各个领域,但不考查相关领域的专业知识,也不考查逻辑学的专业知识。

试题涉及的内容主要包括:

(一)概念

1. 概念的种类
2. 概念之间的关系
3. 定义
4. 划分

(二)判断

1. 判断的种类
2. 判断之间的关系

(三)推理

1. 演绎推理
2. 归纳推理

3. 类比推理

4. 综合推理

(四)论证

1. 论证方式分析

2. 论证评价

(1)加强

(2)削弱

(3)解释

(4)其他

3. 谬误识别

(1)混淆概念

(2)转移论题

(3)自相矛盾

(4)模棱两可

(5)不当类比

(6)以偏概全

(7)其它谬误

三、写作

综合能力考试中的写作部分主要考查学生的分析论证能力和文字表达能力,通过论证有效性分析和论说文两种形式来测试。

1. 论证有效性分析

论证有效性分析试题的题干为一篇有缺陷的论证,要求考生分析其中存在缺陷和漏洞,选择若干要点,围绕论证中的缺陷或漏洞,分析和评述论证的有效性。

论证有效性分析的一般要点是:概念特别是核心概念的界定和使用是否准确并前后一致,有无明显的逻辑错误,论证的论据是否支持结论,论据成立的条件是否充分等。

文章根据分析评论的内容、论证程度、文章结构及语言表达给分。要求内容合理、论证有力、结构严谨、条理清楚、语言流畅。

2. 论说文

论说文的考试形式有两种:命题作文、基于文字材料的自由命题作文。每次考试为其中一种形式。要求考生在准确、全面地理解题意的基础上,对材料所给观点或命题进行分析,表明自己的态度、观点并加以论证。文章要求思想健康、观点明确、材料充实、结构严谨完整、条理清楚、语言流畅。